Elogios para TREJO

"De exconvicto a ícono. La increíble historia de vida de Danny muestra que, aunque en algún momento de nuestras vidas nos podamos caer, lo que realmente cuenta es lo que hacemos cuando nos levantamos".

—Robert Rodriguez, creador de *Spy Kids, Desperado* y *Machete*

"La historia de Trejo, contada por Logue, es un estudio inspirador sobre la definición del carácter. El viaje de Danny de recuperación y autodescubrimiento es como una guía para aquellos que todavía estamos luchando por descubrirnos a nosotros mismos. Esto tiene que convertirse en una película, pero ¿quién sino Danny podría interpretar a El Trejo?".

—Kevin Smith, cineasta, locutor de podcast y autor

"Hace mucho que reconozco a Danny Trejo como un ícono estadounidense. Pero lo que no sabía es que también es un gran narrador. Repleto de corazón y generosidad, humor travieso y sabiduría lograda con esfuerzo, *Trejo* atraviesa generaciones, culturas y fronteras para colocar a los lectores en un vuelo honrado e inspirador".

—Francisco Cantú, autor *bestseller* del *New York Times* de *The Line Becomes a River*

"Danny Trejo es un tesoro estadounidense. Desde que tengo nueve años, he sido su fan. En mi opinión, ha tenido una de las carreras más legendarias en la historia de Hollywood. Si eres un fan como yo, este es definitivamente el libro para ti".

—Pete Davidson, actor, productor y miembro del elenco de *Saturday Night Live*

"*Trejo*, las memorias inquebrantables y exquisitamente escritas de Danny Trejo, desentraña su extraordinario viaje desde el calabozo en la prisión de Folsom y la infame Sección B en San Quentin hasta las vertiginosas alturas de los papeles principales en películas de Hollywood. Tan famoso en Los Ángeles por su trabajo con la adicción y recuperación como por su actuación, esta también es una historia de alguien que encuentra el camino para salir del infierno y ayuda a otros a que se escapen con él. Trejo cuenta su historia con gracia, humor, humildad y una aterradora inmediatez durante las partes más violentas de sus primeros años turbulentos. Agrega el nombre de Danny Trejo a los de Chester Himes, Nelson Algren, Malcolm X y Jimmy Santiago Baca, hombres que pasaron momentos difíciles y salieron del otro lado para enseñarnos cómo vivir la vida al máximo en el ahora".

—Adrian McKinty, ganador del premio ITW y autor de *The Chain*

"*Trejo* es una celebración de una vida plenamente vivida. Con una honestidad brutal, Danny Trejo comparte su problemático pasado y el camino que lo llevó convertirse en la persona que estaba destinado a ser. Más allá de la personalidad de 'tipo duro' que hemos llegado a conocer en las películas, se encuentra un hombre que se preocupa profundamente por su familia, sus amigos, su comunidad latina y más. Trejo nos demuestra que podemos cambiar nuestras vidas, reescribir nuestros momentos más difíciles en logros que nos enorgullecen y transformar nuestro dolor más profundo en nuestra mayor alegría".

—Reyna Grande, autora de *The Distance Between Us*,
finalista del National Book Critics Circle

TREJO

Mi vida de crimen, redención y Hollywood

DANNY TREJO

con DONAL LOGUE

Traducción del inglés por CECILIA MOLINARI

ATRIA ESPAÑOL

Nueva York Londres Toronto Sídney Nueva Delhi

Un sello de Simon & Schuster, Inc.
1230 Avenida de las Américas
Nueva York, NY 10020

Traducción del inglés por Cecilia Molinari

Primera edición en rústica de Atria Español, julio 2021

ATRIA ESPAÑOL y su colofón son sellos editoriales de Simon & Schuster, Inc.

Para obtener información respecto a descuentos especiales en ventas al por mayor, diríjase a Simon & Schuster Special Sales al 1-866-506-1949 o al siguiente correo electrónico: business@simonandschuster.com.

La Oficina de Oradores (Speakers Bureau) de Simon & Schuster puede presentar autores en cualquiera de sus eventos en vivo. Para obtener más información o para hacer una reservación para un evento, llame al Speakers Bureau de Simon & Schuster, 1-866-248-3049 o visite nuestra página web en www.simonspeakers.com.

Diseñado por Jill Putorti

Impreso en los Estados Unidos de América

3 5 7 9 10 8 6 4 2

ISBN 978-1-9821-5085-3
ISBN 978-1-9821-5090-7 (ebook)

Para Maeve, Danielle, Gilbert, Danny Boy, Theo y Sam.
La familia lo es todo.

A todos los hombres y las mujeres encarcelados alrededor del mundo, sepan que a través de Dios todo es posible. No solo pueden salir de sus circunstancias actuales, sino que pueden conocer una libertad y felicidad que nunca creyeron posibles. Ni siquiera pueden imaginarse el tipo de vida que podrían tener. Los amo y rezo por ustedes todos los días.

CONTENIDO

CONTENIDO

TREJO

PRÓLOGO

1949

Mary Carmen entró corriendo a nuestra habitación gritando. Dijo: "¡Encontré una mamá gata!". Sus hermanas Coke; la gemela de Coke, Toni; Salita y yo la seguimos al callejón. Estas eran mis primas. Compartíamos un cuarto en la casa de mi abuela y siempre íbamos a todos lados juntos.

Siempre he estado en algún tipo de pandilla, incluso con niñas de cinco y seis años de edad.

Tumbada al lado del bote de basura entre el césped crecido había una gata muerta con grandes tetas. Mary Carmen tenía razón. Era una mamá gata.

Un grupo de hombres se encontraba parado fuera de una fábrica, fumando.

Uno de ellos dijo:

—Aléjense de esa cosa. ¿No ven que ya la atacó un perro?

—Tenemos que salvar a sus bebés —respondió Salita—. ¿Dónde están sus bebés?

Buscamos a los gatitos entre el césped y por el callejón, pero no encontramos ninguno.

A Coke se le ocurrió enterrar a la gata y darle un funeral con todas las de la ley. Tuvimos que apurarnos porque la noche se extendía en el cielo.

Agarramos un palo, empujamos a la gata sobre un pedazo de triplay y la llevamos al patio trasero de mi abuela.

El suelo era más duro de lo que pensaba. Luego de unos minutos de excavación, quería parar.

—Seguramente sea lo suficientemente profundo.

Deslizamos a la gata de la tabla y la cubrimos con tierra. Justo en ese momento, salió mi papá por la puerta trasera.

—¿Qué diablos está pasando? Si ustedes, niños, no entran a esta casa, voy a repartir nalgadas.

—Una mamá gato murió —dijo Mary Carmen, pero mi papá ya se había metido en la casa. Blackie, nuestro perro, se deslizó por la puerta mosquitera y empezó a escarbar la tumba.

—¡No, Blackie, no! —le dije.

Atamos a Blackie para mantener a salvo a la mamá gata. Salita hizo la señal de la cruz y comenzamos a rezar.

Más tarde esa noche, mi tío Art vino corriendo a la casa, su camisa rasgada y ensangrentada. Dijo que lo habían asaltado en un bar cerca de la calle San Fernando. Sin más, él y el resto de mis tíos agarraron palos y bates y salieron corriendo por la puerta.

Más o menos una hora más tarde, los hombres de la familia entraron contoneando a la casa, haciendo alarde de cuántas personas habían jodido. Mi abuela agarró a los niños y nos hizo arrodillarnos con ella en una esquina de la sala para rezar el rosario. Miré por el rabillo del ojo mientras mi abuelito daba pisoteadas, agitando el puño, gritando lo machos que éramos los Trejo. Mis tíos se reían, pasaban cervezas, comentando cada jugada de lo que había pasado. Mi abuela nos hizo rezar más fuerte.

Al vernos a mis primas y a mí, rezando arrodillados por segunda vez ese día, jamás te imaginarías que cada uno de nosotros iríamos a la cárcel o a una prisión. Pero así fue. Sin importar cuánto quería mi abuelita acercarnos a Dios, ya estábamos encaminados. Éramos los Trejo. Si mi familia tuvo un legado, fue ese.

Y nunca te imaginarías que el más malo de los malos —yo— saldría del sistema penitenciario y, en vez de morir en la calle como un yonqui sin remedio y un asesino, terminaría siendo herido de bala, apuñalado, decapitado, detonado, colgado, aplastado por un elevador y desintegrado en una mesa de billar hasta que mis ojos se desorbitaran dentro de sus cavidades oculares en una carrera que me convirtió en el actor más asesinado en la historia de Hollywood; que conocería a presidentes y tendría murales con mi rostro pintados en paredes de diferentes continentes; que las empresas me querrían como portavoz porque no solo era querido sino fiable; y que un día oficial llevaría mi nombre en Los Ángeles. Porque el Danny Trejo que era antes de dejar las drogas y convertirme en consejero de drogadictos, o antes de que el mundo me conociera a través de mi carrera como actor, no era alguien que la gente hubiese querido pintar y honrar. En ese entonces, era el mexicano con quien no se chingaba.

Primera parte

EL ESCAPE

Capítulo 1

SOLEDAD

1968

Me sentía como la mierda. Andaba pacheco con heroína, pruno, barbitúricos y *whisky*.

Llevaba tres años de una condena de diez, que para un mexicano era más probable que fuera de veinte años, de por vida, hasta la muerte.

Siempre pensé que moriría en la prisión.

Era el Cinco de Mayo de 1968, en la Prisión Estatal de Soledad. Para los mexicanos, los verdaderos mexicanos, los mexicanos de corazón, el Cinco de Mayo no es el día de la independencia de México (no lo es); no significa el día en que los mexicanos derrotaron a los franceses en Puebla; ni siquiera significa el 5 de mayo. Cinco de Mayo significa: "Prepara el dinero de la fianza".

Yo ya estaba adentro, así que no necesitaba fianza.

Los mexicanos llevaban semanas planeando un vuelo chingón. Como me encontraba dirigiendo el gimnasio al lado de los muelles de carga, tenía acceso a todo el contrabando que llegaba: cigarrillos, anfetaminas, heroína, hasta ropa interior femenina y maquillaje (si eso era lo tuyo). Si lo podías pagar, yo te lo conseguía.

Yo me encargaba de la bolsa de heroína, así que estaba bien surtido. También tenía cientos de pastillas que recogía de los presos que guardaban sus medicamentos y los usaban para pagar deudas de juego, las cambiaban por contrabando o para conseguir la protección necesaria. Tenía unas pintas de *whisky*, dos onzas de mota y las tandas de pruno (vino de prisión) que veníamos haciendo durante semanas. Una conexión en la cocina nos consiguió las pasas, naranjas, azúcar y levadura para mezclar. Lo vertíamos en bolsas de basura, las ajustábamos bien, las envolvíamos en playeras y las escondíamos en las rejillas de ventilación. Cuando estaba listo, usábamos calcetines para colarlo.

Comenzamos temprano el día anterior y seguimos toda la noche. A la mañana siguiente, me estaba acomodando cuando la voz del Capitán se escuchó por el altavoz. Anunció que ese día tendríamos una actividad al aire libre; un equipo local de béisbol de la universidad jugaría contra un equipo de presos en un partido amistoso.

Traer a un grupo de civiles a una prisión de California el Cinco de Mayo es lo más estúpido que puedes hacer en la tierra; más de la mitad de los presos ya estaban pedos. Además, cada vez que hay una actividad al aire libre, significa guardias adicionales, seguridad adicional, armas adicionales, todo adicional.

Después del anuncio sobre el juego de pelota del Cinco de Mayo, se nos ordenó salir de nuestras celdas. En el Patio, dirigí mi cara hacia el sol por un minuto para dejar que me tocara, pero cuando cerré los ojos, me sentí mareado. El pruno no me estaba sentando bien. Tomé un lugar en las gradas a lo largo de la línea de la tercera base con Ray Pacheco y Henry Quijada, dos viejos compañeros de cuando era un delincuente juvenil. Ray era increíblemente fuerte, tremendo atleta. Nos conocíamos de cuando teníamos trece años y jugábamos al fútbol en la calle, antes de que Ray se uniera a la pandilla White Fence. Henry era un chico alto y delgado de Azusa. Ambos estaban alojados en Ranier, otra sección dentro de la prisión.

Nos acomodamos para ver el partido entre la universidad y un equipo de reclusos. Me di cuenta de que no había una valla —solo tres metros de aire nos separaban de los muchachos universitarios—. Vimos calentar a los equipos. Un chamaco blanco y corpulento, parecido a Mickey Mantle, estaba jugando en la tercera base. Recuerdo que pensé que adentro sería un pendejo bien preciado.

Estaba mascando un gran fajo de chicle.

Ray se volvió hacia mí y me dijo:

—Mano, cómo me gustaría tener chicle.

El chicle era especial. No podíamos conseguir chicle en la prisión. Definitivamente no podíamos conseguir el tipo de chicle dulce que estaba mascando el chamaco universitario.

Ray se convirtió en un niño.

—Quiero chicle.

Ray había llegado a Soledad desde Atascadero, un hospital psiquiátrico totalmente confinado. Ray había asesinado brutalmente a su exnovia y a su nuevo novio. No solo los asesinó, el tribunal determinó que había "circunstancias especiales". No recuerdo los pormenores, pero eran malos —tan malo como lo que se lee en los periódicos, tan malo que te hace retroceder en estado de *shock*—. Para los mexicanos de la vieja escuela como Ray no existía una exnovia; una vez que eras suyo, eras suyo para siempre. El crimen fue tan despiadado que el tribunal pensó que nadie en su sano juicio podría haberlo cometido, por lo que fue declarado "culpable; pero demente". A cambio de años de terapia de electroshock y experimentos médicos, Ray recibió una sentencia reducida de siete años.

Los tratamientos solo lo empeoraron.

De vuelta en Central, a veces me escondía detrás de Ray y le hacía *zzzhhhhh* para que sonara como si lo estuvieran electrocutando solo para joderlo. En general no le importaba, pero cuando se lo hice esa mañana, estaba claro que no estaba de humor para andar jodiendo.

Comenzó el juego. Yo estaba agotado. Me sentía como una mierda por el vino, la mota, las pastillas y el *whisky*. El sol, que por unos segundos fue reconfortante, ahora era como una lupa apuntando a mi frente. Todos en mi área estaban pedos, drogados, incómodos. Había algo en el aire. Lo reconocí; era el deseo de violencia. La agresión y el miedo entre los reclusos liberan feromonas. Una vez que están fuera, están fuera, y en ese momento estaban colmando el aire.

En la segunda entrada, Ray le gritó al tercera base:

—¡Dame chicle, pinche güero!

El chamaco fingió no escuchar. Simplemente golpeó su puño en el guante y siguió mascando. *Ñom. Ñom. Ñom.* Era como una vaca rumiando.

—¡Me escuchaste, puto! ¡Lánzame un chicle!

El chamaco no se dio vuelta. Se limitó a mirar hacia delante, golpeando su puño en el guante y mascando su chicle. Con la comisura de su boca, dijo:

—Se supone que no debemos hablar con ustedes.

—¿Qué?

—Nos dijeron que no habláramos con los presos.

Ñom. Ñom.

Con cada mascada, Ray se volvía más loco. Se accionó un interruptor detrás de sus ojos. Era como un gran tiburón blanco con los ojos en blanco. Estaba rechinando los dientes y tensando la mandíbula como si estuviera luchando contra demonios. Estaba nuevamente mascando tiras de cuero con cientos de voltios de electricidad estallando en su cuerpo; nuevamente en la camisa de fuerza que había usado durante cuatro meses.

Ray había desaparecido.

—Chinga tu madre, puto. ¿No somos suficientemente buenos para que nos hables?

—Nos dijeron que no interactuáramos con ustedes.

Sabía que era inútil, pero igual intenté calmar a Ray. Le dije todas las mamadas que se me ocurrieron.

—No jodas con ese chamaco, mano, él sabe kárate —le dije. Y agregué—: tienen un francotirador especial que protege a ese tipo.

Debí haberlo sabido. Decirle a un asesino colocado que no puede chingar con alguien es una invitación directa a que lo chingue.

El tercera base estaba cagado de miedo. En cada entrada, se alejaba más de la tercera base y se acercaba a la segunda. Hubo un momento en que el tercera base, el parador y el segunda base estaban parados uno al lado del otro en medio del cuadro. Ninguno de ellos quería estar allí.

Querían estar con sus novias, conduciendo sus camiones, bebiendo cerveza, escuchando música country en la orilla de algún canal, en cualquier lugar que no fuera jugando béisbol con un montón de ladrones y asesinos en una prisión. Cualquiera que haya sido el peor de los casos sobre el que les puedan haber advertido acerca de visitar una prisión de alta seguridad, estaba pasando en tiempo real, especialmente para el tercera base, que estaba siendo insultado de arriba abajo por un cínico asesino a no más de seis metros de distancia.

Tenía que mear. Tenía miedo de dejar a Ray, pero me iba a mear encima. Le dije a Ray que viniera conmigo pero dijo que no, que quería quedarse con Henry. Fui de un tiro al baño, dando esos extraños saltos y brincos que uno hace cuando tiene que mear pero no puede correr del todo. De pie frente al urinario, me maldije por lo mucho que tenía que orinar. Se sentía como si tuviera un galón en la vejiga. Tenía náuseas. La multitud afuera sonaba inquietante. El aire había cambiado. La situación estaba eléctrica.

Estaba corriendo de regreso al campo cuando vi a Ray volar desde las gradas y golpear al tercera base en la cara. En ese momento, explotó todo. Lo único con lo que lo puedo comparar es con los babuinos que se volvieron locos con Damien en el parque de aventuras safari en *La profecía* o cuando todos los perros en un parque para perros se empiezan a pelear. En un instante, mil animales estaban luchando por sus vidas.

Había estado en la cárcel, entrando y saliendo, pero más que nada adentro, desde 1956. En esos doce años, puse en práctica todo lo que aprendí de mi tío Gilbert sobre el encarcelamiento. La primera vez que me llevaron a Eastlake Juvenile Hall, recuerdo que me dije a mí mismo: *¿Qué me enseñó Gilbert?*

Permanecer con los mexicanos, primero. Segundo, encontrar tres o cuatro cuates específicos que siempre me respaldasen. Gilbert me dijo que desarrollaría instintos que nunca supe que tenía. Aprendería cómo dormirme en un piso caótico repleto de gente gritando y correteando y cómo levantarme de un salto en un instante si alguien se detenía, aunque fuera por un momento, frente a mi celda. Me enseñó que, si alguien me miraba por un segundo de más, tendría que responder con un "¿Qué chingados quieres?". Solo seis años mayor, Gilbert fue mi mentor. Dirigió todos los penales en los que estuvo. Me enseñó cómo traficar, robar, intimidar, cómo detectar la debilidad, cuándo era mejor aterrorizar y cuándo era correcto consolar. Me enseñó a nunca ser un matón con personas más débiles que yo, pero si me tocaba pelear, el objetivo era ganar.

La primera vez que me arrastraron a una comisaría tenía diez años. A los doce, ya era un habitual en el reformatorio. Mis padres me enviaron a vivir con parientes en Texas por un tiempo para evitar que me encerraran después de que le pateé el culo a un niño por rociarme con tinta en la clase de arte. Pero en ese momento yo era incorregible. Mi estadía en Texas no duró mucho. A pesar de que la casa de mi tía Margaret y mi tío Rudy Cantú estaba en el medio de la nada, a kilómetros de San Antonio, igual encontré cómo llegar a la animada escena nocturna en La Colonia. Mi tía y mi tío, que eran personas religiosas y correctas, se dieron cuenta de que no podían controlarme, así que me enviaron de regreso a Los Ángeles.

No tenía miedo a que me arrestaran, no tenía miedo a que me encerraran. Y cuando un chamaco le pierde el miedo a las consecuencias, ahí es cuando lo pierde la sociedad. En medio de décimo grado, me enviaron a North Hollywood High School, mi quinta secundaria en un año. Me habían echado de otras cuatro por pelear. Había causado revuelo en las últimas tres porque, como único mexicano, era una novedad. No solo era latino, vestía camisas Sir Guy amarillas y blancas con chalecos que hacían juego y pantalones caqui plisados. Si usaba Levi's, estaban planchados con el doblez de Folsom. Era listo, estaba limpio. Sobresalía. En North Hollywood, Barbara D., una hermosa muchacha italiana que era la reina de la fiesta, me amaba. Yo también la amaba. Un día, me vio sentado en un banco del patio y se alarmó.

—No puedes sentarte ahí, Danny, ese es el banco de los Caballeros.

Pensé: *¿Qué chingados? ¿Tienen un banco? Además, ¿quiénes chingados son los Caballeros y por qué usarían un nombre en español?*

Un tipo blanco grande y tonto y un tipo más pequeño se acercaron. El grandulón se hinchó.

—¿Te vas a bajar del banco de los Caballeros o voy a tener que sacarte? —me preguntó.

Si solo hubiera dicho, "Ese es el banco de los Caballeros", quizás me hubiera levantado e ido. Pero como me desafió, me paré en el banco y le di una patada en la garganta.

—Sácame de este banco ahora, puto.

El tipo empezó a ahogarse. Luego el pequeño dijo las palabras mágicas:

—Nos vemos a la salida de la escuela, *beaner*.

Gran error. El gatillo no fue *beaner*. Fue el "nos vemos a la salida de la escuela". Los estudiantes normales de secundaria no se quieren meter en problemas; problemas serios. Yo no tenía esa preocupación. Era el tipo de mexicano que no veía la hora de salir de la escuela. Durante todo el día, mi rabia siguió creciendo. La campana final no pudo sonar lo suficientemente rápido. Me coloqué fuera de las puertas de la escuela. El tipo a quien le pateé la garganta y cinco de sus amigos Caballeros se presentaron, con toda la escuela detrás de ellos, lista para el espectáculo. Esto estaba bueno. Estaba listo para presentarles un nivel de violencia que ni siquiera estaba en su radar.

Era como una escena de la película *Grease*, excepto que ellos estaban atrapados en una película apta para mayores de doce años y yo estaba clasificado como solo para mayores de dieciocho. Tan pronto como el líder abrió la boca, lo agarré por el cuello y le arranqué un trozo de la cara con mis dientes. La gente se quedó sin aliento. Vi a dos muchachas cubrirse la cara. Nadie en North Hollywood High School estaba preparado para mí. Ese Caballero ciertamente no lo estaba.

Mientras el tipo se revolcaba, gritando, yo salí disparado hacia Leanoard's Burger Shop al otro lado de la calle. Salté el mostrador, agarré un cuchillo de carnicero y volví corriendo a la calle. Iba a enfrentar a toda la escuela si tenía que hacerlo. Leonard salió corriendo del restaurante con su propio cuchillo y se paró a mi lado. Me enfrenté a un círculo que parecía incluir a todos los chamacos de North

Hollywood High. Nadie se atrevió a dar un paso hacia mí. Ese es el poder de la locura, ese es el poder de estar dispuesto a ir a un lugar que tus enemigos ni se pueden imaginar. Pero ese tipo de poder tiene un costo: al ejercerlo, le revelas al mundo que el único lugar al que perteneces es a una penitenciaría estatal.

Tomé en serio lo que me enseñó Gilbert. No peleé para ganar respeto, peleé para ganar. Me dio un placer enfermizo. Respetaba a las personas que me mostraban respeto, pero si no lo hacían, quería que quienquiera que me chingara se despertara años en el futuro, ya viejo y caminando con un bastón y que, al mirarse en el espejo, viera las profundas y feas cicatrices que le recordaran el gran error que cometió una tarde hacía mucho tiempo cuando se metió con Danny Trejo.

Cuando ocurre un motín, todos saben qué hacer: sobrevivir y perseguir a tus enemigos. Los mexicanos asaltaron a los negros; los blancos se pararon espalda contra espalda, poniéndose en guardia e intentando abrir camino para regresar a los suyos; los negros daban puñetazos a blancos y mexicanos. Arios, negros, mexicanos, todos ejecutando órdenes de asesinato que habían estado en proceso durante meses. Yo les estaba cayendo encima a esos hijos de puta. Lanzaba una izquierda, *bum*. Una derecha, *bum*. Una izquierda, derecha, izquierda, derecha. No tenía miedo. No había tiempo para eso. Si el miedo se apoderaba de mí, de inmediato lo convertía en rabia. Estaba impulsado por la adrenalina. Si un niño está atrapado debajo de un automóvil y su madre está paralizada por el miedo, el niño está jodido; si ella convierte ese miedo en rabia, levanta el coche.

Tenía fuerza para levantar coches. Fuerza para levantar camiones Mack.

En mi periferia, vi a mariquitas corriendo a resguardarse en el borde del Patio. No me refiero a *mariquita* como un término despectivo, porque no lo es en el penal. Compartíamos tiempo con todos y todos tenían valor. Los homosexuales juntaban dinero, mantenían sus libros apilados, pagaban por protección, cuidaban de los muchachos homosexuales que llegaban y tenían toda la información. Cuidar a los presos homosexuales significaba que cien ojos te estaban respaldando. Los jugadores de béisbol agitaban bates para evitar que los presos los mataran. Los tipos tiraban botes de basura, piedras, todo lo que tenían al alcance. Recuerdo haber recibido una piedra o un trozo de cemento, pero es un tanto nebuloso.

El ruido era inhumano.

Estaba espalda contra espalda con Ray, peleando con cualquiera que se me atravesara, cuando vi al capitán Rogers, uno de los encargados, apuntándonos. Estaba indicándole a la torreta que disparara. Ray y yo salimos corriendo a toda velocidad, virando en diferentes direcciones. Como un par de payasos de rodeo, terminamos chocando el uno con el otro y tumbándonos.

Postrados en el suelo, boca abajo, entrelazamos los dedos detrás de nuestras nucas. Ray nuevamente se volvió un niño pequeño. Estaba aterrorizado.

—Danny, no dejes que me lastimen.

El capitán Rogers se nos acercó corriendo y preguntó:

—Trejo, ¿lo agarraste?

Supuse que me estaba preguntando si había bajado a Ray para que dejara de correr. No supe cómo responder, así que dije: "Sí".

Los guardias nos pusieron de pie y nos llevaron.

De los más de mil prisioneros involucrados en el motín de ese día, solo nos señalaron a Henry, a Ray y a mí. Se alegó que arrojé la piedra que golpeó a un guardia llamado teniente Gibbons en la cabeza. Todos vieron a Ray atacar a una persona libre. Henry fue acusado de patear al entrenador Stalmeyer en los testículos causándole una ruptura. Todos delitos punibles con pena de muerte.

Los tres enfrentamos cargos de incitación a disturbios e intento de asesinato de un guardia.

Estábamos enfrentando la pena de muerte.

¿Qué puede cambiar en un instante? Todo.

No fue una gran sorpresa. Ya fuera el reformatorio, el campamento, Tracy, YTS, Wayside, Chino, Vacaville, San Quentin, Folsom: nunca pensé que saldría vivo de cualquier lugar en el que me hubieran encerrado. Sabía que estaría en prisión hasta que me muriera. Simplemente no sabía cuándo, cómo ni dónde.

Supuse que sería ahí. En Soledad.

La mayoría de los profesores que había tenido decían: "Tiene verdadero potencial". O más precisamente, decían: "Tiene un potencial enorme si tan solo cambiara". Incluso los oficiales de libertad condicional decían que tenía un potencial increíble.

En el tambo, pensé: *¿Qué chingados es el potencial?*

Justo cuando las cosas iban bien en Soledad, todo cambió. Moriría y sería con la cámara de gas. Que estuviera en manos del estado era algo que no podía entender. Sabía que era un luchador y podría terminar mis días peleando, pero cuando me llevaran hacia mi muerte, ¿cómo reaccionaría?

¿Sería valiente?

Henry gritó pasillo abajo:

—¡Nos van a vencer, Danny! ¡Bien que nos van a matar!

Hay una película de la década de 1930 llamada *Ángeles con caras sucias*. James Cagney interpreta a Rocky, un verdadero gánster que se ve envuelto en un tiroteo con la policía. Cuando lo rodean, grita: "¡Vengan a buscarme, polis!".

Después de que lo arrestan, su grupo en el vecindario dice: "¡Les va a escupir en los ojos a esos polis!".

Pero cuando Rocky es sentenciado a muerte, llora como una perra. De camino a la silla eléctrica llora y pide clemencia. Al día siguiente, su pandilla lee en el periódico que murió como un pinche cobarde.

El mensaje para mí fue claro: no te portes como una perra al morir.

Apenas un año después, George Jackson escribiría sobre el ala O en Soledad: "Los más fuertes aguantan menos de dos de semanas… Cuando un prisionero blanco se va de aquí, está arruinado de por vida. Ningún negro sale caminando de máxima seguridad". Pero el ala O ni siquiera era máxima seguridad… ni de cerca. Ciertamente no lo era en términos de castigo y degradación. Eso ocurría en el ala X. Y en el ala X estábamos Henry, Ray y yo. En comparación, el ala O era un juego de niños y soñábamos con ir allí algún día. Me senté en la cama de hierro desnuda. Estaba enfermo, desintoxicándome de pastillas y alcohol. Estaba congelado. En la pared frente a mí, alguien había escrito *Que se chingue Dios* con mierda.

Dije: "Dios, si estás ahí, Henry, Ray y yo estaremos bien. Si no lo estás, estamos chingados".

Capítulo 2

NOVENTA DÍAS DE LIBERTAD

1965

Soledad fue para mí el eslabón actual de una cadena de encarcelamientos. Terminé allí sólo noventa días después de salir de la Youth Training School (YTS, por sus siglas en inglés), una prisión en Chino que se conocía extraoficialmente como la "Escuela de Gladiadores". Hay escuelas preparatorias en Estados Unidos que preparan a los estudiantes para las mejores universidades, y eso es lo que YTS era para niños como yo: nos preparó para llenar las jaulas de California.

Tenía veintiún años cuando me liberaron de YTS en 1965. Me dieron un boleto de camión a casa y algo de dinero en efectivo. En una licorería junto a la terminal de autobuses Greyhound en Ontario, California, compré dos botellas de Ripple.

Previo al internet, las estaciones de autobuses de Greyhound eran la red oscura de esa época: eran donde se juntaban estafadores y prostitutas y fugitivos, rufianes con apodos callejeros bien padres, soldados de licencia y reclusos recién salidos del penal, en un lugar donde se podía pagar diez centavos para ver quince minutos de televisión. No supe hasta entrados los treinta que el vino formal venía con corcho. El vino Ripple se hacía sin uvas y venía con un taparrosca. Subí esas dos botellitas conmigo en el Greyhound y me agaché en mi asiento para beberlas lo más rápido posible. Un letrero arriba mío decía: "Beber alcohol en este autobús es una violación del código civil, punible con una multa, encarcelamiento o ambos". Me reí y abrí la otra botella.

Cuando llegamos al centro de Los Ángeles, bajé del camión y escuché un silbido. Un mexicano de aspecto sospechoso me preguntó:

—¿Qué quieres?

—¿Qué tienes? —le contesté.

—Está bueno.

Todos los traficantes dicen que lo que tienen es bueno. Un traficante jamás dice: "En realidad, esta mierda está cortada con lactosa".

—¿Tienes jeringa?

Asintió, bajamos por un callejón y nos pinchamos.

Bum. Cuando me pegó, el Cucuy desapareció. El Cucuy era una sensación de arrepentimiento por el pasado y miedo por el futuro. Como muchos adictos, yo era un engreído que a su vez explotaba de autodesprecio. Sentía remordimiento, luego miedo, luego ira, en ese orden, y a veces pasaba por los dos primeros en menos de un segundo. Mi ira se volteó hacia afuera, hacia la culpa. Culpaba a personas, lugares y cosas externas por el estado jodido en el que me encontraba, sin examinarme ni una sola vez y asumir la responsabilidad de la situación en la que me hallaba. Todos estos sentimientos conflictivos me abrumaban y ahí era donde entraba la heroína. La heroína era mi vía de escape. Había sido así desde la primera vez que la usé, a los doce años, para evitar la ira en mi casa.

Mi chaqueta estatal se transformó en una chamarra de cachemira; estaba flotando sobre el suelo. Eso fue un viernes y llegué a casa cinco días después con un ojo morado. Mi madre me dijo: "¿Qué pasó, mijo?". No tenía ni idea. Me volví a ir y un par de semanas más tarde terminé en la casa de un antiguo socio mío del barrio, Frank Russo. De niños, Frank y yo habíamos sido parte de una pandilla a la que llamábamos los Ulans. Todos nos enorgullecíamos de haber sido expulsados de otras pandillas por ser demasiado salvajes. Luego, habíamos estado juntos en YTS un par de vueltas antes.

* * *

En YTS, Frank había asistido a las reuniones de un grupo de doce pasos para ayudar con su problema con la bebida. Sabía que yo era un borracho y un adicto. Para ser honesto, yo también lo sabía; pero no me importaba. Frank sugirió que me fuera con él a las reuniones, pero lo hizo de una manera que sabía llamaría mi atención.

—Hay viejas ahí, Danny.

Para un adolescente que había estado encerrado en YTS por un tiempo, eso era intrigante.

—¿De veras?

—Sí, vienen personas de afuera a las reuniones.

Fui directo a la oficina de mi consejero y escribí que tenía un problema con las drogas y el alcohol y quería asistir a las reuniones. Esa movida resultaría ser una bendición y una maldición, pero al principio todo lo que vi fue la maldición. En primer lugar, ahora mi chamarra decía que tenía un problema con las drogas (la redacción específica era algo así como: "El recluso expresa que tiene problemas agudos de alcohol y narcóticos que requieren asesoramiento"), y tu chamarra permanece contigo durante todo el viaje dentro del sistema penitenciario, así como con los oficiales de libertad condicional afuera. No lo sabía en ese momento, pero solo por querer ver mujeres, me abrí a años de pruebas adicionales y asistencia forzada a reuniones. En segundo lugar, fui a esa primera reunión y de hecho había dos mujeres allí, dos mujeres de cien años. Tenía ganas de darle una patada en el culo a Frank.

Yo había seguido por el camino ancho y no tan recto, pero Frank se había mantenido limpio y sobrio desde esas primeras reuniones en YTS. Ahora me miró y negó con la cabeza.

—Por Dios, Danny, te ves como la mierda. ¿Qué has estado haciendo?

—Sobre todo alcohol.

—Mano, hay que limpiarte y llevarte a una reunión. Ay, mierda —dijo.

—¿Qué?

—Todavía estás usando los zapatos que te dio el estado. Cualquiera que haya cumplido condena sabrá de dónde vienes.

Me había puesto en contacto con Frank antes de que me liberaran. Dijo que tendría todo listo para mí cuando regresara al Valle. En los viejos tiempos, eso solía significar un lugar donde dormir, una vieja, una pistola y un automóvil, pero ahora lo único que le interesaba a Frank era la recuperación. Lo que quiso decir con eso en 1965 fue que tendría un directorio de reuniones de doce pasos y un *Libro Grande*. Había un lado mío que estaba celoso de cómo Frank podía estar tan comprometido con la sobriedad. Sabía que los programas de doce pasos funcionaban; sabía que funcionaban para un gánster de la vieja guardia como Jhonnie Harris; simplemente no quería trabajarlos. Pero sabía que si volvía a consumir, volvería a la prisión. En ese momento, asistir a las reuniones era una condición de mi libertad condicional.

—Tienes que llevarme a casa para que me pueda cambiar.

Me puse los pantalones caqui que me dieron cuando salí de la prisión —eran todo lo que tenía—. Frank y yo fuimos a una reunión, y luego me registré en un hogar de transición contratado por los federales que me había asignado mi oficial de libertad condicional (PO, por sus siglas en inglés). Sabía que tenía problemas con mis padres y pensó que sería mejor para mí vivir bajo supervisión. Fue un requisito de mi libertad condicional. El lugar no estaba tan mal. Teníamos compañeros de habitación y un toque de queda a las diez los fines de semana, lo cual estaba bien. Estaba acostumbrado a las restricciones y, además, comparado con la prisión, el toque de queda no era nada.

Frank había estudiado reparación de carrocerías en YTS y llevado sus habilidades a un tipo con el que solíamos trabajar en nuestra adolescencia, Frank Carlisi. Carlisi fue una constante en todas nuestras vidas. Algo gánster con gran corazón por otros gánsteres, Carlisi nos contrataba cuando salíamos de la cárcel o la prisión sin hacer preguntas. Tuvimos suerte de tener a Carlisi. La mayoría de los lugares ni te miran si tienes antecedentes. Los PO siempre están fastidiando a los exconvictos para que consigan trabajos, pero se vuelve difícil cuando nadie te quiere contratar.

Carlisi había ampliado su patio de demolición para incluir un taller donde Frank Russo podía trabajar en la carrocería de automóviles. Trabajé con Frank en el negocio de Carlisi y les prometí que me pondría las pilas. Frank y yo lijábamos autos, los arreglábamos y los pintábamos, y por la noche íbamos a las reuniones.

Ahora que estaba afuera e iba a las reuniones, le pregunté a Frank qué debía hacer con Laura, la esposa que se había divorciado de mí mientras estaba en prisión.

La última vez que había salido de la prisión, en el '62, fui a la casa de Frank para verlo y conocer a la novia de la que me había escrito cuando estaba en el tambo. Pero lo que más me llamó la atención fue la hermana menor de su novia. Laura vestía una falda corta. Su cabello era largo y rojo. Era alta, esbelta y de una belleza despampanante. Se sentó al otro lado de la sala de estar y me clavó los ojos. Cuando cruzábamos miradas, apartaba la vista y sonreía. Fue absolutamente amor a primera vista para mí. Para ambos. Le dije: "Ven aquí".

Se levantó y cruzó la sala. Era como una visión. Le dije: "Siéntate en mi regazo". Ella solo tenía dieciocho años. Yo también, pero ya había pasado por tantas cosas que me sentía viejo. A Laura le gustó eso. A Laura le gustaban los rebeldes, los malos, los duros, los expresidiarios. Sentir atracción por los tipos malos es una cosa. Vivir con uno es otra historia completamente diferente.

Laura y yo sentamos cabeza bien rápido. Sus padres odiaban a los mexicanos y a los convictos y ciertamente odiaban el hecho de que su hija menor estuviera saliendo con alguien que era ambas cosas, así que la echaron de la casa. No tenía adónde ir, por eso decidimos casarnos. Celebramos la boda en el patio trasero de la casa de mis padres. Vino mucha gente y fue un evento agradable. Hubo mucha cerveza, tacos y tamales. Ella se veía hermosa. Era el tipo de mujer que, cuando se alejaba, mis amigos, tías, primos y tíos me miraban como diciendo: "¿Cómo te ganaste eso, ese?".

Estaba sentado en la cima del mundo. Tenía una esposa hermosa y un buen trabajo. Estaba trabajando para el famoso desarrollador Saul Pick, construyendo el primer techo geodésico de hormigón del mundo para el Cinerama Dome. Estaba ganando mucho dinero trabajando el hormigón y mucho dinero vendiéndoles anfetas a todos los trabajadores. Como teníamos que trabajar las veinticuatro horas del día para construir el techo, traficaba anfetaminas para ayudar a que la gente pudiera permanecer despierta, luego rojos (Seconal, barbitúricos) para que pudiera caer rendida.

Pero apenas unos meses después de nuestro matrimonio, Laura regresó a casa de su trabajo donde contestaba teléfonos en una compañía eléctrica y encontró viejas en el sofá y drogas por todo el departamento. Tenía esa mirada en su rostro, esa mirada de profundo dolor. La había visto antes y la volvería a ver. Allí estaba, y luego el labio tembloroso que ocurre justo antes de llorar. No me importaba. Honestamente, no me importaba porque para mí, los sentimientos de las mujeres no valían. Es algo terrible de decir y es vergonzoso admitirlo, pero así me sentía en ese entonces.

El atractivo del muchacho malo disminuye cuando la persona es realmente mala. Todo es muy sexy y misterioso hasta que tienes que lidiar con la realidad. Laura se fue llorando a dormir a casa de su hermana y Frank. Frank era mi mejor amigo, pero él sabía que si yo estaba consumiendo, las lágrimas no se detendrían. De ahí en adelante, todo iría cuesta abajo.

Las mujeres que Laura descubrió en mi sofá eran Rita y Donna, un par de viejas salvajes del Valle que estaban dispuestas a cualquier cosa. Laura no era tan gánster como ella creía cuando nos conocimos. Rita y Donna sí lo eran.

Dejé mi matrimonio con Laura para ir a la prisión la noche que le dije a Rita que me llevara a la casa de mi primo Ponchee. Ponchee era mi primo político. Estaba casado con mi prima Mary Carmen, (a quien apodamos "Mudda Cat" (por "mamá gata", desde ese día en el callejón), y los tenía vendiendo mota para mí. Les había entregado dos kilos y se suponía que me estaría esperando un gran pago. Rita se quedó en la calle y yo subí al porche. Tan pronto como toqué a la puerta, se abrió de golpe. Era el oficial Mullins, un oficial de narcóticos de North Hollywood con el que me había cruzado antes.

Salté la barandilla y corrí por el costado de la casa, donde un enorme policía me agarró y me metió una pistola debajo del mentón.

—¡Muévete, Trejo, y te volaré los chingados sesos!

—Chinga tu madre —le dije, simulando no tener miedo, pero mis piernas eran una gelatina. Sabía que el juego había terminado.

El policía me llevó al porche y vi a Rita marchándose a toda velocidad por la cuadra. Dentro de la casa, el oficial Mullins estaba junto a la puerta, otro policía estaba de pie junto a Ponchee y los cinco hijos de Mary estaban sentados en el piso llorando. Había un montón de mota en la mesa de centro y fajos de dinero en efectivo.

—Les dije que es mío —dijo Ponchee—, no digas nada. Les dije que es mío.

Mullins señaló con la cabeza hacia los niños en el piso:

—¿Qué vas a hacer, Trejo?

—Chinga tu madre —le dije—. Es mío. Es todo mío.

—¡No, es mío! —gritó Ponchee.

—Que se chinguen, Ponchee —le dije—. Me darán libertad condicional.

Todos los policías se rieron porque sabían que eso era una mamada. Ya había violado mi libertad condicional. Me esperaban mucho más que seis meses. Me esperaban años. Sonreía y meneaba la cabeza como si no fuera gran cosa, pero mi alma estaba destrozada.

Me esposaron y me llevaron afuera.

—Hiciste lo correcto, Danny —dijo el oficial Mullins.

"Lo correcto". Creo que Mullins se sintió aliviado de no tener que procesar a todos, especialmente a los niños. Ambos sabíamos que si Ponchee y Mary Carmen eran arrestados, los niños serían colocados en hogares o en un reformatorio.

Me ficharon en el Departamento de Policía de North Hollywood antes de llevarme a la cárcel municipal. Estaba con otros tipos en una celda de detención, un par de borrachos que habían levantado de las calles. Las cosas estaban bastante adormiladas cuando escuchamos un fuerte chillido y un auto chocó contra la puerta trasera de la estación de policía. La puerta se desprendió de las bisagras. Eran Rita y Donna. Esas gánsters intentaron liberarme. No tenían idea de que estaba encerrado en una celda y no tenía forma de llegar a la puerta.

Como dije, un par de gánsteres.

Algunos policías salieron al callejón y vieron que el conductor se había marchado. Era un auto robado, así que no había forma de rastrearlo. Se rieron de lo absurdo del momento.

—¿Amigos tuyos, Trejo?

Fue todo bastante gracioso, pero ese arresto fue el motivo por el que me enviaron a YTS. Como era de esperar, mientras estuve allí, Laura me hizo llegar los papeles del divorcio. Los usé para llevar la cuenta cuando jugaba dominó. Fue un acto de bravuconería de mierda. No quería ser uno de esos idiotas con una vieja afuera. No quería esperar cartas y tarjetas que pudieran llegar o no. No quería sentir ese dolor.

Ahora que había cumplido esa condena de tres años y estaba afuera y asistiendo a las reuniones, le pedí a Frank que le preguntara a su novia si debía hacer las paces con Laura. Frank dijo: "La mejor manera de hacer las paces con esa pobre chica, Danny, es mantenerte lo más lejos posible de ella". Así que eso fue lo que hice.

Esta vez estuve bien durante veintinueve días. Recuerdo que fueron veintinueve porque estaba a un día de ganarme una moneda de treinta días. A las pocas semanas de ir a las reuniones con Frank, me sentía mejor. Quería ser mejor. Estar sobrio no solo era algo que estaba haciendo para complacer a mi oficial de libertad condicional; estaba desesperado por mantenerme fuera de la pinche cárcel. Sabía que si me jodía, volvería a cometer delitos. Pero saber lo que está en juego no significa que harás lo correcto. Y por dentro ya estaba cocinando malas decisiones. Cuando Frank me llevó a una reunión el viernes por la noche en Burbank, yo estaba de mal humor.

Un viejo empezó a hablar: "Bebí alcohol durante cincuenta años..."

y enseguida me distraje. Yo tenía veintiún años. Era un ladrón armado, un hijo de la chingada bien cabrón. Si este tipo bebió durante cincuenta años, todavía me quedaban décadas por delante. Continuó hablando de cómo había comenzado con la cerveza y pasado a licores más fuertes, bourbon y *whisky*, y había terminado en sus sesenta bebiendo vino en un callejón.

Al diablo con esto, pensé, *yo empecé bebiendo vino en un callejón.*

Dijo: "Si quieren tener lo que tenemos nosotros..." y habló de tener un auto, un barco, una casa y una cabaña en Mammoth. Realmente me tenía muy confundido. ¿Qué diablos tenía que ver un mamut lanudo con nada? Miré a su vieja, literalmente una vieja de unos setenta y cinco años, y estaba segurísimo de que no quería nada de eso.

El siguiente tipo empezó a compartir su historia: "Bebí durante sesenta años...".

Se me acabó la paciencia. Le dije a Frank:

—Escucha, quizás tenga un problema con el alcohol, pero si estos tipos son alcohólicos, definitivamente no soy un pinche alcohólico. Soy un drogadicto.

Este es un argumento clásico de drogadictos. Creemos que la heroína es nuestro único problema, pero danos unas cervezas y la heroína que prometimos que nunca volveríamos a tocar de repente parece una buena idea.

—Danny —dijo Frank—, ten cuidado, suena a que te estás preparando para beber "experimentalmente".

Tomé lo que me dijo como una sugerencia para experimentar con la bebida.

Así que me fui.

Pasé por un boliche que estaba cerca de mi hogar de transición, con la esperanza de que hubiera algunas viejas allí. Yo tenía veintiún años; había estado encerrado durante casi tres años y estaba buscando cualquier cosa. Esperé alrededor de media hora, pero solo había cabrones de mediana edad con sus esposas.

Me fui a un puesto de tacos para conseguir algo de comer y lo vi: el bar Retreat. No había ido a un bar en años. Entré y me senté. El cantinero me preguntó si quería beber algo. Pedí una Coca-Cola. Recuerdo el clásico vaso grueso de Coca-Cola en el que me la sirvió. Estaba bien helada. El cantinero sonrió. Me conocía. Para ese entonces, todos los mexicanos del Valle me conocían. Cuando eres un chamaco que es expulsado de la secundaria por arrancarle la cara a un niño con los dientes, y luego mutila a un marinero con una botella de cerveza rota, tienes una reputación.

Estaba bebiendo mi segunda Coca cuando una señora mayor entró al bar. Debe haber tenido unos sesenta años. Se acercó a la mesa de billar algo perdida. Ni siquiera lograba darse cuenta que tenía que insertar una moneda en la mesa para comenzar el juego.

—¿Necesita ayuda? —le pregunté.

—Si no te molesta…

Había escapado de la reunión después de escuchar a esos viejos, pero ahora no me importaba si ella tenía sesenta. Cuando eres un vato y una mujer se acerca a una mesa de billar, de repente te conviertes en Willie Mosconi o Minnesota Fats. Luego hice la pinche pregunta de callejón sin salida:

—¿Puedo traerte un trago?

—Una cerveza, gracias.

Chiflé:

—Oye, camarero, una cerveza para la señora.

Él asintió con la cabeza y luego dijo:

—Danny, ¿quieres una… —e hizo un movimiento giratorio con su dedo que inmediatamente supe que era la seña para refrescos. Me enfurecí. Ahí estaba yo, un hijo de la chingada, un ladrón armado, un mutilador, y este imbécil estaba haciendo una seña con el dedo como si yo fuera un niño.

—Tráeme una cerveza también.

No recuerdo el juego de billar. Resulta que cuando eres un adicto, no existe lo de beber experimentalmente. Para alguien como yo, un trago es demasiado y mil nunca es suficiente.

De pronto el camarero ya estaba anunciando la última ronda.

Miré el reloj. Eran las dos menos cuarto de la madrugada. Tendría que haber estado de vuelta en el hogar de transición a las diez. *Chingados,* pensé, *esto definitivamente es una violación de la libertad condicional.*

La vieja se había ido. Me acerqué al camarero y pedí un par de caballitos y un paquete de seis cervezas para llevar. Me miró como si fuera un animal salvaje. Porque lo era.

Caminé por la calle. Un Impala del '59, blanco y rojo con transmisión B&M Hydramatic, quemó una U delante de mí y se estrelló contra la banqueta. El conductor gritó mi nombre.

—¡Trejo! ¡Trejo!

Me acerqué a los tropiezos al lado del pasajero y vi que era un tipo llamado Dennis a quien conocía del Valle. Cuando me había ido, Dennis era solo un chamaco y ahora seguía solo teniendo unos dieciocho años. Era un chico blanco, rubio, delgado y bonito que parecía que podría ser parte de los Beach Boys, pero ahora estaba en pánico.

—Me persigue la policía. Acabo de derramar un frasco de rojos.

Un frasco contiene mil barbitúricos. Me subí al auto e inmediatamente agarré un puñado de rojos y comencé a metérmelos en la boca. Dennis hizo lo mismo. Me pidió una cerveza y bañamos los rojos con Budweiser.

—Dennis, no veo policías.

—Me persiguen, lo sé.

Despegamos. Eso fue un sábado a eso de las dos y media de la mañana. Me desperté cuando el auto de Dennis se estrelló contra un árbol en North Hollywood Park al amanecer del domingo. Había perdido un día entero. La fase experimental de beber había fracasado oficialmente.

Dennis estaba perdiendo los papeles.

—¡Agarra las armas, agarra las armas!

Vi dos revólveres en el asiento trasero y los agarré.

—Esos no —dijo Dennis—. ¡Las armas en la cajuela!

Agarré sus llaves y di la vuelta a la parte trasera del coche. Todavía no se había levantado nadie excepto los pájaros, que cantaban sin cesar. Era una mañana hermosa y yo me sentía oscuro como un demonio. Al abrir la cajuela, vi dos escopetas recortadas, una ametralladora y una granada de mano.

Pensé: *Esto definitivamente es una violación.* Recogimos las armas y lo que quedaba en el frasco de rojos y caminamos calle abajo por Magnolia. Buscábamos la casa de Richard Berry. En ese momento, Richard era el gran traficante de heroína en el Valle. Dennis sugirió que cambiáramos las armas por heroína.

Richard nos dio lo suficiente para mantenernos drogados durante unos días con algo de sobra para vender. Nos fuimos a un motel, escondimos las drogas y las armas que no habíamos trocado en la habitación y regresamos al parque. Para mi asombro, el coche seguía ahí, estrellado contra el árbol. Dennis lo dio vuelta y lo puso en marcha atrás. La buena noticia era que aún seguía funcionando. La mala noticia era que aún seguía funcionando. Teníamos ruedas para continuar nuestra juerga. Fuimos al motel, agarramos las armas y comenzamos una épica carrera de cuarenta y cinco días traficando, robando y drogándonos.

Sucedió mucho en ese mes y medio: dormíamos en antros baratos de ocho dólares la noche como The Pink y The Rose. No estábamos solos. Conocía a todas las viejas que trabajaban las calles y muchas de ellas se quedaron con nosotros por drogas y sexo. Había rostros asustados, rostros consumidos, rostros vacíos. Dennis y yo robamos un restaurante Big Boy, un White Front (que era el Best Buy de aquella época) y otras tiendas; estafamos a traficantes, chingamos a gente en negocios de drogas y les dijimos dónde nos estábamos quedando, desafiándolos a que nos vinieran a buscar. Hice tres robos usando la granada que Dennis tenía en su cajuela. Saqué la idea de algo que había escuchado en una reunión en YTS. Un tipo confesó que solía ir a los bancos y le quitaba el pin a una granada que le había robado a su hermano que estaba en el ejército. Le dije a Jhonnie Harris que me parecía una buena idea. Jhonnie era un exconvicto sobrio que había cumplido condenas serias en Quentin. Iba a las reuniones en el penal para tratar de ayudar a los más jóvenes. La única respuesta de Jhonnie al plan de la granada fue decir: "Danny, lo único que va a llegar antes que tú a San Quentin son las luces del camión". Me lo tomé como un cumplido.

Dennis decía una y otra vez: "¡No puedo creer que estoy con Trejo!", como si fuera su ídolo. Se puso de pie en la habitación de un motel llena de viejas, agarró una pistola y dijo: "¡Tomaremos las calles! ¡Tendrán que matarnos!". Me dio vergüenza. Dennis nunca estuvo destinado a ser un ladrón. Se convirtió en uno conmigo. Me sentí como si estuviera viviendo en esa caricatura de *Chester and Spike*, donde el perrito (Chester) se pasea con un perro grande (Spike) y lo molesta, le besa el trasero y lo golpean. Dennis era Chester, un hablador de mierda. Nuestro viaje solo tenía dos posibles resultados: la cárcel o la muerte. Cuando estaba jodido, le decía a Dennis lo que le pasaría en el calabozo en los términos más gráficos. Lo aterroricé. Dennis nunca había estado en prisión.

—Pero no si estamos allí juntos, ¿verdad, Danny?

Y ahí era cuando me salía el diablo de adentro.

—El tipo que finge ser tu mejor amigo es el primero en atraparte.

Y así es como me tendí mi propia trampa para lo que sucedió a continuación.

A una parte de mí no le importaba una chingada si tomábamos las calles y moríamos acribillados a balazos. Me odiaba a mí mismo. Estaba montado en un tren que se dirigía hacia un acantilado sin saber cómo bajarme. Odiaba mi vida. Nunca me hubiera suicidado deliberadamente, pero doparme de más o que me disparara la policía, no me hubiera importado.

Eso no tardó en llegar.

Un día Dennis regresó al motel y me dijo que nos había conseguido un gran negocio. Había encontrado un comprador que quería cuatro onzas de droga pura. Pero no *teníamos* cuatro onzas de droga.

—¿Tus padres tienen azúcar?

—Seguro que sí.

—¿Están en casa?

Agarré algunos globos y un embudo y nos dirigimos a la casa de los padres de Dennis. Dennis era de una familia de clase media alta. Tenían una casa bonita con muebles bonitos. Las paredes estaban cubiertas con fotos de pícnics en familia y ceremonias de graduación. Dennis estaba a solo un par de años de ser el lindo y amable estudiante de secundaria que sostenía al perro de la familia en una imagen en la pared. Agarré una caja de azúcar en polvo, la mezclé con lactosa en polvo y la vertí en cuatro globos de dimensiones caricaturescas.

—¿Cuánto estamos recibiendo?

—Mil quinientos la onza.

Algo me olía mal, pero el dinero era demasiado bueno. Manejamos hasta el sitio y dos tipos estaban sentados en un auto. Volví a sentir la mala espina.

—Esto no me gusta —dije.

Dennis parecía herido.

—Es un tipo justo. —No le gustó que me atreviera a cuestionar su juicio. Estaba orgulloso del negocio.

Cuando subimos al otro coche para hacer el negocio, me deslicé detrás del conductor. El ambiente estaba tenso. Chingadamente tenso. Tres de nosotros en ese coche estábamos empuñando con fuerza, algo que Dennis ni registró. Él estaba sonriendo. El tipo detrás del volante no me miraba.

—¿Tienes las drogas? —preguntó.

No dije nada. No tenía expresión en mi rostro. Solo miré hacia adelante. Dennis parecía confundido por mi comportamiento. Le entregó los globos al hombre. El conductor se volvió hacia mí y empujó un fajo de billetes en mi dirección. El segundo en que me miró, supe que él sabía que yo sabía que era policía. Hizo un gesto de nuevo con el dinero. No me moví.

—Tómalo.

—Danny —dijo Dennis—, toma el dinero.

Era demasiado tarde para detener este tren. Dennis estaba usando nombres. No es que hubiera sido tan difícil darse cuenta de quién era yo, pero toda la situación estaba chingada. Aun así, no me moví. Frustrado, Dennis agarró el dinero. Mi mente estaba haciendo cientos de cálculos sobre lo chingado que era esto.

Cuando salimos, Dennis estaba molesto. Creo que esperaba que yo me mostrara agradecido e impresionado por el tamaño del negocio.

—¿A qué se debió todo eso?

—Tu cuate es un chivato, Dennis. Eso fue una trampa.

—No, confía en mí, confía en mí. Es un tipo justo.

Hice que Dennis me dejara en Johnny's, un restaurante en la esquina de Magnolia y Laurel Canyon. Una de las meseras era amiga mía. La interrogué sobre el sitio mientras decidía si robar el lugar, pues sabía que el dueño guardaba un montón de efectivo en una gran caja fuerte en la oficina. Le entregué mi mitad del trato.

—Necesito que cambies este dinero por mí.

Ella miró el fajo en *shock*. Tres mil dólares era un montón de dinero en 1965.

—Danny, no sé si puedo.

Sabía que tenía acceso a la caja fuerte.

—Por favor, realmente necesito que hagas esto.

Se fue hacia atrás y, cuando regresó, me entregó un sobre manila.

—No le digas a nadie que hice esto.

—Eres un ángel.

—Dime algo que no sepa.

Me pidió que me quedara a comer algo, pero yo tenía cosas que hacer. Un amigo me recogió y pasamos por el motel donde agarré las armas y los cuatro mil dólares que había escondido allí. Lo llevé todo a la casa de mis padres, donde años antes había cavado un hoyo cerca de la fuente en el patio trasero como escondite, y enterré el lote: el dinero, la escopeta, la ametralladora y la granada de mano.

No sabía qué hacer. Podría haberme ido de la ciudad, sin duda del vecindario. Tan solo marcharme y mantener un bajo perfil en alguna parte. Si se avecinaba una redada, desde luego que no quería que ocurriera en la casa de mis padres, así que volví al motel. Estaba exhausto, agotado de tanto tiempo a las corridas y disparos. Mi cuerpo estaba cansado y mi alma enferma. Dennis estacionó. En el acto, entraron al estacionamiento autos de todas las direcciones. Apuntandos sus armas, los agentes federales gritaron:

—¡Abajo! ¡Manos a la cabeza!

Dennis se fue al piso de inmediato. Yo me escondí debajo de un coche. Los agentes intentaron agarrarme por un lado y yo rodé hacia el otro, ida y vuelta. Había pies pateándome.

—¡Vengan a buscarme, hijos de la chingada! —les grité.

Finalmente, un agente se arrodilló a mi lado y me apuntó a la cara con su arma.

—Te agarré, hijo de puta.

—Sí, me agarraste.

Dos agentes me sacaron de debajo del coche y me cagaron a palos.

—¿Dónde está mi dinero, hijo de puta? —El agente que había estado sentado en la parte delantera del auto cuando se cerró el negocio estaba ahora en mi cara.

—Está en mi bolsillo.

Hurgó en mi bolsillo y encontró quinientos dólares que me había quedado. Pero cuando vio las denominaciones, supo que no era su dinero. Su caso estaba en peligro.

—¿Dónde está mi dinero? —gritó.

Me arrojaron en la parte trasera de un Buick Riviera azul nuevo con alfombra beige. Recuerdo que era beige porque le sangré encima por todas partes. Me chingaron a palos durante todo el camino al edificio federal en el centro.

A cada puñetazo le siguió otro.

—¿Dónde está mi dinero?

Durante años, tuve pesadillas en las que ese agente me gritaba, exigiendo saber dónde estaba su dinero. Me despertaba en el penal gritando:

—¡Lo tiene tu mamá, cabrón!

Capítulo 3

JÓVENES Y FUEGO

1965

Los federales estaban entre la espada y la pared. No tenían el dinero del negocio. Yo no había tocado ni las drogas, ni el dinero en el coche cuando se hizo el negocio. Y cuando examinaron los globos, el resultado que obtuvieron era azúcar granulada pura. Para cubrirse las espaldas, los federales me enviaron al departamento de policía. Si esto hubiese pasado hoy día, no hubieran tenido un caso. Hay leyes contra las redadas de "bandeja de plata" donde los federales entregan un caso bajo su jurisdicción al estado. Intentaron explicar esto diciendo que los agentes de la policía local estaban al tanto de la redada, aunque ese no era el caso.

Así fue que me encontré de nuevo en la cárcel del condado de Los Ángeles. Dennis también estaba, pero nos mantuvieron separados. Un día el guardia entró y dijo: "Trejo, tienes visitas, ¡y están bien guapas!". Entré en el área de visitas y vi a dos mujeres. Eran deslumbrantes, con un estilo matador. Se trataba de mi madre biológica, Dolores Rivera King, y mi hermana, Dyhan. No las había visto desde que tenía tres años y tuve un accidente en una bañera que usábamos como piscina del barrio en el patio trasero de mi madre. Mi hermana lo recuerda como algo bastante inocente: me caí y me torcí el brazo. Pero cuando mi padre se enteró del accidente, se volvió loco. Amenazó al marido de mi madre, le dijo a esta que la mataría si intentaba volver a verme y me llevó a Burbank a vivir con mis abuelos.

Mi padre había dicho tantas pestes de mi madre biológica cuando yo era un chamaquito que yo realmente creía que era un monstruo. El hecho de que tuviera una aventura con mi padre mientras estaba casada con un hombre que estaba luchando en la Segunda Guerra Mundial la condenó ante los ojos de mi familia entera. En ese entonces, la gente no entendía que cuando avergüenzas a uno de los padres, avergüenzas al niño. Con el tiempo, fue más fácil simplemente dejar de pensar en ella. Pero ahora estaba en la cárcel del condado de Los Ángeles, visitándome.

Mi madre biológica y Dyhan dijeron que habían leído sobre mi crimen en el periódico. Mi hermana quedó impresionada. Dijo: "¡No sabía que tenía un hermano que era un gánster!".

Sé que es difícil de creer, pero mi madre era hermosa y se parecía a mí. Fue como mirarme en un espejo. Eran las mujeres de mi vida que no habían estado en mi vida. Pero no nos metimos en nada de eso, no hablamos del pasado, de lo que sucedió o lo que se perdió. No me enteré de que mi padre había amenazado a mi madre para que se mantuviera alejada de mí hasta que Dyhan me lo contó años después. Ese día en la cárcel, estaba feliz de verlas.

Tener gente que se preocupaba por mí y me visitaba en la cárcel significó todo. Me dio esperanza.

Después de despedirme, regresé a mi celda atravesando una ola de abucheos sobre lo buenotas que estaban mis visitantes.

El caso ya había sido rechazado en los tribunales dos veces. El fiscal del distrito solo tenía tres oportunidades para garantizar que Dennis y yo fuéramos condenados, si no, tendrían que abandonar nuestro caso. Las dos primeras veces que íbamos a juicio, me crucé con Dennis de camino a la sala del abogado. Él salía mientras yo entraba.

—No pierdas la cabeza. Lo tenemos en la bolsa. Mantente fuerte, ese.

Asintió y cerró el puño.

La tercera vez que fui a la sala del abogado, no me crucé con Dennis. Sabía lo que eso significaba. Se había volteado.

Llegó el día del juicio y me llevaron al tribunal esposado. Me colocaron junto a Dennis y miré sus manos. Sin esposas.

—Danny —me dijo—, tengo que declararme culpable de estafa de ventas. Dijeron que solo te darían sesenta días si me declaro culpable.

—Dennis, esto está en la bolsa. Esta es su última oportunidad para atraparnos o el caso se descarta para siempre. No los escuches. No pueden prometerte una mierda, Dennis. No me van a dar sesenta días. Violé la libertad condicional. ¿No lo entiendes? Que se chinguen estos hijos de la chingada.

No podía mirarme.

—Danny, o te declaras culpable conmigo o voy a testificar que le vendiste heroína a un policía encubierto.

El caso, que había tenido todas las de perder, ahora era hermético.

—Te cuidaré, Dennis.

—Danny, por favor, entiende. Sabes lo que me harán allí. Sabes que no aguantaré la condena.

Se me vinieron a la mente todos sus alardes frente a las viejas acerca de cómo "tomaríamos las calles". Su charla bravucona y su pinche "estoy con Trejo". Pero luego recordé lo que le había dicho sobre lo que les había pasado a los chulitos como él en la prisión, lo mucho que eso lo había asustado. Lo teníamos en la bolsa, pero él tenía todo el derecho de estar aterrorizado, como lo está el 99,9% de las personas cuando se enfrentan a una condena. No se crio con la prisión como resultado esperado y con un tío que lo preparó para sobrevivirla con éxito. Para aquellos que no se habían criado yendo al reformatorio y conociendo el sistema, ir a la prisión era como ir a Indonesia, y los tipos como Dennis no sabían nada de Indonesia. Puede que haya sido la causa de mi propia ruina, pero aún estaba furioso. No se me cruzó por la mente que yo había estado robando, estafando, traficando y viviendo una vida de crimen. Simplemente estaba encabronado porque Dennis nos había metido en este negocio, no tenía los huevos ni la cabeza para intentar pelearlo y me estaba delatando.

El juez ordenó al alguacil que me quitara las esposas para el proceso judicial.

—Pero su señoría… —dijo el alguacil. Nos había visto a Dennis y a mí teniendo un intercambio acalorado y no estaba seguro de que debiera desatarme.

—No me contradiga, hijo. ¡Quítele las esposas al acusado!

Tan pronto como lo hizo, me le fui encima a Dennis.

Me condenaron a diez años.

No me enviaron directamente a Soledad. Tuve suerte. En Chino, en el Centro de Orientación, el comité de clasificación vio mi historial con el Ding Crew y me asignó a un campamento de conservación. Iba a volver a combatir incendios.

Los campamentos de conservación eran parte de un programa establecido por el Departamento de Silvicultura y Protección contra Incendios de California para brindarles a los delincuentes juveniles la oportunidad de realizar un trabajo significativo: combatir incendios mientras cumplen sus sentencias. Durante mi primer tramo de tres años, cuando había mutilado a un marinero en décimo grado, me enviaron a Camp Glenn Rockey en San Dimas. Se encuentra en lo alto de una montaña con vistas al Pomona Valley. Hay campamentos de verano en la zona, y para nosotros, los chamacos citadinos, así se sentía Glenn Rockey. Había pinos, una cerca, cabañas con celdas para el confinamiento y una torre de vigilancia Smokey Bear para los guardias. Después de Eastlake, Camp Glenn Rockey me dio una sensación de libertad.

En noviembre de 1961 se inició un incendio en Stone Canyon sobre Bel Air, cerca de Mulholland Drive. Las ráfagas de viento de ciento sesenta kilómetros por hora y las condiciones secas hicieron que se extendiera más rápido que cualquier cosa que hubiera visto el departamento de bomberos. Los cuerpos se calificaban del 51 al 55, con el 55, el cuerpo en el que me encontraba, siendo de los delincuentes juveniles más incorregibles. Nos llamaron Ding Crew. Éramos las malas semillas de las malas semillas.

Apagar incendios por la noche era aterrador. No era el fuego en sí lo que nos asustaba. La maleza ardiente desataba enormes rocas que escuchábamos estrellarse cuesta abajo. En el momento que intentábamos conciliar el sueño, oíamos un gran estruendo y sabíamos que una piedra del tamaño de un auto se precipitaba hacia nosotros, pero no sabíamos de dónde venía. Me fascinaba ver cómo los incendios tenían vida propia. Inventaban sus propias reglas. El fuego no solo ardía por encima del suelo, también quemaba los sistemas radiculares. Los árboles a cien metros unos de otros estallaban en llamas. Vi un fuego atrapar a un ciervo corriendo cuesta abajo, y los incendios son más lentos cuesta abajo. Una vez estábamos al lado de una zona de césped que habíamos salvado cuando un conejo en llamas cruzó corriendo, extendiendo el fuego hacia el lado que acabábamos de rescatar.

Un cuerpo de bomberos juvenil es algo digno de contemplar. Teníamos cantidades increíbles de energía, en parte porque competíamos entre nosotros. Lo tomábamos en serio, pero al mismo tiempo era un juego. Podíamos limpiar ciento cuarenta metros de maleza en diez minutos. Algunos miembros del cuerpo de adultos nos miraban y se encabronaban. No eran convictos endurecidos, solo alcohólicos y pendejos atrasados en los pagos de manutención infantil.

Uno de ellos me dijo:

—Oye, ve más despacio. Estás haciendo quedar mal a la gente.

Allí estábamos en medio del mayor incendio en la historia de Los Ángeles y ese imbécil estaba preocupado de que los niños estuvieran trabajando más duro que él.

—Chinga tu madre, vato —le respondí.

Todos sus cuates se pusieron de pie.

—Ambos tenemos una pala —le dije—. ¿Qué vas a hacer?

Gilbert me había enseñado exactamente cómo lidiar con tipos como este. Me dijo: "Lo primero que haces si alguien empieza a meterse contigo es decir: 'Chinga tu madre, ¿qué vas a hacer ahora?' ". Eso es lo peor que les puedes decir y los aturde. Esperan algún tipo de aumento de tensión pero, en cambio, tú lo llevas directo al nivel Z. Al decir "Chinga tu madre", lo que realmente estás diciendo es "Hagamos esto. Quiero esto. Estoy listo". La mayoría de los tipos retrocederán.

—Déjalo ir, Dave —dijo otro bombero. Hombre sabio. Dave me miró como si estuviera sopesando sus opciones. Sabía que lo haría mierda.

—No vale la pena —dijo.

Misión cumplida.

—Vete a la chingada, pendejo.

Mis cuates vitorearon, luego volvimos al trabajo. El incendio estaba cambiando a toda velocidad y las casas literalmente estallaban en llamas. Estábamos limpiando el terreno sobre un grupo de mansiones cuando una mujer y un hombre vinieron corriendo hacia nosotros. Un Rolls-Royce frente a su casa acababa de incendiarse. "¡Salven nuestra casa! ¡Salven nuestra casa, por favor!".

Esta gente se arrodillaba frente a nosotros, nos sentíamos como superhéroes. Las viejitas que llamarían a la policía si nos veían por la calle nos traían termos de sopa y sándwiches.

Un fuego nos hace a todos humanos; es un gran ecualizador. No eran personas ricas para nosotros en ese momento, solo personas que necesitaban ayuda. Pusimos manos a la obra. Un equipo de nosotros usó hachas Pulaski para limpiar la maleza más densa. Nos siguió un grupo con palas, luego la tercera línea usó rastrillos McLeod de alta resistencia. Hicimos un cortafuegos alrededor de su casa en veinte minutos. Fue una borrosidad de sudor, calor y humo que me quemó los ojos. Después de que pasó el fuego, la mujer nos abrazó y lloró. Pero no hubo tiempo para descansar; había más incendios que combatir. Dormíamos en el suelo por turnos, trabajando día y noche.

Después de que el incendio de Bel Air–Brentwood y un incendio secundario —el de Santa Ynez— fueron apagados, el nivel de daño fue increíble. Desde Malibu, Topanga Canyon y todo el Valle, hasta Beverly Hills, se perdieron cientos de casas. Burt Lancaster y Zsa Zsa Gabor perdieron sus hogares. Richard Nixon le echó agua a su hogar alquilado con una manguera para salvarlo antes de huir. Ver el miedo en las personas y presenciar su pérdida me hizo sentir como si estuviéramos más cerca que lo que jamás había imaginado.

Cuando se apagaron los incendios, se celebró una gran cena en el Beverly Hilton para honrar a los bomberos. El jefe de bomberos destacó al Ding Crew de Camp Glenn Rockey por nuestro trabajo. Los ricos de Beverly Hills enviaron botellas de *whisky* a nuestra mesa. Los encargados fingieron no ver. Estábamos tan orgullosos. Era posiblemente la primera vez que a alguno de nosotros se nos reconocía por algo más que por ser decepciones. Cinco de los cuates del Ding Crew terminaron teniendo carreras en silvicultura.

Lo más importante de los campamentos de bomberos juveniles fue que nos hicieron sentir como héroes. Realmente bromeábamos y nos poníamos de pie como si fuéramos Superman con las manos en las caderas, diciendo: "¡Dun de dun!". Apagar incendios fue la primera lección real que recibimos los delincuentes para desarrollar la autoestima.

Ahora que había regresado, un consejero de la corte me envió a Jamestown, un campamento de conservación para adultos, para entrenar. La extinción de incendios es el trabajo manual más difícil que se pueda imaginar. Pasamos por un programa de carreras y flexiones para ponernos en forma. Años más tarde, cuando escuchaba a alguien quejarse en un set de filmación sobre lo duro que era el trabajo, pensaba: *Intenta combatir incendios, pendejo. Veamos cómo te sientes arrojando una pala de tierra a una llama de veinticinco metros y escupiendo piedras y tierra.*

De Jamestown me trasladaron a Konocti, y luego de allí a Magalia, donde estaba cuando nos enviaron a combatir un incendio masivo en el Sequoia National Forest.

Me encantaba combatir incendios. Estábamos enclavados en el seno de enormes árboles centenarios, algunos más antiguos que las pirámides de Giza. El lugar se sentía sagrado. Compartimos ADN con los árboles. Los árboles se comunican entre sí; alimentan sus árboles jóvenes a través de sus sistemas radiculares; favorecen a los suyos; ayudan a otros árboles a su alrededor sabiendo que podrían necesitar esa misma ayuda más tarde; limpian el aire; no hay vida sin ellos. Nunca he perdido mi amor por el bosque.

Los campamentos de bomberos no eran las mismas fábricas de animales que las prisiones, pero igual tenían sus problemas. En Magalia había un cuate que pensaba que era un bravucón. Jamestown tenía un programa de boxeo y yo había ganado los títulos de peso ligero y wélter de la CDF durante mi primera temporada allí. Este tipo sabía que yo era un campeón de boxeo y seguía hablando mierda sobre cómo podría patearme el culo. Un día avanzó y le corté la cara con un recogedor. Sus amigos intervinieron, y cuando todo terminó, dos de mi equipo, Sonny Ríos y George Velásquez, y yo terminamos adentro.

Ese fue el final de nuestras carreras de bomberos. Nos dijeron que nos iban a trasladar a San Quentin. Este hogar del corredor de la muerte de California era la casa grande del sistema penitenciario del estado. Nos habíamos graduado e íbamos camino a la Harvard de las penitenciarías.

Capítulo 4

EL AHORA MISMO

1966

Por la noche, los colosales muros del castillo de San Quentin brillan a través de la niebla de San Francisco. Es como si el edificio absorbiera la luz de la luna del cielo nocturno y la reflejara en un gris luminiscente. Desde el San Rafael Bridge parece una fortaleza medieval que vibra por dentro.

Conduciendo por la carretera neblinosa, encadenado a la cintura y esposado en el Grey Goose —el camión de la prisión—, recordé de nuevo lo que Jhonnie Harris me había dicho sobre San Quentin. Tenía razón; las luces del camión eran lo único que iban a llegar antes que yo allí.

Había estado en Tracy, Chino, Vacaville, los campamentos de Jamestown, Konocti y Magalia, pero San Quentin era diferente. Para cuando llegué, San Quentin ya cargaba con una historia de cien años de ser el lugar donde mueren las esperanzas y los sueños del futuro. Como era de noche, entramos por la puerta principal.

Estaba con mis dos amigos del campamento, Sonny Ríos y George Velasquez. El camión se detuvo en recepción y liberación (R&R, por sus siglas en inglés). Entramos arrastrando los pies y nos quitaron las cadenas de la cintura y los grilletes.

—¡Desnúdense!

Y eso hicimos. Una de las primeras reglas que Gilbert me había enseñado, antes de que me fuera al reformatorio, era que cuando decían: "¡Desnúdate! ¡Agarra tu verga! Levanta tus bolas. ¡Agáchate! Abre las piernas", no miras a tu alrededor, no vacilas, simplemente haces lo que te dicen. Gilbert me enseñó a actuar como si lo hubiera hecho un millón de veces, como si me aburriera. El registro al desnudo es una de las primeras oportunidades que tienen los tipos para ver quién será un depredador y quién será una presa. Los tipos que se quedan ahí cubriéndose con las manos o incluso se detienen un segundo, ya les están diciendo no solo a los guardias, sino también a los demás reclusos que son peces, inseguros y asustados. El tipo que responde o se resiste a los ladridos de órdenes del guardia no es el bravucón. Es el pendejo asustado.

Luego vino el chequeo médico, que era solo una lectura de temperatura, y después nos condujeron al cuarto de ropa. Los presos de confianza nos entregaron bóxers, camisas, pantalones cortos y largos y una chamarra. Si el recluso pensaba que eras de fiar, te daría tu talla. Si pensaba que eras un cojo, te daría algo demasiado grande o demasiado pequeño solo para joderte. Cómo te quedaba la ropa era uno de los primeros indicadores que te marcaba como jugador o como un pinche cojo cuando entrabas a la población general. La suerte se echa temprano.

De R&R, entramos al Jardín de la Belleza. El jardín, con sus árboles cuidados y delicados rosales, estaba a cargo de un antiguo preso de confianza que cumplía varias cadenas perpetuas por asesinato. Se decía que, si alguien tan solo se atrevía a escupir en el jardín, estaría muerto. Pasamos el Edificio de Segregación Administrativa a nuestra izquierda y entramos en el patio principal. El patio principal de San Quentin está perfectamente diseñado, arquitectónica y psicológicamente, para chingar tu mente.

Al otro lado del patio, en la parte superior del North Block, estaba Condemned Men's Row (el corredor de los hombres condenados), más conocido como Death Row (el corredor de la muerte). En la alta chimenea de metal sobre la cámara de gas había una luz que atravesaba la niebla. Ahora estaba verde, pero ya sabía que se prendería la roja cuando alguien estuviera siendo gaseado y todos tendrían que salir del patio.

San Quentin es el lugar más del Ahora Mismo del mundo fuera de las zonas de guerra. Si quieres sobrevivir, no tienes más remedio que estar en un lugar, *en este mismo momento*, y solo en este momento. ¿Vivirás o morirás... *hoy*? Cuando te encierran, lo primero que te toca es hacer las paces con el Ahora Mismo. Nunca será tu amigo, pero tampoco puedes permitir que sea tu enemigo o te volverás loco. Claro, un poco de locura te ayuda a sobrevivir el penal, pero no te debes pasar demasiado del límite.

El Ahora Mismo era todo lo que teníamos, pero el pasado nos rodeaba; era una distracción y un peligro. San Quentin está poseído por los fantasmas de todos los que han muerto apuñalados, golpeados o estrangulados dentro de sus muros; los fantasmas de todo hombre que rasgó una sábana, se la envolvió alrededor del cuello y saltó de un piso; los fantasmas de los gaseados en la cámara de ejecución. Las mujeres también. Poco antes de que yo llegara allí, una mujer que asesinó a su sobrina embarazada había sido ejecutada, junto con dos cómplices masculinos. Sus espíritus se arremolinaron a mi alrededor. No puedes decirme que esas almas estaban descansando en paz. Incluso en el Ahora Mismo, la desesperanza de mi futuro se burlaba de mí. San Quentin era todas las pesadillas que alguna vez había tenido en una sola, pero si alguien me preguntaba de qué se trataba el sueño, no podría decirlo.

El Ahora Mismo era tan pesado que el tipo delante de mí no lo pudo manejar. De repente le dio un puñetazo al vato que estaba a su lado, sabiendo que eso significaba que se lo llevarían. Dondequiera que fuera, sería cualquier lugar menos este.

Hasta que me asignaron una celda, me mantuvieron en la Sección B, el lugar donde ponían a todos los que venían a Quentin mientras los funcionarios de la prisión averiguaban cuál era su estatus —si eras un soplón, si tenías enemigos, si tenías necesidades especiales—, y te clasificaban de acuerdo a eso; es decir, te asignaban a un pabellón de la prisión. Cuando entré, con el colchón y la manta enrollados bajo el brazo, me gritaron de todo. No les respondí porque aún no conocía la jugada. Mi primera noche allí, me metieron un papalote (un mensaje en un trozo de papel) en la celda; era de un antiguo cómplice de crímenes, Tyrone. Aparentemente, me informó el papalote, un tipo al que había timado en las calles de Los Ángeles estaba en San Quintín diciéndoles a todos que lo había estafado y que sabía que venía.

Le envié una respuesta a Tyrone: *No me dejes salir de mi celda con nada más que mi verga en la mano.*

Necesitaba un pincho.

Esa primera noche en la Sección B, fijé mi mirada en el techo. Las tuberías de agua de refrigeración sonaban como pequeñas explosiones. Luego comenzaron los gritos. Algunos hombres estaban locos; otros estaban siendo violados. Después llegaron las verdaderas explosiones. Antes de las maquinillas de afeitar desechables, los hombres compraban máquinas de afeitar grandes y antiguas y las llenaban con cabezas de fósforos. Lanzaban estas minibombas desde sus celdas y aterrizaban como unos M-80 en el concreto debajo de los pisos, haciendo eco en todo el pabellón. Entre los gritos, las explosiones y el conocimiento de lo que tendría que hacer para sobrevivir en Quentin, se sentía como una zona de guerra.

Entonces, por un breve y mágico momento, reinaba el silencio; los gritos cesaban; incluso las tuberías de agua dejaban de chirriar.

Tenía veintiún años.

Me dije a mí mismo: "Danny, aquí vas a morir".

Esa noche dormí una hora.

En San Quentin, la violencia y la muerte brillaban en el aire como el calor distorsionado sobre una carretera del desierto. Unos días más tarde, me encontraba sentado en la Sección B cuando comenzó a gritar un tipo. Un guardia estaba persiguiéndolo, sus pies golpeando el suelo, y lo escuché gritar, "¡Alto! ¡Alto!". Luego le disparó al recluso —ahí mismo, en el pasillo del pabellón, un chasquido bien fuerte—. Todo se sumió en silencio.

Sonny y George estaban conmigo en la Sección B. Grité:

—¡Le disparó! —pero me salió extrañamente agudo y débil.

Inmediatamente bajé la voz y le dije al vato en la celda de al lado:

—Beto, ¿viste eso?

—¡Vete a la chingada! —y luego imitó la voz de una niña—: ¡Le disparó!

Pero para ese entonces toda la Sección B se estaba burlando de mí, gritando: "¡Le disparó! ¡Dios mío, le disparó!", como adolescentes chillones. Tuve suerte de no acabar con el apodo "¡Le disparó!".

Me quedé en la Sección B unos veinte días antes de que me asignaran al South Block, celda C550. La primera noche, nuevamente, no pude dormir. Si bien era menos demente que la Sección B, todavía había gritos y risas espeluznantes que puntuaban la noche. A través del muro entre las secciones B y C, escuchaba las explosiones amortiguadas de las bombas de afeitar que se lanzaban desde los pisos, como un ataque de mortero contra una aldea en el siguiente valle.

Lo que más recuerdo de San Quentin es que hacía frío todo el tiempo. Nunca pude calentarme. Y la forma en que estaban pintadas las paredes hacía que la luz en el patio fuera tan brillante, incluso cuando era un día gris, incluso de noche podía lastimarte los ojos. Nunca olvidaré el olor. San Quentin tiene un olor penetrante, un hedor a moho y a humo que nunca podía enmascararse, sin importar cuánto blanqueador se usara para limpiarlo.

Mi amigo Tyrone era un mexicano guapo cuya madre le había puesto el nombre de su actor favorito: Tyrone Power. Tyrone era muy sensible a cómo pronunciabas su nombre. Si alguien lo hacía sonar demasiado negro, poniendo el énfasis en la primera sílaba, *TY*-rone, se ponía hecho una fiera. Otro vato de Los Ángeles, Cookie, tenía un umbral de ira igualmente bajo. Era un hermoso mexicano que pesaba cincuenta y cinco kilos como máximo, pero era un asesino atroz. Debido a que era tan pequeño, Cookie era subestimado y acosado, para peligro del matón. Había apuñalado y matado a un hombre que le agarró el culo en un baile. No importaba si había sido un accidente o una chingada deliberada por parte del hombre; fue su último error.

En la vida, tienes que saber con quién te estás metiendo. Si alguien cruzaba miradas con Cookie en el patio, él decía: "¿Quieres esto? ¿Eh, hijo de la chingada?". Y ellos retrocedían. Si no lo hacían, estarían muertos.

Un par de días después, Tyrone, Cookie y yo nos acercábamos al patio inferior de Quentin cuando dos tipos nos pasaron a toda velocidad y apuñalaron a un tipo seis o siete veces. Me quedé helado.

—Vamos, vamos... —dijo Tyrone—. Tenemos que salirnos del patio. —Me arrastró hacia el pabellón.

La brutalidad inicial de ver a alguien utilizado como alfiletero, fue impactante. Pero como había asesinatos todo el tiempo en San Quentin —apuñalamientos, golpizas— me acostumbré. Rápido. Es enfermizo decirlo, pero con el tiempo, cuando alguien era golpeado en el patio, era emocionante. Verles saltar la mierda nos alborotaba a todos.

Las ejecuciones eran todo lo contrario.

Los presos que se mataban entre sí era una cosa, pero las ejecuciones autorizadas por el gobierno agregaban la capa más pesada al Ahora Mismo de San Quentin. No importaba lo malo que fueras, lo organizada que fuera tu pandilla —La Eme podría dirigir el patio, Nuestra Familia, la Aryan Brotherhood o la Black Guerrilla Family podría luchar por el control—, el depredador definitivo en San Quentin era siempre el alcaide, los guardias, el verdugo.

Los guardias decían: "Hombre muerto caminando" cuando arrastraban a los condenados por el patio para una reunión con sus abogados o quien fuera. Se suponía que debíamos apartarnos del camino y dar la espalda cuando pasaran, sin cruzar miradas con el prisionero. Pero cuando pasaban los reclusos del corredor de la muerte, nos volvíamos a medias para verlos. Para el mundo de afuera eran infames. En nuestro mundo, eran famosos. Por lo general, el condenado trataba de hacer contacto visual y saludar a quien pudiera porque salir del corredor era como unas vacaciones para ellos.

Todos sabemos que la Parca vendrá por nosotros, pero los condenados en San Quentin "lo saben" en serio. El día se acerca. Se les dará un pañal, y la luz roja brillará por ellos, y entre ese día y este sólo queda más de lo mismo. Se lo veíamos en los ojos y sentíamos la fatalidad que emanaba de ellos como un lobo separado de su manada que moriría solo y abandonado.

En San Quentin, la desesperanza está grabada en el rostro de los hombres. Tal vez no recibieron una carta, o una visita, o alguien les dio una mirada dura, o les lanzó un beso, cualquiera sea la causa, se notaba cuando se habían quebrado.

Recuerdo que había un vato que andaba todo bien vestido. Se equivocó al decirles a todos que una vieja lo venía a visitar. Iba y venía camión tras camión sin señales de ella. Después de que desembarcara el último camión, no pudo ocultar su dolor.

Al oler la sangre, todos le caímos encima.

—Sancho debe estar chingándola bien, ese.

—Lo siento, carnal, Pedro no la dejó venir hoy. Tal vez la deje venir otra semana si no se la está cogiendo.

El vato se había quebrado. Se suicidó saltando de uno de los pisos.

Un día, en el patio, Ty dijo que un mayate (jerga peyorativa para un prisionero negro) había llegado de Tracy hablando de cómo yo lo había estafado.

—Este mayate te está mirando corto.

Era probable. Estafamos a mucha gente en Tracy. Es lo que era. Aparentemente, le había robado a él y a su socio. El otro tipo ya estaba muerto —asesinado en Tracy—, pero este estaba con nosotros en Quentin.

—Ty —dije—, consígueme algo.

Obteníamos pinchos del equipo de construcción o los hacíamos con cualquier cosa de metal, generalmente de nuestras literas. Años después, se volverían más creativos y los harían fundiendo cualquier plástico: vasos, botellas de champú o gel, cepillos de dientes. Pero los pinchos de metal de mi época eran mejores. Sin importar de lo que estuvieran hechos, tenían que estar enfundados en papel, cartón o plástico y cinta adhesiva para que pudieran ser guardados en nuestro único escondite real: nuestros anos. El pincho que Ty me iba a conseguir venía del taller de metalurgia. Había un mexicano de Wilmington en el taller de soldadura que hacía pequeñas cosas parecidas a llaves que podían abrir el plafón de tu celda para que pudieras esconder pinchos. Si los guardias no encontraban la llave, estabas a salvo. Y los guardias no buscaban llaves. El plan era que Ty tomara el pincho más tarde ese día y lo guardara en su plafón para dármelo a la mañana siguiente.

Hay mucho en juego en la cárcel, siempre lo hay. Pero esta mierda estaba a otro nivel. Algunos de los carnales con los que yo andaba habían matado al compañero de este vato en Tracy, y él me culpaba por esa muerte. Todo en su mundo (en la prisión, en la calle) dependía de cómo manejar esta situación.

Era el momento de matar o morir.

—Hasta que te lo entregue —me dijo Ty— ponte el chaleco.

Lo que me quiso decir fue que debía ponerme una armadura, como una revista en mis pantalones cortos para protegerme de un cuchillazo. En ese entonces, obteníamos revistas del carrito de la biblioteca. *National Geographic* era gruesa, lo cual era importante, pero su formato pequeño hacía que fuera difícil meterla en los pantalones cortos y debajo de la chamarra para que permaneciera en su lugar. Las revistas *Look* y *Life* funcionaban mejor porque eran largas. Es impresionante cuánta protección te podía brindar incluso una revista delgada contra un pincho.

A la mañana siguiente, tomé una *Look* de mi celda para darme una capa de armadura mientras buscaba a Tyrone en el patio. Me la metí en los pantalones cortos, me cubrí con la camiseta, me puse la chamarra y me la abotoné. Salí de mi celda, y el segundo en que doblé la esquina de mi corredor hacia la escalera, el hermano se acercó y me golpeó dos veces en el estómago. *¡Bam! ¡Bam!* Me golpeó tan fuerte que me dejó sin aliento.

Al mirar hacia abajo, vi que mi chamarra estaba cubierta de sangre. Me mareé. Pensé que era el fin. Por encima del hombro de este vato, vi a Ty subiendo los escalones de cuatro en cuatro. Justo cuando el tipo negro se dio la vuelta para correr, emitió dos gruñidos de animal enfermizo, "*uuuuuhng, uuuuuhng*", y se cayó en las escaleras. Tyrone estaba de pie detrás de él sosteniendo un pincho. Lo había apuñalado justo en el corazón.

—Ty —le dije—, me hirió.

—No, no es así.

—Me hirió.

Ty señaló la mano ensangrentada del hombre.

—Esa sangre es de él. —Lo último que quería Ty era quedarse ahí platicando—. Vamos, Danny. Tenemos que ir al patio.

Largué mi chamarra ensangrentada, pasé por encima del cuerpo del hombre y aceleramos hacia el patio justo cuando empezaron a sonar las alarmas y las puertas se cerraron de un portazo.

Tan pronto como llegamos al patio, las puertas se cerraron detrás de nosotros. Estábamos a salvo.

Ty me pasó su chamarra.

—Órale, carnal, gracias a Dios que estuviste ahí.

—Me debes una, güey. Me la debes —dijo Ty.

—A huevo.

—¿Podemos ducharnos juntos?

Estallamos en carcajadas ante lo absurdo de todo, el humor negro y retorcido del penal. Una vez vi a un tipo tropezar por el patio tratando desesperadamente de sacarse un cuchillo de la espalda que alguien acababa de clavarle allí, y todos se echaron a reír. Fue tan surrealista. Pensé, *Este lugar está bien jodido.*

Lo peor de todo era que yo también me estaba riendo.

Saqué la revista.

—Gracias a Dios por la revista *Look*.

Ty me miró muy serio. Luego, con un tono de voz bien agudo, como el de una adolescente, gritó:

—Me HIRIIIOOOÓ.

Nos reímos tanto que casi nos meamos encima.

Un hombre estaba muerto en la escalera a la vuelta de mi celda y no me importaba. Era él o yo, y él lo provocó. Si pasas bastante tiempo en prisión, esta te comienza a moldear la mente: la violencia, la voluntad de sobrevivir, lo que es gracioso y el valor de la vida de un hombre.

El tipo que tenía la bolsa de heroína en Quentin era Richard Berry, el traficante de heroína que conocía del Valle. El mismo tipo al que Dennis y yo habíamos ido con las armas después de que Dennis destrozara su coche en ese parque de North Hollywood. Richard era un verdadero adicto. Una chamarra de talla pequeña colgaba del hombre como si fuera de talla extra grande. Pero le iba bien adentro. Era el tipo más rico de Quentin.

Ty y yo empezamos a trabajar para Richard cobrando deudas. Richard dijo: "Danny, unos tipos me deben dinero, son samoanos". Los encontré en el patio y me acerqué a ellos con Ty, Cookie y Froggy, otro vato de Los Ángeles, a mi espalda. Me senté frente a un tipo que era tan grande como una casa. Le dije muy correcta y cortésmente:

—Disculpe. Hola, hola. Quiero que le escribas a tu familia y les digas que si no te envían dinero antes del martes, te vas a morir.

Quedó boquiabierto.

—Sí —continué—, le debes algo de dinero a Richard Berry, y ese es mi dinero, y yo quiero mi dinero. —Ty, Cookie y Froggy se acercaron—. Si no lo tienes para la próxima semana, tendremos que cobrarte intereses y no quiero cobrarte intereses.

—Está bien, está bien —respondió.

Dos días después, se me acercaron los samoanos.

—Danny, no tenemos dinero en efectivo, pero tenemos cigarrillos, tenemos diecinueve cartones, ¿aceptarías eso?

Richard estaba emocionado. Los cigarrillos eran tan buenos o mejores que el dinero. A cambio de mi trabajo, Richard me cortó mucha heroína. Podía usar tanto como quisiera y vender el resto. El arreglo me recordó cuando Dennis y yo le cambiamos armas a Richard por heroína justo después de que chocáramos contra ese árbol en North Hollywood Park. Me dejó pensando. Le pregunté a Richard cómo lo arrestaron y dijo que lo habían allanado. Até cabos. Estaba bastante seguro de que no era el único a quien Dennis había delatado.

Me instalé en San Quentin, trabajando para Richard y boxeando. Cuando llegué a la prisión ya tenía fama de boxeador. He estado boxeando desde que tenía ocho años; mi tío Gilbert me enseñó cómo hacerlo. En ese entonces, Gilbert estaba entrenando para los Guantes de Oro, así que me usaba como su *sparring*. Él tenía catorce, seis años más que yo, pero eso no impidió que me atacara con fuerza. Solía arrojarme piedras a la cara cuando me distraía para agudizar mis reflejos. Si no movía la cabeza a tiempo, me llovían piedrazos. Me dijo que lo estaba haciendo para ayudarme a ser más rápido, pero probablemente solo me estaba jodiendo. Tenía nudos en la cabeza por los piedrazos que recibí, pero me volví muy bueno para esquivar golpes.

Gilbert era un gran boxeador, probablemente lo suficientemente bueno como para convertirse en profesional más adelante. Fue campeón de boxeo en el ejército y en prisión. Pero puede que yo haya sido mejor. Un par de años después de boxear con Gilbert aprendí no solo cómo evitar ser golpeado, sino cómo devolver el golpe. Aprendí a lanzar *jabs* a la velocidad de un rayo con una revista debajo de mi axila, y cómo evitar que se cayera cuando me disponía a lanzar otro *jab*. Mantenía mis golpes apretados, rectos y rápidos. A los diez años podía lanzar una combinación de tres golpes: *jab*, mano derecha, gancho... la combinación que usa Floyd Mayweather tan maravillosamente. En el *ring*, yo era una máquina. Ese era mi estilo, no ser golpeado. Pero si lo hacían, estaba bien. Tenía una barbilla de hierro. No importaba lo que se me presentara. Yo era invencible. Incluso los tipos en el penal que podían pelear en la calle no podían tocarme en el *ring*. No eran boxeadores entrenados.

Lo que Gilbert me estaba enseñando era increíblemente valioso. Me dijo: "Cuando sepas que puedes vencer a cualquiera con los puños, cambiará la forma en que lidias con todo. Te da confianza, como ir armado".

Tenía razón.

Había boxeado en todas las instituciones en las que había estado, desde el reformatorio hasta Jamestown, así que cuando llegué a San Quentin, ya tenía una reputación, especialmente entre los mexicanos. Decían: "¡A huevo! Tenemos un campeón".

Tenían peleas todos los meses, así que comencé a entrenar en el gimnasio, donde tenían un *ring* y bolsas pesadas. Los guardias se fijaron en mí y luego tuve estatus y privilegios. Dejaban que los boxeadores fueran a desayunar temprano para que pudiéramos salir a entrenar en la pista.

Había muchos boxeadores que no tenían entrenamiento formal. Con tan solo hablar con alguien, me daba cuenta de cómo sería en el *ring*. Cuán seguro era, cómo sostenía su cuerpo, si se calentaba fácilmente, todas estas cosas me decían cuánto sabía del boxeo. También puse a trabajar este conocimiento en las calles. Si discutía con alguien, me podía dar cuenta si sabía pelear con solo observar cómo se paraba. Teniendo esto en cuenta, yo podía calcular qué brazo usaría el tipo para golpearme y si perdería el equilibrio o no. Si sus piernas estaban alineadas con sus hombros, me estaba diciendo que se iba a caer. Sabía leer los cuerpos y el lenguaje corporal. Sabía qué hacer y cuán rápido podía hacerlo porque lo había hecho tantas veces que era un reflejo.

Algunos vatos pasaban su tiempo leyendo, jugando al ajedrez, corriendo la pista o jugando al pinacle. Cada uno de estos pasatiempos era un escape a otro mundo: había cuatro tipos en SQ que jugaban al pinacle durante el día entero y luego dejaban las cartas para poder volver a ellas al día siguiente. Los cuates que no tenían algo así se volvían locos. Para mí, fue el boxeo. Siempre que estaba boxeando, no estaba en la penitenciaría. Mi mente estaba en otro mundo, y eso significaba mucho más que pasar el tiempo. Al igual que la extinción de incendios que había hecho en el reformatorio y luego en los campamentos de conservación para adultos, se sentía importante.

Mi primera competencia fue una pelea por el título. Incluso en el penal, cuando anunciaban mi nombre, me sentía como una estrella. Todos andaban engalanados, como si fuera una pelea en Las Vegas. Después de todo el entrenamiento, todo el *sparring*, estaba emocionado. Sabía que iba a mostrarles a todos en esa penitenciaría lo que podía hacer. Cuando sabes que has trabajado, cuando sabes que has hecho cinco kilómetros de entrenamiento en pista en lugar de tres, te llenas de confianza. Cada vez que entraba a un *ring*, representaba a mi gente y los quería llenar de orgullo.

Cuando subí al *ring*, fue eléctrico. Todo el mundo vitoreaba como si fuera una celebridad. Sabían quién era yo. Estaban esperando algo y yo iba a cumplir.

La única pelea que perdí fue en Jamestown, y fue porque lo hice a propósito. No tenía dinero en mis libros cuando llegué allí y lo necesitaba. Chino Sainz se me acercó y me dijo: "Tenemos esta pelea para ti". Yo acababa de llegar, pero era sobrino de Gilbert, así que todos sabían que podía pelear. No tenía tiempo para entrenar adecuadamente, así que le dije: "Apuesta por el otro tipo". Todos los que me conocían apostaron por él, me dieron una parte y ese día nos fue bastante bien. Después de eso, me convertí en campeón de Jamestown y nunca volví a perder.

Una pelea en San Quentin era una guerra. El gimnasio estaba en un enorme depósito de cemento y metal; cabía la mayor parte de la población carcelaria. Eran los años sesenta y las guerras raciales y las guerras de pandillas se estaban calentando. Las peleas de boxeo eran una forma de establecer y declarar la superioridad racial en el penal. Pero incluso cuando estaba peleando contra otro mexicano, el Sindicato apostaba por mí porque sabían que no iba a perder.

Los reclusos se sentaban en sillas que estaban todas aseguradas juntas para que no pudieran levantarlas si estallaba una pelea, pero en realidad no hubo muchos disturbios en los eventos. Nos segregamos para mantener la paz porque sabíamos que si la cagábamos nos quitarían el boxeo, y nadie quería eso.

El tipo con el que estaba peleando era un golpeador circular, así que le gané con *jabs, jabs, jabs*. Quizás podía pelear en las calles, pero un *ring*, no era para nada lo mismo. Me lo fumé.

En momentos como ese, mi vida en la prisión se sentía tan completa como la que había tenido afuera. Pero luego hubo momentos en los que temí que la prisión me estaba convirtiendo en alguien que no reconocía. Jugando dominó en una mesa en el patio principal, había elegido cuatro cincos. En el dominó, eso es como conseguir una escalera real en el póquer. Aún mejor, había mucho dinero sobre la mesa. No veía la hora de jugarlos. Era el turno de un negro. Los blancos, negros y mexicanos jugaban unos contra otros cuando se trataba de apuestas pesadas. Este vato estaba pensando demasiado solo, pero mantuve la calma porque sabía que estaba a punto de volar la mente de todos con lo que tenía en mi mano. Fluía mucho dinero. El hombre finalmente hizo su jugada, y era mi momento de darles con todo. Llegó más dinero a la mesa. No me di cuenta de que un vato se acababa de acercar porque había mucha gente mirando. De repente: *bum bum bum bum*. El tipo golpeó tres veces en la espalda y una vez en el cuello a un hombre que estaba inclinado sobre la mesa junto al negro. Debió haberle cortado una arteria principal porque la sangre chorreaba por todas partes. Instintivamente me cubrí la cara y me manché la manga y la mano de sangre.

Ty me agarró.

—¿Qué estás haciendo, carnal? Tenemos que volar.

Levanté las fichas de dominó.

—¡No no! ¡Sigamos jugando!

—¿A quién le importa?

—Tengo una racha de cinco.

Ty no estaba impresionado.

—Tenemos que irnos.

Me moví con todos los demás. Teníamos que entrar antes de que cerraran el patio y quedáramos todos atrapados afuera.

Cuando volví a mi celda, estaba furioso. Estaba agarrando los dominós empapado en sangre con tanta fuerza que casi me cortan la mano. Pensé: *¿En qué tipo de animal me he convertido? ¿En qué tipo de animal me he convertido?*

En lo que respecta al sistema penitenciario, me había convertido en una "conveniencia institucional", que significaba: "Haz lo que quieras con él porque da demasiados problemas". Si bien a algunos de los guardias les caía bien porque era boxeador y manejaba chanchullos de protección, simplemente estaba haciendo demasiados negocios con demasiada frecuencia para que las autoridades siguieran mirando para otro lado. El hecho de que yo manejara la bolsa de heroína para Richard era de público conocimiento y algo que cualquiera de los varios soplones podría haber dicho a los guardias. Otro factor era mi raza. Cuando un grupo de vatos se organizaba de más, los toros los enviaban a otras instituciones.

Fuera cual fuera el motivo, me enviaron a Folsom. La tinta de mi tatuaje —una enorme charra bien buenota con sombrero esparcida sobre mi pecho— apenas se había secado. Las charras son las mujeres mexicanas que pelearon con Pancho Villa. Llevaban rifles y dinamita; lucharon junto a los hombres. La mía fue dibujada por Harry "Super Jew" Ross, un hijo de la chingada bien cabrón de mi ciudad natal de Pacoima, que se convirtió en un artista de tatuajes de fama mundial más adelante en su vida. El mío fue su primero. Harry lo había comenzado a hacer en Susanville en el '65. Me hice algo a lo grande porque pensé que estaría encerrado durante diez años. Si hubiera sabido que solo iban a ser cuatro, tal vez habría obtenido algo menos masivo, como un cachorro. Otros vatos se estaban haciendo tatuajes de guerreros aztecas, pero yo no quería un cuate. Harry usó tres cuerdas de guitarra pasadas a través de un cepillo de dientes derretido, que mojaba en tinta china o piezas de ajedrez derretidas. Hizo el bosquejo en Susanville, pero después le corté la cara a ese tipo en Magalia y me enviaron a San Quentin. Cuando Harry llegó a San Quentin, hizo el sombreado, pero luego me fui a Folsom. Harry me dijo: "No toques tu tatuaje, espera a que llegue". Harry apareció en Folsom y casi había terminado de sombrearlo en el patio cuando me enviaron a Soledad.

Capítulo 5

AYUDA

1968

La prisión es un desperdicio de los mejores años de la vida de una persona, pero cuando llegué a Soledad no estaba ahí para cumplir mi condena y regresar a casa. Como asumí que siempre estaría allí, lo traté como mi trabajo.

Era ingenioso y los recursos en prisión se comercializan en diferentes monedas: alimentos, drogas, lo que sea.

En 1961, en la cárcel del condado de Los Ángeles, vi que "lo que sea" se extendía más allá de lo pensado. Para entonces, cualquier tipo de cárcel era como estar en casa. Me habían encerrado tantas veces que estaba más acostumbrado a estar adentro que afuera. Mientras esperaba a que me enviaran a Tracy, había un muchacho blanco grasiento, sucio y escuálido en la cárcel. Era tan pobre que en lugar de cinturón usaba un trozo de cuerda para que no se le cayeran los pantalones.

El tipo iba a ser asaltado por los negros, así que se acercó a nosotros en busca de protección. El problema era que no tenía dinero. Me dio lástima. Estaba claro que la única ducha que el hombre iba a darse era en la cárcel. Había tres en nuestra celda —Johnny Ronnie, Tacho y yo—, así que le dijimos al tipo que si él limpiaba, nosotros lo vigilaríamos. No podía dormir en nuestra celda, pero lo dejamos dormir justo afuera para que la gente supiera que estaba siendo vigilado.

Un par de días después, el tipo me dijo que tenía poderes hipnóticos y que podía colocarnos. No estábamos haciendo nada, así que dijimos: "¿Por qué no probarlo?".

Fue como una meditación guiada. Nos guio a través de todo el asunto: armamos un porro, lo encendimos, le dimos un jalón profundo y los tres nos sentimos súper grifos. El hombre dijo: "Tu cuerpo ya lo recuerda. Sabe qué hacer. Anticipa drogarse, y así es cómo funciona".

Eso me dejó pensando. Al día siguiente le pregunté al tipo: "Si puedes hacer eso con la mota, ¿puedes drogarnos con heroína?".

Dijo que sí, pero que tendríamos que realmente enfocarnos para que funcionara. Agarré a Tacho y a Johnny Ronnie, y el tipo nos sentó y nos dijo que cerráramos los ojos. Durante quince minutos, con gran detalle, nos guio a través del proceso de conseguir la droga, encontrar un lugar para darnos la dosis, cocinar la heroína en una cuchara, introducirla en una aguja y meterla en nuestras venas.

Incluso antes de hacer como que encontraba un lugar para dármela, ya podía saborearla en mi boca. Cualquier adicto sabe cómo se siente eso. Para cuando describió cómo entraba a mi torrente sanguíneo, sentí el calor fluyendo por mi cuerpo.

Si ese tipo blanco no hubiese sido un criminal de carrera, podría haber sido un hipnotizador profesional, alguien que iba a secundarias y ferias estatales y conseguía que la gente subiera al escenario y actuara como gatos y esas cosas.

Pero no fue así. Ese tipo era Charles Manson.

Adentro, Manson trabajaba solo. La estructura social elaboradamente construida que teníamos los mexicanos era algo que se le negaba, incluso entre sus reclusos colegas blancos. En la prisión los hombres luchan a muerte por sus pandillas, pero los diferentes grupos étnicos también cooperan entre sí más de lo que se imagina la gente. Es la forma en que mantenemos el orden. Si alguien la caga y tiene una deuda o se mete con la gente y causa problemas, su pandilla es la que lo regula. La vida de las pandillas carcelarias eludió a Charles Manson, e incluso si hubiera podido caer en ella, de seguro no habría sido un jefe. Fue solo después de que salió que pudo crear la estructura social que quería al encontrar un grupo de *hippies* perdidos en Haight-Ashbury y convertirlos en una "Familia". Si Manson hubiera intentado hacer esa movida en el este de Los Ángeles, nunca habría estado al mando de una mierda.

Solo estuve en Soledad un par de días antes de comenzar mi jugada. Para eso necesitaba la ayuda de los reclusos negros. Hice un trato con algunos de ellos: si me ayudaban, les daría una parte del dinero.

Una escena podría desarrollarse así. Es la hora del almuerzo y veo que hay nuevos reclusos en el comedor. Los guardias dirigen a los nuevos tipos para que vayan hacia un lado u otro, a veces enviándolos intencionalmente en la dirección equivocada. Un chamaco puede ser enviado a una mesa llena de cuates de otra raza, y sabré que es un pez porque ya se chingó al prestarles atención a los guardias en lugar de ir con los suyos.

Me acerco a esta persona y le digo: "¿Qué pasa, carnal? ¿Estás bien?". Quizás confiese que está bien, pero tiene miedo, no está seguro de las reglas del juego, adónde ir y qué hacer, o quizás finja que lo tiene todo bajo control y que puede arreglárselas solo.

"Al diablo con esto, estoy bien".

Leer el miedo es quizás mi mayor don. Y en la prisión, el miedo está en todas partes. "¿Seguro? Porque no pareces muy seguro".

Dejo que haga lo suyo y esa noche, en las duchas, vacío el lugar. Luego envío a cuatro de los hijos de la chingada más grandotes y de aspecto bien sangrón con erecciones a todo dar para que lo rodeen. En ese momento, cualquier cosa que se haya dicho a sí mismo sobre cómo evolucionarían las cosas y cuánto control tendría se va por la borda. Es un recálculo tan aterrador como suena.

Aquí es donde entro yo. Les echo un vistazo a los cuatro y digo: "¿Qué onda?".

Me devuelven la mirada y tenemos un enfrentamiento que ha sido arreglado y ensayado. Actuación 101. Por las expresiones en sus caras, parecen estar sopesando los costos de lo que está pasando. Finalmente, parecen ceder. Todo lo que el recluso sabe con certeza es que lo salvé de la situación más aterradora en la que alguna vez ha estado. Ahora tiene otra forma de pensar; ahora que sabe las consecuencias de no pagar, la única pregunta que queda es cuánto podré sacarle mensualmente. ¿Lo estoy estafando o le estoy haciendo un favor? La verdad es que, fuera que viniera de mí o de otra persona, esto es lo que le esperaba. Sin estructura y protección, no logrará sobrevivir.

Este era mi mundo. Y, de nuevo, me estaba yendo bien. Demasiado bien. Navegaba por el pasillo principal (lo llamábamos "Broadway") haciendo tratos, burlándome descaradamente de las reglas. Me encontré con un veterano que me dijo: "Danny, me recuerdas a mí hace treinta años. Sigue así y estarás aquí cuando seas viejo, como yo".

Tenía ropa interior limpia, calcetines limpios, botas hechas a la medida. Harry "Super Jew" Ross había llegado a Soledad y terminó mi tatuaje de charra. Llevaba demasiado almidón en mi ropa, estaba demasiado bien planchada, estaba demasiado arreglado, demasiado "*bonaroo*". Mi celda estaba impecable. Se me veía en la vía principal haciendo demasiados negocios. En lo que a ellos respecta, estaba en demasiados lugares con demasiada frecuencia. Tenía la sartén por el mango.

Hicieron lo que se llama un *arrastre*, una extracción. Cuando el guardia me pidió mi identificación, dije: "No mames, cabrón. Anda".

"Te está yendo demasiado bien aquí, Trejo". Me sacaron de Broadway y me trasladaron a North, otra parte de la prisión para reclusos recién llegados de Youth Authority. Albergaba a un montón de chamacos idiotas que pensaban que eran malos. No veían la hora de ponerse a trabajar y llamar la atención del Sindicato o la emergente Black Guerrilla Family o cualquier pandilla carcelaria a la que esperaban ser incorporados. Yo solo tenía veinticuatro años, pero comparado con los chamacos de dieciocho y diecinueve de North, era alguien de la vieja guardia con estatus. Ya había estado en Chino, Jamestown, Folsom y San Quentin. Nadie dudaba de mi currículum. Pero ser transferido significaba que había perdido mis bolsas y tendría que empezar de nuevo.

Me tomó media hora poner mi sello.

En la fila de admisión, un chamaquito llamado O'Connor se me acercó y me preguntó si podía ayudarlo con algunos hermanos que intentaron violarlo en Tracy.

—¿Te drogas?

—Cada mes. Mis amigos también.

—¿Puedes conseguir un pincho?

O'Connor asintió. En ese momento, estaba inyectándome heroína y usando pastillas todos los días y no me había metido nada en casi veinte horas. Estaba pataleando, tenía frío y me dolía el estómago, pero pensé: *A la chingada, tengo que ganarme el pan. Empezaré aquí.*

—Sígueme —le dije. Sabía que en un nuevo entorno enseguida tenía que establecer quién era y hacerles saber a todos que los rumores eran ciertos: yo era el mexicano con quien no se podía chingar.

Tan pronto como entramos a Lassen A, hice un escaneo rápido.

—¿Son ellos? —Señalé con la cabeza a cuatro reclusos negros que estaban de pie en un conjunto de escaleras al otro lado del corredor.

—Sí —dijo O'Connor.

—Ve a buscarlo ahora. —No iba a meterme en esto con las manos vacías.

O'Connor hizo que un amigo creara una distracción para el guardia. El chamaco se dirigió hacia la puerta y comenzó a señalar y gritar como si estuviera loco. El guardia lo apartó, y O'Connor salió disparado hacia Lassen B, el pabellón de celdas adyacente. Me senté en cuclillas frente a la celda de O'Connor en el primer piso y contemplé la escena. Todos volvieron a lo que estaban haciendo, pero sabían que algo se estaba cocinando. Había mexicanos hablando en el segundo piso, cuates en las mesas jugando a las cartas, pero todos estaban en alerta. Los cuatro hermanos, que me habían visto con su objetivo, O'Connor, me estaban echando miradas amenazantes. Su jefe era un mocoso delgado y musculoso.

O'Connor regresó corriendo.

—¿Lo tienes?

Asintió y se subió la camisa. Tenía dos espadas metidas en sus pantalones. Eso significó mucho. O'Connor era bonito. Siempre sería una presa, pero no solo estaba dispuesto a pagarme por protección, estaba dispuesto a trabajar.

—Date la vuelta y deja que vean cómo me pasas una —le dije.

Me entregó un destornillador afilado como un palillo. En cuanto vieron que O'Connor me entregaba esa espada, dejaron de fulminarme con la mirada.

—Quédate detrás de mí y no hagas una mierda hasta que te lo diga.

Metí el pincho en mis pantalones y me enfilé hacia las escaleras. Tres de los tipos de inmediato retrocedieron. Gran error. Nunca des un paso atrás. Fui directo hacia el jefe.

—¿Conoces a este hombre? —Estábamos cara a cara, lo suficientemente cerca como para hacerlo sentir atrapado, lo suficientemente lejos como para sacar mi pieza y pincharlo.

—Sí, lo conocemos de Tracy.

Su mente iba a cien por hora; estaba asustado. No sabía qué hacer o si podía hacer algo. En una fracción de segundo, su expresión pasó de ser arrogante, desdeñosa, sonriente y dura a una que decía: "Podría morir aquí".

Hay dos tipos de personas en el penal: depredadores y presas. Te despiertas y eliges cuál vas a ser todos los días. Este hombre era un depredador. Era un violador que escogía objetivos fáciles, probablemente lo había hecho desde sus días en el reformatorio. Lo hizo en Tracy, seguro. Se despertó esa mañana y decidió que era un depredador. Pero yo también.

Ahora le tocaba a él. ¿Pelearía? Probablemente no. En las prisiones la gente no pelea como en las películas; no te enfrentas y lanzas puñetazos. Si lo haces, ambos se meten en problemas. A pesar de haber sido un boxeador desde los ocho años, prefiero apuñalarte tres veces, soltar el pincho y marcharme. Puedes bloquear un golpe, pero no puedes bloquear un cuchillo.

—Ya no lo conoces, ¿me entiendes? —No le estaba haciendo una pregunta; era una afirmación.

Él asintió con la cabeza, pero sus ojos se movían de un lado a otro como una *pinball.* Todos en el piso estaban mirando. Nadie excepto él y sus amigos habían visto a O'Connor darme el pincho.

—Si te veo detrás de mi espalda o la suya, te mataré.

Tenía dos opciones: podía tirarse a la pileta y pelear, lo cual era poco probable ya que sabía que yo tenía un destornillador de quince centímetros chingadamente afilado, o podía retroceder. Retrocedió. Esa decisión se quedaría con él por el resto de su tiempo en el sistema. También se conocería en las calles. Todo lo que ocurre dentro de los muros de la prisión se conoce en las calles. Siempre sería el hermano que se echó atrás. Esa reputación es el tipo de cosa que puede llevar a que lo maten en el futuro, adentro o afuera.

En North había un guardia blanco llamado Morris a quien creo que le gustó que yo cuidara a un preso blanco vulnerable. Esa noche, en su ronda, pasó junto a mi celda y se detuvo. Me desperté de un salto. Dijo: "Esa fue una buena movida, Trejo", y siguió de largo.

En esos años, los reclusos blancos no estaban tan organizados como lo estuvieron más adelante. Los mexicanos y los negros tenían sus propios sistemas con los que cualquier preso recién llegado, ya fuera mexicano o negro, asustado o no, tendría que alinearse. Además, a mediados de los años sesenta, debido a los cambios de actitud social, hubo presión sobre el sistema judicial para que comenzara a castigar a los chamacos blancos de la misma manera que siempre había castigado a todos los demás. Con el aumento de las condenas de blancos, hubo muchos reclusos blancos cuya primera detención los envió directo a prisión. No tenían el "beneficio" de haber pasado por un reformatorio y por YTS. Estos tipos llegaban a instituciones donde no tenían conexiones, eran superados en número y necesitaban protección, y esa combinación los hacía clientes excelentes. Y creo que muchos de los guardias, que eran predominantemente blancos, por supuesto, estaban felices de que alguien estuviera cuidando a estos cuates.

Un par de días después, a O'Connor lo enviaron a Vacaville. Los guardias habían estudiado su chamarra y notaron que había sido víctima de demasiados intentos de violación. Todos los chamacos lindos son enviados a Vacaville en algún momento. Ningún lugar del sistema penitenciario de California era seguro, pero Vacaville era más seguro que Soledad o San Quentin.

Después de que se fue O'Connor, solicité que los guardias me enviaran de regreso a Central. Pero en lugar de eso, el teniente Mesro y el capitán Rogers me llamaron a su oficina.

—Trejo, queremos que te quedes.

—No, gracias.

—No es una pregunta.

—Hay demasiados pendejos jóvenes aquí.

—Por eso queremos que te quedes. Creemos que podrías ayudar a poner algo de orden.

Mesro endulzó la oferta diciéndome que podía dirigir el gimnasio de boxeo. Me gustó la idea. Además de los dieciséis dólares al mes que pagaba la chamba, me gustaba especialmente el hecho de que el gimnasio estaba al lado del muelle de carga —sería el primero en tener acceso a todo lo que entrara en la prisión y podría guardar mi parte en el gimnasio—.

El capitán Rogers se puso de pie.

—¿Por qué no vuelves a tu celda y lo piensas?

Cuando volví a mi celda, encontré media pinta de *whisky* en mi litera. No estoy diciendo que la dejaron allí deliberadamente para mí, pero tampoco estoy diciendo que no.

Acepté el trabajo.

Los guardias se alegraron de tener nuevamente a un asesino de matones en North. Gilbert era de lo peor, pero siempre solía decir: "Que se chinguen los matones". Si se trataba de un combate mutuo con tipos que podían manejarse solos, podía pasar cualquier cosa. Pero él jamás golpearía o atacaría a personas débiles e indefensas. Especialmente en la prisión, donde había gente inocente por todas partes.

La primera vez que me tocó cumplir una condena más larga en Eastlake, me arrestaron por algo y me tiraron al calabozo. Fui clasificado como G&H, lo cual significaba que estaba en el grupo de reclusos de edad media. Estaba con un niño rubio de unos diez años que, juro por Dios, tenía un mechón de pelo teñido de azul. Fue clasificado como

T&V, uno de los grupos de edad más jóvenes. Este niño comenzó a hablarme y pensé: *Dios mío, este chamaquito es una niña.* No lo pensé como crítica, él era realmente una niña pequeña. Ahí fue cuando me di cuenta por primera vez de que las personas son quienes son. Que hay personas entre nosotros que no encajan en ninguna caja y que no es una decisión consciente que toman, simplemente es así.

Este chamaco, lo llamaré Charlie, estaba teniendo dificultades en el penal. Le pregunté por qué se encontraba ahí, y me dijo que siempre estaba metido en problemas. Sus padres se estaban divorciando y no sabían qué hacer con él porque era diferente. Pensé: *Dios mío, metieron a este niño en este infierno simplemente porque es gay.* Había todo tipo de chamaquitos que eran enviados al reformatorio simplemente porque sus padres estaban peleando por su custodia o habían sido abusados sexualmente o cualquier cantidad de cosas que no eran culpa de ellos. El reformatorio estaba lleno de niños que estaban camino a convertirse en delincuentes profesionales, y estas víctimas inocentes del sistema estaban a su merced.

Cuando me soltaron de nuevo en el patio, vi cómo unos chamacos mexicanos mayores se andaban metiendo con Charlie. Les silbé y señalé a Charlie. "Él es mío", dije. Incluso en el reformatorio, decir que alguien era tuyo significaba mucho. Significaba que estabas dispuesto a hacer lo necesario si alguien te desafiaba a ti y a lo que era tuyo.

—¿Es tuyo? —contestaron.

Asentí.

—Está bien, mano.

Se corrió la voz de que Charlie estaba protegido. Quizás en ese caso salvé a un niño de un evento que hubiese cambiado su vida y lo habría destruido. Pero había demasiados Charlies y no había suficientes tipos dispuestos a sacar el cuello para protegerlos. De joven, siempre había sido esa persona para mis amigos fuera de la prisión: me vienen a la mente Timmy Sánchez, Mike Schwartz y Rudy Imomota. Pero lo que estaba en juego adentro era mucho más que una simple paliza en un parque. Charlie fue la primera persona que realmente abrió mi corazón al aprieto de los inocentes en la fábrica de animales, pero ciertamente no fue el último.

Después de ser procesado en Chino y clasificado para ser enviado a Jamestown en el '65, en el camino me enviaron a Vacaville. Tenía veintiún años. Cuando llegué por primera vez a Vacaville, vestía de blanco. El uniforme blanco es el que se usa para viajar. Los hacen con un blanco en la espalda por si intentas huir. Como iba a pasar unos días allí, me procesaron y me dieron un uniforme verde para cambiarme.

Llegué al patio y encontré una bolsa pesada. Hacía rato que no boxeaba, pero enseguida me volvió todo. Golpear una bolsa pesada tiene dos propósitos: es bueno para entrenar, pero también les muestra a todos lo que puedes hacer con los puños.

Un tipo blanco enorme se sentó y me miró. Tenía una expresión en la cara bien sangrona. No pesaba menos de 325 libras, y era todo músculo. Era un espécimen. Golpeé la bolsa con más fuerza. Más rápido. La expresión del tipo ni se inmutó. La golpeé con más y más fuerza. No sabía qué diablos quería de mí.

Molido, me di por vencido y comencé a alejarme cuando una voz pequeña e infantil me detuvo.

—¿Puedes enseñarme a hacer eso?

Miré hacia atrás. Era el tipo. Me sorprendió la desconexión entre su voz y el tamaño de su cuerpo.

—Por favor, ¿puedes enseñarme a hacer eso?

—Seguro, mano. Pero estoy de blanco. Solo estaré aquí unos días.

—No, no —dijo—, estás de verde —y señaló mi ropa.

—Solo me puse esto para venir al patio. —Me tenía intrigado—. ¿Por qué estás aquí?

Tenía una mirada triste en su rostro. Se notaba que estaba recordando algo doloroso.

—Un hombre me insultó y golpeó repetidamente, y no se detuvo, y le pedí que se detuviera, y no lo hizo, así que lo golpeé, y lo golpeé, y terminó muerto. No quise matarlo. Me dieron cadena perpetua.

Este era como un Lennie de *De ratones y hombres*. Este niño enorme e inocente atrapado en el cuerpo de un hombre monstruosamente poderoso era simplemente alguien que había sido acosado demasiadas veces. Era claro que tenía una discapacidad de desarrollo. Me pregunté sobre su familia, su vida, cómo lo debían de haber fastidiado y atormentado sin cesar. Pero sin siquiera conocer los detalles del crimen que lo llevó a la prisión por el resto de su vida, conocía la historia. Casi podía ver al pendejo que lo había empujado demasiado lejos. El caparazón exterior que yo llevaba dentro de la prisión siempre fue fuerte, pero este hombre me lo quebró. Me hizo pensar en la crueldad del universo con las criaturas más gentiles. Se me vino a la mente un pequinés que tenía mi tía Sharon. Lo dejó en casa de mi abuela y me pidió que lo cuidara. Lo alimenté junto a Bozoo, Prince y Butch, los perros grandes y fuertes que tenía mi familia. Cuando el pobrecito trató de comer, los perros grandes le enseñaron los dientes y lo mordieron. Me miró con sus ojitos aterrorizados y me quebró. Agarré a los tres perros grandes, los aparté, los até y le serví comida en un cuenco nuevo al perro de Sharon. "Anda, come". El perro estaba tan feliz. Le dije: "Apúrate antes de que Gilbert vea lo que estoy haciendo".

—Lo siento. Sí, yo te puedo enseñar, carnal —le dije al tipo ahora.

El hombre parecía que se iba a largar a llorar.

—Estoy perdiendo a mi amigo —dijo.

—Siempre seré tu amigo, mano. Puede que no esté aquí, pero siempre seremos amigos.

—Gracias, compadre. —Se alejó y yo me volví a vestir de blanco. He pensado en ese hombre durante cincuenta y cinco años. He pensado en Charlie durante casi sesenta.

Para los guardias, les era de gran valor tener a alguien como yo, alguien que defendiera a los vulnerables. Ayudaba a regular la prisión. También aseguraba que las personas bajo protección no intentaran hacer estupideces por su cuenta. Una vez que estabas protegido, no podías actuar mal o empezar algún desmadre, porque te dejarían por tu cuenta.

Me fui instalando en North. Dirigía el gimnasio, la bolsa de heroína y mi chanchullo de protección. Me entraba buen dinero. Le estaba enviando dinero a mi mamá afuera. Podía entrenar todos los días. Un cuate al que estaba protegiendo, Schmitty, dirigía la lavandería. Por un paquete de cigarrillos, les conseguía a los reclusos calcetines y ropa interior limpios en vez de esas cosas manchadas de mierda que repartían. Ese año, North tuvo campeones en todas las categorías de peso. Podría haber ganado el título de peso wélter así como el de peso ligero, pero le dejé esa oportunidad a un amigo llamado Bobby Olivarez. Los hombres a los que protegía limpiaban mi celda, lustraban mis botas hechas a la medida, planchaban y almidonaban mi ropa. Las paredes de mi celda estaban enceradas; el piso de concreto estaba cubierto de poliuretano hasta brillar como vidrio. A diferencia de Central, a los guardias de North no les importaba si yo era un loquito porque mantenía el orden.

Afuera, todo esto se llamaría extorsión; adentro era supervivencia. La relación era recíproca: yo les cuidaba sus espaldas y ellos cuidaban la mía. Podía morir tan fácilmente como ellos.

Luego vino el Cinco de Mayo. Ocurrió el motín, y de pronto me encontré aislado en el calabozo enfrentando una pena capital. El término en inglés, *capital charges*, se toma del latín cabeza, *caput*. Porque el recluso puede perder la cabeza.

"Nos van a superar, Danny. Bien que nos van a matar", repetía Henry una y otra vez.

Era agosto de 1968 y estábamos en el pabellón X. Si estábamos tranquilos, el guardia ponía la radio. Un día puso el nuevo sencillo de los Beatles, "Hey Jude". Todos lo estábamos escuchando por primera vez y era tan hermoso que no se oía ni una mosca. Cuando llegó a la parte donde Paul McCartney comienza a cantar, "Ooooahhh Judee Judee Judee Judee Judee Judee Joooood!", explotó todo. En ese momento fue fácil entender cómo Manson se obsesionó con el *White Album* y por qué los locos pensaban que los Beatles les hablaban específicamente a ellos. La canción nos hablaba directo a nosotros, no porque fuera específica, sino porque tenía un impacto más profundo en el alma —a veces se trataba de un impacto oscuro, el equivalente musical de un motín en la prisión—.

Había un homosexual en aislamiento con nosotros llamado Bambi.

La celda de Bambi estaba frente a la mía. Bambi era conocida por las cartas pornográficas que escribía; las usábamos para masturbarnos. Las llamábamos cartas de amor.

—Bambi —le dije—, escríbeme una carta de amor.

Una caja de Corn Flakes en un hilo de pescar se deslizó por el piso hasta la puerta de mi celda. Había suficiente espacio para estrujarla por debajo de la puerta. Encontré la carta metida dentro con un cómic que había sido usado como pesa. Le eché un vistazo y luego volví mi atención a la carta de amor. Bambi había escrito una descripción sexual muy gráfica. Era sucia, *bien sucia,* no me sentó bien. Así que dirigí mi atención al cómic. Era uno de esos pequeños panfletos con temas cristianos que flotaban por la prisión. Este se llamaba "Joe's Woes". Se trataba de un cuate llamado Joe que tenía un problema con el alcohol. Joe no podía solucionar su problema y se resistía a la idea de que existiera una solución espiritual.

Y me volvió todo. Lo que ese hombre me había dicho nueve años atrás en una reunión de los doce pasos a la que había caído por accidente cuando tenía quince años. Éramos doce personas. Estábamos buscando una fiesta en la casa de Bonnie Whipple por Van Nuys Boulevard. Mi amigo Julian estaba enamorado de Bonnie. Condujimos hasta Van Nuys, y cerca de la calle Lev vimos una casa con un montón de autos estacionados afuera. Supuse que la fiesta era ahí. Saqué una caja de madera con dos botellas de vino, una caja de cerveza, media pinta de *whisky,* un revólver de punta chata .38 y una llave de ruedas de hierro (por si acaso) de la cajuela del Chevy, y le dije a mi grupo de amigos que permanecieran juntos.

En ese entonces, las fiestas en casas eran el lugar donde uno iba a buscar mujeres y a pelear. A menudo, a los tipos no les gustaba que aparecieran en su fiesta un grupo de cuates de otra parte del Valle y te desafiaban. Cuando atravesabas la puerta, o te caían encima o retrocedían. Los pasos hacia atrás significaban lo mismo allá que en el penal.

Abrí la puerta y entré de golpe, preguntándome cuál de las dos reacciones iba a recibir. Para mi sorpresa, todos en la sala eran mayores. En la pared había un gran letrero que decía: "We Care" (Nos importa).

Habíamos caído en la reunión del viernes por la noche del grupo "We Care", parte de un programa de doce pasos que ayudaba a las personas a recuperarse del alcoholismo. Enseguida se me acercó un viejo con una taza de café en la mano. Sonrió.

—¿Cómo te llamas?

—Danny. —No tuve tiempo para pensar. Él estaba tan tranquilo y fue tan amable que me tomó por sorpresa. De inmediato me nació ser honesto con él, de una manera que nunca me había nacido antes con adultos o policías.

—Danny, ¿por qué no dejas esas cosas afuera y te quedas para la reunión?

Miré alrededor. Todos mis amigos habían sido rodeados de personas como este hombre, hombres y mujeres mayores y sonrientes que tenían tazas de café en una mano y cigarrillos en la otra.

—Nos equivocamos.

Señaló con la cabeza hacia la caja de alcohol.

—Quizás pienses que te equivocaste, Danny, pero si continúas con eso, los únicos tres destinos que te esperan son las cárceles, las instituciones o la muerte. Lo digo en serio.

Sé que esto suena cursi, pero con esas palabras me maldijo. Me maldijo con un conocimiento sobre el abuso de drogas y alcohol que es universal, verdadero y está tallado en mármol en algún lugar del desierto, como un antiguo proverbio. Después de ese día y antes de conseguir la sobriedad, cada vez que la policía me detenía en mi coche y me quedaba ahí sentando, maldiciéndome, preguntándome qué tan malo iba a ser, las luces de la patrulla se burlaban de mí. Destellaban de una manera que parecían gritar: "Cárceles, instituciones, muerte. Cárceles, instituciones, muerte".

Una vez que sabes adónde te llevarán las drogas y el alcohol, nunca podrás volver a disfrutarlos de la misma manera. Pero yo no estaba ni cerca de estar listo para escucharlo en ese momento. Tenía más delitos que cometer, más condenas en prisión que soportar.

—Tengo que irme.

Llamé a mis cuates y nos fuimos.

—¿Vamos a buscar la casa de Bonnie? —me preguntó Julian.

—No, vámonos a la chingada ahorita mismo.

No quería andar de fiesta ni cerca del grupo "We Care".

El tipo de esa reunión había visto el futuro. En 1968, después del motín en Soledad, me encontraba en la cárcel, había estado en instituciones y ahora me enfrentaba a la muerte. Pensé en lo que había escuchado en esas reuniones con Frank en YTS. Siempre hablaban de encontrar un Dios en quien creer, un Dios de tu propio entendimiento, algo más grande que uno mismo, un poder más grande que tú. La idea no se me hacía fácil. Siempre había sido bendecido con la fe en algo más grande en el universo, pero la religión formal había sido difícil para mí. Vi a todas esas ancianas mexicanas rezándole a Dios y dando todo lo que tenían a la caridad, pero sus vidas seguían siendo muy duras.

Esas fueron las reuniones donde conocí por primera vez a Jhonnie Harris, el exconvicto. Le pregunté: "¿Qué me vas a enseñar, viejo?", y me contestó, "Nada. Te voy a dar un adelanto de los próximos estrenos, pendejo". Me preguntó qué quería del programa y le dije que quería salir de mi celda y ver mujeres. Fue entonces cuando me miró y dijo: "Danny, lo único que va a llegar antes que tú a San Quentin son las luces del camión". Y tenía razón.

Jhonnie había sido un barbero famoso en San Quentin, que, aparte del secretario del capitán, era uno de los puestos más respetados que se podía tener. Cualquiera que tenga el control de una navaja abierta en una prisión debe ser confiable y respetado. Así funciona en nuestro mundo. Se podría decir que Jhonnie era un tipo bien parecido; el único problema es que no existe ser chulo en el penal, chulo equivale a bonito. Jhonnie era varonil; vestía una linda chamarra deportiva y una corbata con un hermoso nudo. Eso de por sí me impresionó. El hecho de que hubiera estado en San Quentin me impresionó aun más. Cuando comenzaba a hablar, sabías que era quien decía ser, y sabías que no daba muchos pasos hacia atrás.

Con respecto a encontrar un poder superior, Jhonnie había dicho:

"Danny, tienes que encontrar algo en qué creer más allá de ti mismo. Y eso que ni siquiera crees en ti mismo. Espero que encuentres a Dios, ya sea G.O.D. (Good Orderly Direction, la buena y ordenada dirección) o 'el poder del grupo', en todo caso, rezo porque lo encuentres ahora".

Pero el Dios al que seguía volviendo, el Dios de mi entendimiento, era el Dios con el que me había criado. El Dios de la Biblia de mi abuela. Ese Dios era severo, el Dios que dijo que todos habíamos nacido del pecado. El Dios detrás del dicho de mi abuela: "¡Te castigó Dios!", que emitía cada vez que tropezaba y me caía. Nunca le sugeriría a nadie que esta idea de Dios no es la correcta, o que mi forma de entenderlo le pone punto final al tema, pero es lo que se me vino a la mente. Más importante aún, es lo que sentí en mi corazón.

En la pared de mi celda, alguien había escrito con mierda: "Que se chingue Dios". Sin duda lo escribieron en un momento de absoluta desesperación cuando sintieron que Dios los había abandonado en ese pozo. No me sentía así. Todo lo que me había pasado fue el resultado de mis decisiones y elecciones. Siempre tuve a disposición buena información que elegí ignorar. Incluso la ira constante de mi padre provenía del terror y la desilusión que le causaban las decisiones que yo estaba tomando. Ante mí, él era impotente.

Estaba más asustado que nunca, atrapado en el limbo de no saber si me iban a procesar, y si me procesaban, si también me iban a ejecutar. Todos sabemos que vamos a morir, pero si estás sentado en una celda enfrentando la pena de muerte, puedes ver a la parca sentada a tu lado; riendo. Se ríe porque nunca volverás a ver a tus seres queridos, nunca volverás a abrazar a tus primos, nunca conocerás a los hijos que no tendrás, nunca sentirás el sol en tu cara excepto con cadenas alrededor de tu cintura, flanqueado por dos toros tirando de esas cadenas. Es simplemente el fin de las esperanzas y los sueños.

Siempre me ha gustado ese dicho: "Si vas a rezar, ¿por qué preocuparte? Y si te vas a preocupar, ¿por qué rezar?". Entonces, ¿iba a permanecer asustado o iba a rezar? La elección era mía. Yo era ese mexicano al que temías. Había logrado eso. Pero ahora me enfrentaba a algo más fuerte que yo. Un poder más grande que yo. Le dije a Dios en voz alta:

"Dios, si estás ahí, yo, Henry y Ray estaremos bien. Si no lo estás, estamos chingados".

La fe le da un empujón al miedo y lo saca de la sala. No hay lugar para el miedo si llenas tu alma de fe. Inmediatamente, una calma se apoderó de mí. Todo este terrible peso que ni siquiera sabía que había estado cargando me abandonó. Me sentí agotado, pero en el buen sentido. Me relajé y decidí dejar que Dios cargara con el peso.

Recé: "Dios, si me permites morir con dignidad, diré tu nombre todos los días y haré todo lo que pueda para ayudar a mi prójimo". No le estaba pidiendo a Dios que me convirtiera en una estrella de cine o viajar por el mundo o ir a restaurantes o tener amigos en todas partes. Le estaba pidiendo a Dios que me permitiera morir con dignidad.

Me enseñaron que Dios responde cada oración, incluso si Su respuesta es "No". La única oración que me había quedado grabada toda mi vida, la oración que me pegó como una piedra en el pecho cuando la aprendí en el catecismo, fue la Oración de San Francisco: "Que no busque tanto ser consolado sino consolar". En esa celda, le pedí ayuda a Dios y Su respuesta fue: "Ayuda". Entendí: ayuda a los demás. Eso era lo que solía decir la gente en esas reuniones a las que había asistido. "No puedes conservar la gracia a menos que la regales", decían. "Tienes que estar al servicio de los demás; incluso si ellos no lo entienden, tú lo comprenderás". Supuse que mi respuesta de Dios era solo ayudar a mis compañeros de prisión, porque supuse que estaría muerto en cinco años.

En esa celda, Dios mató al viejo yo, hizo un nuevo Danny Trejo y dijo: "Ahora veamos qué haces con él".

Las semanas que siguieron fueron el milagro. Dios hizo Su magia. Toda la acusación fue bien chingadamente vaga: el teniente Gibbons no pudo decir con certeza quién arrojó la piedra. Cuando los reclusos fueron interrogados, dijeron: "Mickey Mouse lo hizo" o "Popeye lo hizo". El entrenador del equipo de la universidad quería dar su testimonio de forma remota; esto fue mucho antes de Zoom, y no funcionó. Y el tercera base brilló por su ausencia. El fiscal del distrito decidió no seguir adelante porque no creía tener suficiente como para procesarnos.

Cuando entré al calabozo, me inyectaba tres o cuatro gramos de heroína al día. Tomaba diez, quince pastillas al día. Bebía todos los días. Cualquier rato sin heroína y sin acceso a la metadona es brutal, y en prisión no había acceso a la metadona. Como me habían dado pastillas al comienzo de mi tiempo en el calabozo, alrededor del Cinco de Mayo, y me tomó unos meses sacármelas del sistema, el 23 de agosto fue el día que elegí como mi fecha de sobriedad. En realidad, pudo haber sido unos días antes, pero fue ese día que me sentí limpio. Me liberaron del calabazo aislado y volví a la población general el 28 de agosto de 1968. Si un adivino con una bola de cristal me hubiera dicho el viaje exacto que haría en los próximos cincuenta y un años, habría dicho: "Vete a la chingada, estás loco".

Capítulo 6

ZIP-A-DEE-DOO-DAH

1968

Estaba de vuelta en North, pero las cosas habían cambiado. Cuando salí del calabozo el teniente Mesro y el capitán Rogers me pusieron de nuevo a dirigir el gimnasio, pero dejé la bolsa de heroína. Realmente quería el dinero, pero sabía que no honraría mi acuerdo con Dios si seguía vendiendo drogas, incluso si dejaba de consumirlas. Pero seguí ganando dinero manejando los chanchullos de protección.

Entonces los guardias se me acercaron con una propuesta. Querían crearme un puesto de "Catalizador social de reclusos", como lo llamaban. No tenía idea de lo que significaba ser *catalizador*. "Ayuda a que las cosas cambien", dijo Morris, "y paga dieciocho dólares al mes".

Las cosas avanzaron rápido.

Un tipo que conocía y que organizaba reuniones de los doce pasos para los reclusos me dijo que el grupo estaba en peligro de perder su acreditación si no lograba que más presos asistieran a las reuniones. Y esta fue la hora de la verdad. Había prometido que diría el nombre de Dios todos los días y que ayudaría a mi prójimo, y había jurado estar limpio y sobrio. ¿Hablaba en serio o no?

—Vendré —dije— si me haces presidente.

El hombre rio.

—No tenemos "presidentes", Danny, pero tenemos el puesto de director, y si me ayudas a mantener nuestra acreditación, con gusto te nombraré director.

Acepté. Hice que ocho cuates a los que estaba protegiendo asistieran a la siguiente reunión. Después de asistir a las reuniones durante unas semanas, tres de ellos decidieron quedarse porque se dieron cuenta de que lo necesitaban. Sé que un par de ellos lograron mantenerse sobrios tanto tiempo como yo y llegaron a fallecer por causas naturales. Estas fueron las primeras personas a las que guié hacia la recuperación, a pesar de que la única razón por la que las traje fue porque sabía que iban a perder su acreditación si no tenían traseros en los asientos, y tenía muchas ganas de asistir a las reuniones y convertirme en director. Cuando vi el cambio en esos tres muchachos en el transcurso de unos pocos meses, me di cuenta de cuánto estaba cambiando yo. En recuperación dicen: "A veces puedes ver el cambio en los demás mejor de lo que puedes verlo en ti mismo".

Los milagros estaban sucediendo en todas partes. Había tomado la decisión de estar limpio y sobrio, y la gente inmediatamente comenzó a acudir a mí en busca de ayuda. Había un tipo que no podía dejar de oler pegamento. Vino a mí y me rogó que lo ayudara. Estaba tan desesperado por llegar a estar limpio que él y yo llegamos a un acuerdo, en el que permanecería encerrado en su celda y solo podría salir para ducharse y comer. Le pagué a tres cuates para que lo vigilaran, y todos en el pabellón sabían que no podían venderle ni darle drogas porque se las tendrían que ver conmigo.

No solo estaba brindando protección en la prisión, estaba haciendo algo que se sentía importante. Con tan solo cumplir mi promesa a Dios, vi cómo la gente iba cambiando a mi alrededor. Quizás estas oportunidades siempre habían estado presentes. Sé que el estar tan visiblemente involucrado en la recuperación hizo que otros sintieran que podían unirse. Como era mayor y había estado en Folsom y San Quentin, me respetaban. Algunas personas que quizás nunca hubieran ido a las reuniones se acercaron porque pensaron: *Si es padre para Trejo, debe serlo para mí.*

Las reuniones crecieron. Un veterano vino de la ciudad para asistir a las reuniones en la prisión, como parte de un programa llamado H&I, Hospitales e Instituciones. El viejo, lo llamaré Sam, estaba muy enfermo. Su diabetes ya le había quitado una pierna y la mayoría de sus dedos. Un hombre llamado Larry solía traerlo en una camioneta especial en la que podía acomodar la silla de ruedas de Sam.

Una noche, después de la reunión, Sam escuchó cómo me quejaba de algo y dijo:

—Danny, ¿por qué no intentas cantar "Zip-a-Dee-Doo-Dah" todas las mañanas cuando te despiertas?

Conocía la canción, pero ¿y qué?

—Sam, ¿por qué chingadas cantaría "Zip-a-Dee-Doo-Dah"?

—Canta "Zip-a-Dee-Doo-Dah" y brinca en tu litera todas las mañanas.

—Mire, Sam —le dije—, le agradezco que haya venido y todo eso, pero todavía estoy en prisión. Sé lo que estaré haciendo el próximo miércoles, ¿me entiende? Estoy encerrado. Soy un recluso.

—Danny —dijo—, ¿sabes cuánto daría yo por poder brincar en una litera o en una cama? —Señaló su muñón—. Tengo sueños de caminar y brincar de arriba abajo. No lo podré hacer hasta que esté en el cielo.

Entendí lo que estaba diciendo, pero de ninguna manera iba a hacerlo.

Así y todo… a la mañana siguiente, me estaba cepillando los dientes y me encontré cantando: "*Zip-a-Dee-Doo-Dah, Zip-a-Dee-ay, my, oh my, what a wonderful day, plenty of sunshin heading my way…*". Enseguida se dibujó una sonrisa en mi rostro. Me eché a reír. Me había transformado. Mi mente estaba llena de pensamientos felices. Estaba comenzando el día con el pie derecho. Pensé en lo que había dicho un orador externo en una reunión: "Que tengas un buen día, que se convierte en un gran mes, que se convierte en un gran año, que se convierte en una gran vida".

Gilbert siempre me había dicho que creyera que estaba donde se suponía que debía estar. No puedes sobrevivir a la prisión mirando pájaros y montañas y deseando estar en otro lugar. No puedes esperar a recibir cartas y visitas. Eso te matará.

Había prosperado en prisión siguiendo las reglas de Gilbert, pero a través de las reuniones y lo que allí se compartía, aprendí que no tenía que ser esclavo de mis circunstancias. Al cambiar quién era dentro de los muros de la prisión, podía mirar más allá de esos muros. Dejar las drogas me estaba quitando un gorila de la espalda. Podía enfrentar cualquier cosa sin recurrir a productos químicos para proteger mi alma. Tomándolo día a día, no necesitaba sentirme culpable, arrepentido ni enojado por el pasado. No necesitaba temer al futuro. Esas cosas estaban fuera de mí y podía simplemente ser.

Seguí cantando la canción, a veces para mí, a veces en voz alta. Salí al patio cantando: "*Mister Bluebird's on my shoulder. It's the truth, it's 'actch'll, everything is 'satisfactch'll*", y me crucé con Joe Rodríguez. Debió haber pensado que estaba loco.

—¿Estás bien, carnal? —me preguntó Joe.

—Sí, Joe. Estoy más que bien.

Cantar "Zip-a-Dee-Doo-Dah" fue mi primer intento real de oración y meditación matutina. Me sacó de mí mismo. Incluso cuando era un niño, me despertaba con cien libras de miedo y ansiedad en el pecho. Excepto los días en que Gilbert me despertaba para ir a pescar. En esos días, mi vida se convertía en una gran aventura. Tengo un amigo llamado Chris Davis que dice: "Que tengas un buen día. A menos, por supuesto, que ya hayas hecho otros planes". Eso siempre me hace reír por ser tan cierto. Por la noche, mi subconsciente se agitaba con tanto caos sin resolver, y no veía la hora de madrearme por la mañana. Me despertaba y mi primer pensamiento era: *Estoy chingado*. "Zip-a-Dee-Doo-Dah" eliminó eso. Me enseñó que incluso en la prisión podía ser libre.

Mi trabajo como "Catalizador social de reclusos" se estaba volviendo fructífero. Había un preso en North al que habían amonestado dos veces por hacer tatuajes. Me preguntó, como intermediario, qué debía hacer.

—Si te amonestan una vez más, carnal, irás al calabozo. ¿Cuánto ganas por hacer un tatuaje?

—Seis cartones.

—Entonces deberías darle dos de esos cartones a dos cuates que debes tener de vigilantes para que te avisen cuando los guardias estén haciendo sus rondas.

Cuando me reuní con Mesro y Rogers, me preguntaron cómo iban las cosas. Como ejemplo de cuánto estaba ayudando, mencioné que los reclusos me habían pedido consejo sobre cómo salirse con la suya, y que les dije que pagaran a otros reclusos para que vigilaran la zona y así no los agarraran.

Los guardias contemplaron esto por un segundo. No estaban enojados. Sabían que hacer de soplón no era parte de nuestro trato. Iban a pasar cosas en las instalaciones y querían algo de orden. "Esa es una jugada fina, Trejo", dijo uno.

El 23 de agosto de 1969, casi exactamente un año después de que me soltaran del calabozo, en el primer aniversario de mi fecha de sobriedad, fui liberado de Soledad.

Me dieron un traje estilo "Por favor, no me lluevas encima", doscientos dólares y un boleto de Greyhound a San Fernando.

Segunda parte

EL HOMBRE ADECUADO PARA EL TRABAJO

Capítulo 7

LIMPIO, SOBRIO Y ASUSTADO

1969

El Chevy de color marrón cacao dio un giro de 180 grados. Una muchacha en el asiento trasero estaba hasta la madre y vestía una minifalda que dejaba ver un destello de sus pantaletas rojas. Lo sé porque me dijo que me acercara. Yo había pasado cuatro años encerrado. Cuando me acerqué al auto, sentí un fuerte olor a marihuana, perfume y laca para el cabello. Ella ya había pegado un triple. Era tan hermosa que me pregunté si era real o algo salido de mi imaginación.

—Te conozco, Danny Trejo. —Estiró mi nombre y lo hizo sonar sexy—. Conoces a mi hermano mayor.

Demasiada gente en el Valle de San Fernando me conocía por las razones equivocadas.

—Sí, soy Danny Trejo.

—Quiero que vengas de fiesta conmigo y mis amigas. —Buscó la luz del sol con su rostro y sonrió. Había una gran pastilla roja pegada a su mentón. La reconocí como Seconal. Hacía juego con sus pantaletas. Estaba demasiada colocada como para darse cuenta. Yo quería chuparle ese diablo rojo de la cara.

Llevaba unos minutos en la ciudad y ya estaba frente a un hermoso ángel de pantaletas rojas metálicas con minifalda enviada por el diablo.

—Me tengo que ir.

—Chingados. No te vayas.

Al salir de prisión en 1969, sentí que el mundo se había saltado unas décadas desde que entré. El verano de amor ya había pasado; la guerra de Vietnam estaba en su apogeo. Todos vestían de manera diferente. La música era diferente. Las mujeres maldecían y tenían sexo casual. No había sido así en el '65. En ese entonces, las únicas viejas que hacían esas cosas eran prostitutas y gánsteres. Ahora parecía que todas estaban listas. Le quitaba lo sucio y a mí me gustaba lo sucio.

Encontré un teléfono público y llamé a Frank Russo. Si alguien podía mantenerme sobrio, era Frank. Le dije que acababa de salir de Soledad, que estaba en la estación de camiones y que una mujer con pantaletas rojas y un Seconal en el mentón quería que me fuera de fiesta con ella.

—No te muevas, Danny. Voy a buscarte. —Estaba a punto de colgar cuando dijo—: Habla con Sherry hasta que llegue —y le entregó el teléfono a su esposa. Sabía que tenía que mantenerme en la línea o podría perderme por otros diez años. Si Frank no hubiera estado en casa para contestar su teléfono ese día, yo estaría en la cárcel o muerto.

Mi oficial de libertad condicional me había preparado para vivir en un hogar de transición, pero un drogadicto acababa de morir allí, así que decidieron que no querían más drogadictos aun si habían estado limpios por un año. Entonces Frank me llevó a la casa de mis padres. Mi madre —la madrastra que me había criado desde que tenía tres años— abrió la puerta.

—Mijo, llegaste a casa. —No sonaba demasiado emocionada y no abrió la puerta mosquitera, un detalle que no se me escapó. Podía ver el perfil de mi padre viendo las noticias en la sala—. ¿Dónde te estás quedando?

—Hola, mamá. Mis planes de libertad condicional se cayeron. Estaba pensando que tal vez me podría quedar aquí hasta que me asiente.

Hizo una larga pausa, luego miró a mi padre.

—Dan, Danny quiere saber si puede quedarse aquí unos días.

Sin volverse, dijo:

—Dile que sí.

—Entra, pues.

Entré a la sala de estar y saludé a mi padre. No quitó los ojos de la televisión. La tensión se cortaba con un cuchillo.

Pero siempre había sido así con mi padre y mi madrastra.

Mi mamá y mi papá biológicos, Dolores Rivera King y Dionisio Trejo, se conocieron en un salón de baile en Highland Park en 1943. Ella estaba casada con otro hombre, pero este estaba peleando la guerra en el Pacífico. Mis padres eran de los que vestían con trajes estilo *zoot*: los hombres llevaban trajes llamativos con pantalones con pinzas y chaquetas de hombros anchos, y las mujeres llevaban faldas acampanadas y el cabello abombado. Mi padre era un pachuco. Si alguien se metía con él, se la devolvía por cinco.

Nací el 16 de mayo de 1944 en Maywood, California. Habría nacido en el este de Los Ángeles, pero mi madre fue rechazada del hospital. Necesitaban las camas para los soldados.

Después de que nací, mi madre y mi padre estaban en un bar y un hombre le agarró el culo a mi madre. Mi padre lo apuñaló. Para escapar de la policía, mi padre nos recogió a mi madre, a los hijos mayores de mi madre y a mí, y nos condujo hasta San Antonio, Texas.

Alrededor de un año más tarde, regresamos a Los Ángeles. Mi papá sabía que tenía que enfrentarse a la ley. Le rogó a mi abuela que le pagara a un abogado para que lo representara y le prometió que si lo hacía, él nunca volvería a la cárcel por el resto de su vida. Era un hombre de palabra. Pasó los siguientes treinta y cuatro años de su vida trabajando como obrero y ganando un sueldo fijo. Después de que expulsó a mi madre biológica de nuestras vidas, se casó con mi madrastra, que fue la "mamá" con la que crecí. Él esperaba que ella me cuidara y me criara como si fuera suyo.

Creo que gran parte de por qué decepcioné tanto a mi padre fue que él supuso que si él podía ser detenido una vez y luego encaminarse para siempre, ¿por qué yo no? Me veía como un fracaso y una desilusión. No podía hacer nada bien.

Desde que era niño, cuando mi papá se emborrachaba, yo era el blanco de su ira. Una vez en Tujunga Canyon, donde solíamos ir a hacer barbacoas familiares, mi papá se enojó conmigo y me encerró en su auto. Hacía más de cien grados Fahrenheit ese día. Les dijo a todos que me dejaran en paz. Creo que mis tías querían ayudar, pero les causaba demasiado miedo meterse en el medio. Así que todo el mundo siguió comiendo y bebiendo mientras yo miraba desde el horno del coche caliente.

Me recosté contra el asiento y luego me acurruqué en el suelo. Empecé a quedarme dormido o desmayarme, no sabía cuál; lo que sí sabía era que estaba perdiendo el conocimiento, pero luché con todo mi ser porque no quería que mi papá pensara que había ganado. Mi tío Gilbert finalmente abrió la puerta y me sacó. Mi papá le gritaba, y Gilbert le dijo que se relajara. Esa fue la única vez que los vi pelear. Gilbert era la única persona que no le tenía miedo a mi padre. Se estaban dando bastante duro hasta que mi padre estrelló a Gilbert contra un auto. A mí ya me había golpeado, así que me quedé en el suelo fingiendo que estaba inconsciente. Cuando mi padre se alejó resoplando y maldiciendo, Gilbert me guiñó un ojo. Él me cubría la espalda.

Unas semanas más tarde, mi abuelo se encontraba gritándonos a Gilbert y a mí por ser unos pendejos, diciendo que nos iba a matar. No recuerdo de qué se trataba, pero en un día cualquiera podría haber encontrado cien razones legítimas. Sabía que en cualquier momento se me iba a acercar y me iba a sacar la mierda a bofetadas. Estaba tan asustado, que literalmente apreté el culo para no cagarme por la paliza que venía. Mi padre era un tipo que daba miedo, pero incluso él y mis tíos le tenían terror a mi abuelo. Miré por el rabillo del ojo y vi a Gilbert cabeceando. Todavía estaba de pie, pero completamente dormido. Mi abuelo se enojó tanto que se agarró la cabeza con ambas manos y dejó escapar un ruido extraño, casi como el llanto de un animal herido, luego desapareció en su dormitorio. Mientras tanto, Gilbert seguía encorvado, babeando. Cuando volvió en sí, no tenía idea de lo que había pasado.

—¿Nos golpeó, carnal?

Ese fue un gran momento en mi vida. Me di cuenta de que Gilbert tenía una forma secreta de desaparecer cuando las cosas se ponían calientes. En su momento no sabía que era la heroína, solo sabía que quería la misma escotilla de emergencia.

Unos días más tarde, Gilbert fue arrestado por algo y cuando regresó, luego de un período de tres días en la cárcel municipal, corrió directamente desde el auto a la habitación de mi abuelo y luego al baño. Lo seguí hasta allá y lo encontré con un cinturón alrededor del brazo y la gran jeringa de vidrio que usaba mi abuelo para su diabetes. Sabía lo que era porque había visto a mi abuela inyectarle insulina a mi abuelo todas las mañanas. Una vez me metí en un gran problema por usarla como pistola de agua.

—Dame un poco o le diré al abuelo que estás usando su cosa —le dije.

—No puedo hacerte eso.

—Te juro que se lo diré.

Gilbert me dijo que sujetara el cinturón. Se llevó la aguja al antebrazo y cuando entró fue como si una pequeña bomba explotara: una explosión de sangre turbia llenó el tubo de vidrio. Me dijo que lo dejara ir. Enseguida vi que se apoderó de él un cambio completo: había vuelto a ser ese cuate que podía quedarse dormido frente a un dragón.

Gilbert me ayudó a atarme con el cinturón y me dio un toque. Fue mejor que cualquier otra cosa que hubiera sentido antes, una euforia más fuerte de lo que puedo describir con palabras. Todo lo que me estaba estresando desapareció. Ya no me preocupaba la escuela. Ya no me preocupaban mis padres. Desapareció todo y fue reemplazado por un sentimiento de alegría que nunca creí posible.

Me desperté empapado en el jardín delantero de mi abuela con Gilbert dándome bofetadas en las mejillas. Más tarde, Gilbert me dijo que había tenido una sobredosis y me había metido bajo una ducha fría. Escuché música que venía de la calle. Era el camión de paletas.

Gilbert sacó algo de dinero de su bolsillo y dijo:

—Cómpranos dos paletas grandes, una para ti y otra para mí.

Tomé el dólar, me levanté del suelo y compré las paletas.

Yo tenía doce años.

La heroína podía quitar mágicamente cualquier cosa que me molestara, incluso si no sabía que me molestaba. Se sentía como una manta cálida y pensé: *Gracias, manta cálida.* Me protegió de la rabia de mi padre, de la rabia de mi abuelo y luego de la mía. Pero muy pronto esa cálida manta comenzaría a estrangularme.

Ahora, trece años después, pasé por delante de mi padre silencioso y entré a mi habitación, la que había sido mía de niño, la habitación donde me arrestaron por primera vez. Llevaba casi cinco años sin estar allí y pensé que me recibirían cálidamente, pero su respuesta fue tan fría y distante que me dieron ganas de gritar. Me quité el traje "Por favor, no me lluevas encima" y me miré en el espejo. Había cambiado bastante desde la última vez que estuve en casa. ¿No lo podían ver? El levantamiento de pesas en el penal me había agregado mucho volumen. Había nuevas líneas en mi cara. Era un viejo de veinticinco años. Me quité la camisa; la charra de Harry "Super Jew" Ross me miró. En el espejo vi a un asesino, un jefe, un depredador, pero me sentía como un niño pequeño que acababa de recibir una bofetada en público. Mis propios padres no me querían en casa.

Me odiaba a mí mismo y mi situación. Me pregunté si era un error haber salido siquiera de la prisión. Unos días antes, cuando se acercaba la fecha de mi libertad, todo tipo de locuras se arremolinaron en mi cerebro: ¿Podría manejarme en el mundo exterior? ¿Había cambiado demasiado para mí? ¿Los oficiales de libertad condicional me harían pasar por demasiados obstáculos? ¿Los policías siempre me atacarían por fuera?

Con el torso desnudo, volví a la sala de estar y me senté en una otomana frente a mi padre. Se tensó. Mi padre odiaba los tatuajes, siempre los había odiado, y ahora yo tenía uno que gritaba que acababa de salir de San Quentin, Folsom y Soledad.

Mi padre y yo nos sentamos en silencio durante lo que pareció mucho tiempo. Era un silencio que reconocí de la prisión, el tipo de silencio que se instala justo antes de un motín.

—¿Puedo traerles galletas y leche? —Mi mamá lo dijo como si fuera June Cleaver en *Leave It to Beaver*. Tenía que irme de allí. Hice todo lo posible para comer la merienda de mi madre. Me río pensando en eso ahora. Mi papá y yo éramos dos de los hijos de la chingada más enojados, reprimidos y llenos de rabia que jamás mojaron galletas en vasos de leche. Llamé a Frank. Estaba esperando la llamada. Sabía que mi llegada a casa no saldría como yo esperaba. Me recogió.

—Vamos a una reunión.

Sabía que eso se avecinaba, pero no pude evitar desear que me hubiera dicho: "Busquemos ese Chevy de color marrón cacao y la muchacha de las pantaletas rojas brillantes".

Cuando subí al coche de Frank, le dije que mi padre no me había mirado a los ojos ni una vez desde que llegué a casa.

—Danny —me dijo—, míralo desde su perspectiva. Tus padres se esfuerzan al máximo para ser buenos republicanos, respetuosos de la ley, y tú estás arruinando su plan. —En aquel entonces, *republicanos* era nuestro término general para la gente blanca y conservadora.

Frank me llevó a una reunión en Reseda. La sala estaba llena de un grupo de vaqueros sobrios masticando tabaco y escupiendo en tazas. De inmediato lo odié, odié a todos los que estaban allí. Estaba lejos de ser un vaquero. Le fruncí el ceño a Frank.

—Se pondrá mejor —susurró.

Al final de la reunión, una joven de unos veinte años me pidió que le diera la mano.

Estaba confundido.

—¿Para qué? —le pregunté. No había tocado a una mujer en mucho tiempo. Ni siquiera había abrazado a mi mamá cuando llegué a casa.

—Para orar —dijo.

Tomé su mano en mi mano izquierda y la de un joven en mi mano derecha. Frank me estaba mirando desde el otro lado del círculo, sonriendo, como diciendo, "¿Ves? Te dije que esto mejoraría".

Después de la reunión, llevamos a esa muchacha y a su amiga a Du-par's en Ventura, ese era *el* lugar. Se sentía bien beber café de verdad en una taza de café de verdad, reír y luego salir a pasear en el auto.

Después de Du-par's fuimos al parque Reseda. Me alejé de Frank y las muchachas para mear en la oscuridad. Apunté mi orina a un pato que se había acercado demasiado, y me miró tan enojado que me reí a carcajadas. Escuché a Frank y a las muchachas hablando a lo lejos y me di cuenta de que estaba feliz. Era libre. Tuve una epifanía. Me di cuenta de que necesitaba el programa de recuperación. Le concedí a mi ser más íntimo que sin reuniones, mi vida era ingobernable y que necesitaba hacer lo que Jhonnie Harris me había indicado años antes cuando me dijo: "Únete a nosotros, Danny". Necesitaba la sobriedad no solo para salir del calabozo o lucir bien para una junta de libertad condicional; la necesitaba para que mi vida tuviera sentido.

A la mañana siguiente me desperté en el dormitorio de mi infancia, sintiéndome nuevamente perdido. Sabía que quería sobriedad y compañerismo, y sabía que tenía mucho trabajo que hacer para ordenar mi vida, pero no sabía por dónde empezar.

Mi familia había vivido en Pacoima, un barrio en el norte del Valle de San Fernando de Los Ángeles, desde los años cincuenta, cuando era exactamente como *La Bamba*, la película sobre Ritchie Valens, quien era de Pacoima y saltó a la fama durante el mismo período.

En ese entonces, Pacoima era de la clase obrera, pero con una mezcla uniforme entre negros, blancos y mexicanos. La ciudad estaba segregada a lo largo de San Fernando Road, con negros de un lado en viviendas subvencionadas y mexicanos y blancos del otro. La gente vivía en la pobreza. En los años cincuenta, Pacoima era conocida como la capital del asesinato de Los Ángeles. Mucha gente trabajaba en granjas y muchas familias vivían en garajes detrás de otras casas, con las que compartían un baño y tenían cables de extensión para obtener energía.

Ahora se habían mudado más latinos y la mayoría de los negros se habían ido. Pacoima tenía más banquetas y calles pavimentadas y una franja comercial a lo largo de Van Nuys Boulevard, pero la mayoría de las casas eran viejas y estaban en mal estado. En comparación con muchas familias, teníamos mucho. Algunos amigos míos no tenían nada a su nombre. Para algunos niños de mi barrio el reformatorio era como estar en un centro turístico. Fue donde muchos recibieron su primera comida decente. Un chamaquito llamado Gabbie, de Clanton en el este de Los Ángeles, dijo: "Mantequilla de verdad, Danny. Tienen mantequilla de verdad. ¡Y leche!". Gabbie era *pobre* pobre; nosotros éramos de clase obrera pobre. Con mi padre continuamente trabajando como obrero y mi madre obsesionada con cocinar y mantener la casa limpia, siempre tuvimos las necesidades básicas cubiertas, pero a puerta cerrada nuestra casa era como una nevera. La única vez que disfruté vivir con mi mamá y mi papá fue cuando mi tío Bill fue arrestado y sus hijas, mis primas Sharon, Yolanda y Lynn, se mudaron con nosotros cuando yo estaba comenzando la secundaria. Cuantos más, menos peligro.

Sin saber qué hacer, salí a la calle. Confié en Dios. Me había sacado del pozo más profundo cuando le pedí su ayuda. Pero había sido más fácil apoyarme en Dios en la prisión. ¿Qué haría ahora que estaba fuera?

Al otro lado de la calle, vi a una anciana, la señora Sánchez, arrastrando dos grandes botes de basura de su patio trasero. Corrí hacia ella.

Casi se cae de espaldas.

—¡No me robes! ¡No me robes!

—¡Cállese! —le dije—. ¡No le voy a robar! Quiero ayudarla. Deme los botes de basura.

El problema no era que ella no me conociera. El problema era que sí me conocía. Crecí en esa cuadra. Probablemente le había robado el garaje antes. Estoy seguro de que la asusté. Estaba desesperado, parecía peligroso y todos sabían dónde había pasado los últimos casi cinco años.

—Lo siento. Solo quiero ayudarla.

Agarré los botes de basura y los arrastré hacia la calle. Definitivamente eran demasiado pesados para una señora de su edad.

—Como destrozaron el callejón para construir —me dijo—, tengo que llevarlos al frente de la casa.

Estaba agradecida, pero nunca apartó su mirada ni por un segundo. Fue solo un acto pequeño y muy confuso para ella, pero me hizo sentir muchísimo mejor.

Capítulo 8

CARAS CONOCIDAS

1969

Frank Carlisi y Frank Russo vinieron a mi rescate una vez más. Regresé a mi antiguo trabajo lijando y pintando autos en Carlisi's, el que solo había tenido durante veintinueve días en el '65. Frank se aseguró de que fuera a reuniones con él todos los días.

Durante mi ausencia, Frank se había juntado con un juez, el honorable Charles Hughes, para iniciar un programa de rehabilitación como alternativa al reformatorio para chamacos que tenían cargos por drogas. El juez Hughes era un innovador. Vio que el 75% de los casos que llegaban a su tribunal estaban relacionados con las drogas, un problema que no creía que pudiera curar con la "terapia de barra de hierro". Recovery in Freedom (R.I.F., Recuperación en Libertad) tenía reuniones todos los días, y Frank pensó que yo podía ser una influencia positiva para los jóvenes. Los chamacos de los que hablaba tenían diecinueve y veinte años. A pesar de que yo solo tenía veinticinco, mi paso por la prisión definitivamente me convirtió, ante sus ojos, en un personaje ilustre.

R.I.F. estaba en el Valle, en Reseda, en el segundo piso de un edificio, encima de una floristería. El primer día que entré, todos los chamacos me miraron, todo tatuado, y estaban intrigados. Luego comenzamos a hablar, y cuando comencé a compartir sobre la prisión, me di cuenta de que muchos de los que estaban enfrentando citas en la corte querían saber todo sobre la misma, en especial cómo evitarla.

Se los hice simple. "Hagan lo que el juez les diga que tienen que hacer", les dije. Hacer lo que cualquier persona con autoridad les dijera, ya fuera un maestro, sus padres, un policía o un juez, era algo que ellos, como adolescentes rebeldes, estaban programados para no hacer. Pero prestaron mucha atención cuando escucharon exactamente el mismo consejo de mí, alguien con experiencia, alguien que había estado metido en el sistema.

Después de la reunión se juntaron a mi alrededor como un rebaño alrededor de su pastor. Cuando nos fuimos, Frank dijo: "Danny, estos chamacos están impresionados con tus tatuajes. No empieces a pensar que eres el Mesías".

Pero tenía razón, podía ayudarlos. Se veían reflejados en mí, no por los robos a mano armada que había cometido, sino porque había conducido por Van Nuys y Ventura, bebido, consumiendo heroína y peleando. Si arruinaban esta oportunidad, la mayoría de ellos enfrentarían condenas carcelarias. Les di una descripción general de la vida en prisión y se la di sin pelos en la lengua. No se los dije para burlarme de ellos o minimizarlos, solo les di algunos avances de las próximas atracciones. Ninguna de las cuales era muy atractiva.

"En la prisión", les dije, "serán una niña o un asesino. Eso es todo, pero no crean que es tan simple. Es fácil ser un asesino para un chamaco como yo, que creció en el gueto, pero ustedes crecieron en Reseda. No quieren ser ni una niña ni un asesino. ¿Pueden vivir espiritualmente con cualquiera de esas opciones?". Les hablé con las palabras que se me habían quedado grabadas desde que caí sin querer en la reunión de "We Care" en el '59. "Si continúan con esas cosas, van a morir, enloquecer o ir a la cárcel". La segunda parte era especialmente cierta en 1969 porque muchos chamacos estaban consumiendo cantidades increíbles de ácido, lo cual les estaba friendo el cerebro. Las drogas habían cambiado desde que yo las había consumido.

El hecho de que yo hubiera pasado todos esos años en prisión significó mucho para ellos. Se tomaron en serio lo que tenía para decir. Estaba empezando a comprender que incluso si has hecho cosas terribles, compartir con otros, hacer que sean testigos de cómo has podido cambiar, los ayuda a ver que ellos también pueden hacerlo por sí mismos.

Jhonnie me había dicho en YTS: "Danny, ¿por qué no te das un respiro y te sales del círculo vicioso en el que estás?". No pude escuchar lo que Jhonnie estaba tratando de decirme en ese entonces, pero tenía esperanzas de que los niños de R.I.F. me prestaran atención ahora.

Frank y yo nos mantuvimos ocupados. Trabajábamos, íbamos a reuniones, recolectábamos comida para un banco de alimentos y llevábamos calcetines y ropa interior térmica en nuestras cajuelas para las personas sin hogar que encontrábamos en las calles. Se sentía bien dar en vez de recibir.

Estaba en lo de Carlisi un día cuando pasó mi tío Gilbert. Llevaba fuera de Folsom sólo una semana y sabía que me vendría a ver. Llegó en un Lincoln Continental negro. Vestía un sombrero fedora negro, un sobretodo negro, una camisa de seda y unos pantalones estilo bolero negros. Tenía puestos unos zapatos de cuatrocientos dólares y eso era solo lo que costaba el pie izquierdo. Siempre había parecido una estrella de cine.

Entré por la parte de atrás con un overol mugriento; parecía un fugitivo de Vietcong.

Me miró con auténtica lástima.

—Danny, ¿qué estás haciendo?

—Trabajando.

—¿Esto? Esto es dinero de tonto. Vuelve y trabaja conmigo, como en los viejos tiempos. —Puso dos cuartos de onza de heroína y mil dólares en efectivo sobre el mostrador.

Como en los viejos tiempos.

Yo había venerado a Gilbert desde que era niño. Él había sido mi ejemplo y le había seguido los pasos desde que me lo permitió. La primera vez que Gilbert se fijó en mí, lo encontré sentado en la cama de la casa de mis abuelos con un gran cuenco de vidrio en el regazo. Me dijo que me acercara. Lo vi buscar entre un montón de hojas y sacar lo que descubrí después eran tallos y semillas. No tenía idea de que era marihuana, simplemente estaba emocionado de que Gilbert supiera que estaba vivo y me prestara atención. Él solo tenía trece años, pero ya parecía una estrella de cine. Alto, guapo, con una sonrisa como nunca antes había visto. Vivía, dormía y comía con los hombres. Para mí, era un hombre.

—Necesito tu ayuda. Ven.

Gilbert fue a ver qué hacía mi abuelo. Estaba durmiendo una siesta. Subimos a su Chevy del '38 y Gilbert me entregó una bolsa.

—Cada vez que suene una nueva canción en la radio, quiero que la cuentes.

En 1951, todas las canciones duraban lo mismo, un poco menos de tres minutos. Los éxitos eran canciones como "Jezebel" de Frankie Laine y "Too Young" de Nat King Cole. No podría haber estado más feliz. Estaba con mi héroe. Despegamos por East Palm hacia San Fernando Road.

Cada par de canciones, Gilbert se detenía, me pedía que le entregara la bolsa que yo pensaba estaba llena de cigarrillos y me decía que esperara. Fuimos a tres lugares diferentes y luego nos dirigimos a casa. Cuando estacionamos en la entrada, Gilbert me preguntó:

—¿Cuántas?

—¿Cuantas qué?

—¡Canciones, tonto! —dijo riendo.

—Trece.

Sonrió y me frotó la cabeza. Dentro de su habitación, el abuelo seguía roncando.

Gilbert se inclinó y puso sus manos sobre mis hombros.

—Buen trabajo.

Estaba tan chingadamente orgulloso. Fue una aventura. Más importante aún, fue una aventura con Gilbert. Yo tenía siete años y acababa de completar mi primer negocio de drogas.

* * *

Aproximadamente un año después, la familia se había mudado a Penrose cuando el estado reclamó la casa de mi abuela por derecho a expropiación para hacer la autopista Garden. Estaba corriendo por la casa con un sombrero de vaquero y disparando una pistola de juguete.

Bum. Bum. Bum.

—¡Cállate, cochino! —Mi abuela me indicó que me fuera al patio trasero con Gilbert y sus amigos—. Están leyendo la Biblia —me dijo.

Tenían una Biblia, eso era cierto, pero no la estaban leyendo. Tenían la elegante Biblia de la abuela. Era roja con páginas con bordes dorados. Cualquier familia mexicana conoce la Biblia de la que estoy hablando. Era el objeto más elegante de cualquier hogar mexicano y se vendía por veintidós dólares con un plan de pago que se extendía a lo largo de cinco años. Me sorprendió que la dejara salir de la casa, pero en ese momento Gilbert se estaba metiendo en tantos problemas que probablemente estaba encantada de que quisiera leer la buena palabra.

Gilbert, Charlie Díaz, Bobby Ortega y otro cuate tenían la Biblia abierta en una página con una imagen de Jesús en la cruz. En la mesa de al lado había una gran pila de lo que parecía ser té. Al principio pensé que era yerba buena, un té que hacía mi abuela.

Señalé el montón de hojas y dije:

—Yerba buena.

—Tienes razón, es buena hierba.

Resulta que Gilbert y sus amigos estaban usando el estudio bíblico falso como señuelo mientras separaban los tallos y las semillas del capullo.

En aquel entonces, no existía el papel de liar adecuado, no que nosotros supiéramos. Gilbert usó papel de carnicero y se metió todo en la boca para mantenerlo apretado.

—¡Pongamos grifo a Danny Boy!

Todos pensaron que era una gran idea, así que Gilbert encendió un extremo del porro húmedo. No conseguí sacar nada al inhalar, así que Gilbert le dio un jalón, exhaló el humo dentro de una bolsa de papel y me dejó inhalarlo por un agujero. Eso funcionó bien. Muy, muy bien.

Resoplé mientras los chicos mayores gritaban y chillaban, animándome.

Cuando volví a entrar, estaba volando. Saltaba de los muebles, giraba en círculos. Mi abuela se enojó conmigo por hacer payasadas de nuevo. Me reí como loco y ella me echó de la sala. Mi pobre abuelita no tenía ni idea. Fue la primera vez que me drogué y lejos de ser la última.

Siete años después, Gilbert y yo teníamos un negocio en marcha. Gilbert tenía veinte años y acababa de regresar del ejército. Había sido paracaidista durante dos años. No perdió el tiempo en salir a la calle. Los sábados nos gustaba empezar temprano. Pasaba por su casa y mi abuela, su madre, nos hacía un desayuno de chorizo y huevos. Luego nos dirigíamos al centro de la ciudad, a Temple Street, a casa de nuestro dealer Chuey, para recoger la heroína que venderíamos ese día en Sun Valley Park.

La foto de Chuey pertenecía con la de Richard Berry en el diccionario, junto a la definición de *adicto a la heroína,* pero vivía con su esposa e hijos en una casa ordenada y hogareña. Conseguimos la heroína y nos dirigimos de regreso al Valle.

Llenar globos es parte del trabajo. Obtienes un embudo, pones un globo sobre el pico y le agregas el polvo de color blanco-*beige*. Armamos treinta, cuarenta o sesenta globos y nos dirigimos a Sun Valley Park. Gilbert se paraba en una parte del parque y hacía el negocio, mientras yo me quedaba al otro lado del parque. En cuanto Gilbert recibía el dinero, señalaba cuántos globos debía darle al cliente levantando los dedos. Para cuando se dirigían hacia mí, yo ya tenía el número exacto en mi boca listo para ellos.

Mi madre era fría, mi padre estaba desilusionado conmigo y yo me la pasaba viendo a los padres perfectos en la televisión en *The Adventures of Ozzie and Harriet* y *My Three Sons,* inhalando pegamento para lidiar con el vacío, hasta que mi tío, el tipo más *cool* del mundo, encontró tiempo para mí.

—¿Puedo ir contigo?

—¡Por supuesto!

¿Y qué si iba a entregar media onza de heroína? Lo que sea que Gilbert hiciera, yo lo seguía. Le era fiel y hubiera hecho cualquier cosa por su aprobación. Si él hubiera jugado al fútbol, yo habría sido un atleta. Dio la casualidad de que justo era un gánster traficante de drogas.

Pero Gilbert no fue solo mi guía en el mundo de las drogas. Él fue mi guía en todas las cosas. Una mañana, cuando yo tenía ocho años y antes de que él entrara en el ejército, me despertó temprano.

—Vamos a pescar —me dijo.

Fuimos al patio trasero, desenterramos lombrices y orugas y las pusimos en una lata de café con agujeros en la tapa.

Caminamos por Glen Oaks Boulevard hasta Hansen Dam. Fueron ocho kilómetros, pero no parecía tan lejos con Gilbert. Glen Oaks Boulevard, al norte de Pacoima, estaba desolada, era todo campos y lotes de tierra. Gilbert aprovechó la oportunidad para darme consejos sobre cómo caminaba. "Los hombres caminan así", dijo, y me mostró. Yo era un estudiante entusiasta.

Cruzamos un campo con hierba alta. Gilbert dejó las cañas de pescar y dijo:

—Tengo que mear.

Decidí hacer lo mismo, así que me bajé los pantalones y me agaché. Gilbert parecía confundido.

—¿Qué estás haciendo? ¿Tienes que cagar?

—No. Solo mear.

Había crecido rodeado de mis tías y mis primas, y todas orinaban sentadas. No sabía cómo orinaba mi papá porque entraba y salía y siempre estaba enojado y nunca lo había visto mear. Mear sentado era normal para mí, pero no para Gilbert.

Me empujó con fuerza al suelo.

—¡Los niños mean de pie, pendejo!

Me levanté de un salto gritando:

—¡Estaba bromeando! —Aún recuerdo el pis en mis pantalones cuando me los fui a subir. Estaba tan avergonzado; mi tío, mi héroe, me miraba con disgusto como si yo fuera uno de las mariquitas de los que se burlaban los hombres de mi familia.

En ese lote de tierra, pasé de Shirley Temple a John Wayne en un instante.

Luego, en la presa, Gilbert encendió un porro y me ofreció un jalón.

—Esta es la vida, ¿eh, Danny?

El cielo se estiraba para siempre.

—Sip.

A lo largo de esos ocho kilómetros a casa, llevamos nuestra pesca en un balde para dársela a mi abuelita para que la friera para la cena.

Ahora miré a mi tío, el tipo que me enseñó a mear como un hombre, me llevó a pescar, me entrenó para boxear, me enseñó todo lo que necesitaba saber sobre drogas, armas, prisión y lo que significa ser un hombre. Siempre había querido la atención de Gilbert. Quería pasar tiempo con Gilbert. Quería ser Gilbert. El dinero y las drogas se encontraban frente a mí junto con la promesa de juntarme con mi adorado tío. Pero sabía lo que tenía que hacer. Por primera vez le dije que no.

—No puedo, Gilbert.

—Solo piénsalo.

Se fue, dejando el dinero y las drogas en el mostrador. Frank me encontró en la parte de atrás sentado en un camión quemado.

—Danny, sabes que Gilbert está haciendo lo que tiene que hacer, lo que va a hacer. Eso ya no es para ti.

—Me dejó mil dólares y dos cuartos de onza.

—¿Te la metiste?

—Tomé el dinero. Dejé las drogas. —Le mostré a Frank el fajo de billetes.

—Bien. A huevo, toma el dinero. —Frank se rio.

En R.I.F., una joven llamada Debbie me llamó la atención. Llevaba una minifalda azul y botas blancas con tacones enormes. Tenía el pelo largo y hermoso, era una cosita preciosa y acababa de cumplir dieciocho años.

Debbie estaba saliendo de una adicción a las pastillas. Me escuchó compartir mi historia —ayudó que los otros niños me admiraran— y me di cuenta de que le gustaba.

Al principio, Frank me llevaba ida y vuelta a las reuniones, pero pronto se empezaron a turnar los chamacos. Se volvió *cool* ser el que me llevaba. Así fue que, después de la reunión, estaba hablando de necesitar mi propio coche cuando Debbie dijo:

—Mis padres me van a comprar un auto nuevo. Puedo venderte el mío.

Era un hermoso Impala del '59. No tenía licencia en ese momento, pero ella me dejó conducirlo igual.

Empezamos a salir después de las reuniones, a Du-par's a tomar un café con algunos de los otros chamacos o a cenar. Ella se sentía segura conmigo —lo logré asustándola—. Yo estaba en la fila de una hamburguesería y ella se me acercó, colándose. Un tipo trató de frotarse contra ella y le dije:

—Oye, pendejo, ¿qué estás haciendo?

—¿Qué? ¿Qué? —contestó.

—Vete a la chingada. Tú sabes lo que hiciste.

Salió hacia su coche y metió la mano por la ventanilla como si estuviera agarrando algo.

Me acerqué y le dije:

—Sabes, carnal, será mejor que saques un arma porque yo tengo una.

—Oye, mano ¿qué? ¿Qué?

—La cagaste. Tú sabes lo que hiciste.

Luego, finalmente, se disculpó.

Después, Debbie me preguntó:

—¿Tienes un arma?

—Que yo sepa, no —le respondí. Era lo que se llama una mentira piadosa. Aunque me había deshecho de las armas enterradas en el patio trasero de mis padres, no era como si no supiera dónde conseguir una. Ella estaba impresionada. Me comenzó a llamar: "Hard Guy".

* * *

Conocí a los padres de Debbie en la Noche familiar de R.I.F.

Habló una niña, una adolescente. Dijo:

—Nunca escuché a mi mamá decir te amo.

La mamá estaba sentada junto a ella.

—Bueno, ya sabes que sí —le dijo su mamá—, ¿no es suficiente?

—¿Por qué no lo puedes decir?

—Bueno, porque ya lo sabes.

Quería darle un puñetazo a esa señora. Me sentí tan enojado. La mierda de mi infancia, el dolor con el que no había lidiado, me hervía por dentro. Me sentí como un cabrón llorón, pero la emoción era tan fuerte. Mis propios padres no me habían dicho que me amaban ni una sola vez. Parecía haber todo un mundo de padres que no podían decirles a sus hijos que los amaban.

Pero los padres de Debbie eran bien chidos. Su padre era un pez gordo en Hanna-Barbera Productions, el lugar que hacía los dibujos animados *Jonny Quest, Scooby-Doo* y *Yogi Bear*. Debbie tenía un trabajo allí como ilustradora. Los padres de Debbie la amaban y, a diferencia de los padres de mi exesposa Laura, también me amaban a mí. Creo que probablemente estaban motivados por el miedo a lo que le pasaría a su hija si volvía a consumir. Puede ser paralizante, ese miedo, ese dolor; ver a tu bebé pasar por esa mierda, sabiendo que no puedes protegerlos siempre que sigan haciendo lo que están haciendo. Conmigo, ella se estaba manteniendo limpia, así que los ayudaba a sentirse seguros. Debbie y yo solo habíamos estado saliendo unos meses cuando su madre preguntó: "Y ustedes dos ¿cuándo se van a casar?".

Pensamos que era una buena idea, ¿por qué no? Así que decidimos hacerlo. La gente no logra entender por qué parezco ser tan casual cuando de casarse se trata. Pero no veía el matrimonio como un compromiso de por vida o un sacramento. Lo veía como una oportunidad para una buena fiesta, una forma de hacer feliz a tu vieja y algo que podía hacer hasta que ya no tuviera ganas de hacerlo.

*   *   *

Debbie era un ángel: cariñosa, alegre, hermosa, llena de vida. Todos los días, cuando llegaba a casa del trabajo, hacía un gran espectáculo al darme una imagen que me había dibujado: caricaturas lindas y divertidas de nosotros dos. Sus padres le compraron el auto nuevo que le habían prometido, un MG Midget, así que heredé el Impala. Keeno, el padre de mi amigo de la infancia Chubby, puso en marcha el motor y Frank y yo nos pusimos a trabajar en la carrocería: martillamos las abolladuras, agregamos bondo y lo lijamos para dejarlo listo para pintar. Quería ponerlo de primera.

Un día, estaba conduciendo por Laurel Canyon a lo largo de Fernangeles Park, un lugar donde andaban un montón de adictos, y vi a un tipo haciendo dedo. No tenía idea de quién era; solo quería mandarme la parte con mi coche nuevo.

Me detuve y cuando el tipo se acercó a la puerta del pasajero, lo escuché hacer un ruido extraño. No fue un suspiro o un gruñido, sino algo entre los dos. Estaba a punto de entender que era el sonido de toda esperanza dejando un cuerpo. El tipo era Dennis. Mi antiguo cómplice criminal. El que había hecho que me encerraran.

—Danny.

Agarré el volante con fuerza.

—Entra, Dennis.

Se metió al coche y lo primero que noté fue el olor. Olía a muerte. Nos quedamos sentados ahí por un minuto.

—¿Me vas a matar? —Lo dijo con resignación, como si me estuviera preguntando si le iba a dar una torta de jamón para el almuerzo y ya estaba harto de las tortas de jamón.

Cuando me condenaron, todo el mundo conocía la historia de cómo me habían arrestado y cómo Dennis me había delatado. En nuestro mundo, ser una rata o un soplón era el pecado máximo y conllevaba la pena de muerte. En el penal, la gente me preguntaba: "¿Quieres que matemos a Dennis?". Y siempre respondía que lo iba a matar yo mismo. Tenía un amigo llamado Charlie Fasanella que fue a un hospital en Norco donde desintoxicaban a personas del sistema de justicia penal. Dennis justo estaba ahí al mismo tiempo. Un día Dennis llamó al "grupo" porque tenía algo que quería compartir. Es algo que sucede en los centros de rehabilitación y hospitales psiquiátricos. Todos se sentaron en un círculo de sillas y Dennis abrió diciendo:

—Hoy no estoy bien.

—¿Sabes quién no está bien hoy? —le dijo mi amigo Charlie—. Danny Trejo. —Luego golpeó a Dennis con tanta fuerza que le rompió el pómulo. Lo sé porque Charlie fue condenado por agresión y me puso al tanto cuando me alcanzó en Soledad.

Ahora yo estaba ahí, sentado en el asiento del conductor junto al hombre cuyo testimonio me envió a Quentin, Folsom, Soledad; el hombre que me había encerrado durante posiblemente diez años, el que me puso en la línea de fuego donde podrían haberme matado, el que me puso en una posición en la que tal vez tuviera que matar para seguir con vida. Aquí estaba el Judas. Si Dennis no me hubiera sorprendido limpio y sobrio, con un coche y una prometida, hasta la madre con la vida, lo habría matado. Hubiera tenido que matarlo solo para salvar las apariencias en mi comunidad. Pero limpio y sobrio, aunque aún lo odiaba por lo que había hecho, lo entendía mejor. Recordé las fotos en familia que había visto en la pared de la casa de sus padres. Él con un birrete de graduación, fresco, con un mundo de posibilidades por delante. Ese chamaco se había ido hace mucho. Me dio pena.

Además, sabía que, si lo mataba, significaría que tendría que renunciar a mi Chevy del '59 y no quería renunciar a ese auto por nadie.

—No, Dennis, no te voy a matar.

—No importaría, de todos modos me estoy muriendo. —Se subió la manga. Su brazo derecho era la cosa más repugnante que jamás había visto. No solo tenía abscesos por inyectarse, tenía una enfermedad necrosante. Su brazo estaba negro y verde y parecía carne podrida. Casi vomito.

—Por Dios, Dennis.

Dennis me dijo que los federales lo usaban para arrestar a la gente.

Desde el momento en que me delató, consiguieron que hiciera más compras y lo dejaban quedarse con la mitad de las drogas. Cuando estaba demasiado hasta la madre, lo enviaban a Norco para que se limpiara y luego le pedían que comenzara de nuevo. Lo conduje unas pocas cuadras y lo dejé en la intersección de Vineland y Lankershim.

—Lo siento mucho, Danny.

Unas semanas más tarde, el cuerpo de Dennis fue encontrado en Valhalla Park junto al cementerio de North Hollywood. Escuché que había tenido una sobredosis y había sido apuñalado varias veces. Se rumoreaba que era un tiro caliente, una dosis deliberadamente fatal de heroína. Al principio, la policía pensó que yo podría haber tenido algo que ver. No tenía nada que ver: Dennis había enfurecido a la mitad del Valle de San Fernando.

Como adicto, la muerte de Dennis era cuestión de tiempo.

Quince años más tarde, una mujer se me acercó en una reunión. Dijo que quería que su hija entrara en CRI-Help, un programa en el que estaba muy involucrado, para que se limpiara. Me dijo que Dennis era el padre de la niña.

—¿La matarás, Danny? —me preguntó.

Quedé atónito. ¿Qué clase de monstruo pensó que era? ¿Realmente había sido una persona tan oscura y terrible todos esos años anteriores como para que siquiera pudiera pensar en la posibilidad de que yo fuera capaz de algo tan reprensible?

—¿Qué te pasa? —le respondí—. Por supuesto que no. Haré una llamada para que pueda entrar hoy mismo.

Se desplomó en mis brazos y comenzó a llorar.

Debbie y yo nos casamos en un hotel elegante en Burbank y sus padres pagaron por todo. Mi familia también estuvo allí. Creo que estaban muy contentos con cómo había cambiado mi vida, pero, como la mujer de la reunión, no lo podían expresar. La noche fue divertida, pero no puedo expresar lo descuidado que fui con el sacramento del matrimonio. Para mí era un papel. Pensé que si eso hacía feliz a Debbie, estaba bien. Es horrible decirlo, pero para mí, estar casado significaba poco más que sexo garantizado.

Fuimos a Palm Springs para nuestra luna de miel y los padres de Debbie nos ayudaron a comprar nuestra primera casa en la calle Osborne en Arleta. La arreglamos bien y nos armamos un buen hogar. Pero algunos hábitos eran demasiado difíciles de dejar. La infidelidad era la cultura en la que me había criado. Hay una expresión: "Una en la casa, una en la calle". Al criarme en la cultura mexicana, me enseñaron que las mujeres son como la Virgen María. Tienen hijos y, por lo tanto, son hacedoras de milagros, pero como están deshumanizadas, pueden ser dejadas a un lado. No estoy orgulloso de esto, pero, a falta de otro ejemplo, había adoptado esta forma de pensar. Todos los hombres que conocía de niño tenían "una en la casa y otra en la calle", y yo no iba a ser la excepción. Había mujeres en todas partes: en las reuniones, en el trabajo, en las tiendas. Y aparentemente, para algunas mujeres, el estar casado me convirtió en un imán aún mayor. Tenía opciones y estaba abierto a todas.

Debbie aguantó mis aventuras. No miraba para el otro lado. Bromeaba sobre las mujeres que llamaban a todas horas, pero probablemente era demasiado joven y dulce para enfrentarme. No presté atención a cómo se sentía. Estaba enfocado en el dinero y el ajetreo.

Capítulo 9

UNA RABIA VIEJA

1972

Ya no trabajaba en lo de Carlisi. Frank Russo quería que me juntara con alguien que viviera cerca de mí y que pudiera guiarme en la sobriedad. Jhonnie vivía demasiado al sur y, como bien dijo Frank Russo, "Danny, estuviste demasiado metido en el sistema como para que yo pueda ayudarte de la manera que necesitas". Es una forma de pensar de un exconvicto, pero es verdad. Admiramos a las personas que pasaron condenas más largas en prisiones legendarias como San Quentin y Folsom.

Sam Hardy era ese tipo, un enorme muchacho de campo de Luisiana que cumplió quince años por asesinato. Siempre hablaba muy despacio, con una libra de mascada de tabaco en la boca. Una vez me describió su crimen diciendo: "Bueno, Danny. Tuve una disputa con dos caballeros. Maté a uno de ellos y asesiné al otro".

Sam me contrató para vender herramientas para una empresa para la que trabajaba. El primer día me vestí de traje y conduje a garajes y talleres de carrocería preguntando si podía hablar con el gerente. Les mostraba las herramientas, les explicaba lo buenas que eran y les decía que salían treinta dólares, y me sacaban del paso. A veces ni siquiera llegaba tan lejos. Me veían entrar destellando energía de "vendedor" y me despedían antes de que pudiera siquiera pedir ver a un gerente. Después de unos días de esto, decidí probar un enfoque diferente. Me puse una camiseta blanca, un abrigo largo de cuero negro, un par de Levi's planchados con el doblez de Folsom y botas negras brillantes. Esta vez, estacioné en el callejón. Dejaba escapar un pequeño silbido. Un gerente me veía y me decía:

—¿Tienes algo?

Miraba por encima del hombro y luego abría la cajuela.

—Tengo estas herramientas, carnal.

—Lucen bien.

—Son bien buenas.

—¿Cuánto cuestan?

—Cuarenta dólares.

—Me las llevo.

No se puede engañar a un hombre honesto. Sabía que todos estos pendejos tenían algo de deshonestidad. Me preguntaban si les podía dar recibos.

—Ándale, carnal, ¿crees que tengo recibos?

Se reían.

Ese primer día puse ochocientos dólares en la mesa de la cocina de Sam. Él no lo podía creer.

—¿Qué hiciste?

—Las vendí como si fueran robadas.

—A huevo. Tendremos que hacer los recibos de todas estas ventas, pero recibirás una gran comisión.

Sam era muy bueno para disuadirme de las rabias en las que caía fácilmente durante esos primeros años después de la prisión.

De niño, había aprendido a canalizar mi vergüenza en rabia, y las únicas lecciones para manejar la ira que había recibido fueron de Gilbert, que era como tener un gigante que te enseña a andar de puntillas. Uno de los consejos de Gilbert llegó justo después de que salí del campamento de bomberos. Estábamos en un bar llamado The Rag Doll con dos mujeres mayores. Gilbert fue a buscar cigarrillos y un obrero borracho se acercó a nosotros. Se metió en nuestra conversación, me dio la espalda y empezó a charlar con las viejas. Le siguieron el juego.

Le dije al hombre que nos dejara tranquilos y me dijo:

—Pendejo, ¿qué vas a hacer?

—Salgamos de aquí —le dije. Caminé hacia el baño y él me siguió. El baño tenía un juego de puertas batientes, y en cuanto entró, le caí encima con una combinación rápida. Luego lo hice mierda. Estaba tirado en el suelo, sin poder pelear más, pero yo todavía estaba tan enojado que le oriné encima.

Ahí fue cuando entró Gilbert. Sacudió la cabeza y dijo:

—Danny, puedes darle una madriza a alguien y salirte con la tuya, pero no puedes humillarlo. Si avergüenzas a alguien, pasará la vida tramando su venganza.

Más tarde esa noche, salimos del bar con las viejas. Pasé por delante de un Cadillac y apareció un tipo de la nada.

Escuché un boom y la noche se iluminó.

Creí sentir que algo golpeaba mi pecho. Me caí. El Cadillac despegó.

—¿Estás bien? —me preguntó Gilbert.

Al caer, podría haber jurado que me habían disparado, pero fue solo el *shock* lo que me tiró al suelo.

—Gilbert, vámonos —le dije.

—¿Qué pasó? —me preguntó.

—Me oriné encima —le dije.

Gilbert me ayudó a subir a su auto y cuando estábamos adentro, ambos comenzamos a reírnos a carcajadas.

—¡Eso es karma, hijo de la chingada! —dijo Gilbert.

Esa fue la primera vez que escuché esa palabra. "Recibiste tu merecido. No olvides lo que te dije, güey. No le orines encima a alguien después de haberle dado una madriza. Nunca humilles".

Ya había dejado de mearles encima a las personas después de las peleas de bar, pero mi rabia seguía cerca de la superficie. Hubo un momento en que estaba en la 405 cerca de Ventura, y un tipo en un El Camino hizo un giro de 180 grados frente a mí y me sacó el dedo. Se encendió algo dentro de mí. Lo perseguí dieciséis kilómetros por la carretera, en su cola todo el tiempo, al borde de chocarlo. Salió en Wilshire y casi se pasa un semáforo en rojo en Wilshire y Sepúlveda. Yo sí me pasé la luz y me quedé con él.

Luego se encontró con un montón de tráfico atascado y tuvo que detenerse. Salí de mi coche y corrí hacia él gritando.

Era un tipo grandote, sentado ahí con las manos en alto, gritando:

—¡Espera, espera! —Estaba tan asustado que no salía de su coche. Con voz de niño, dijo—: Estoy teniendo un muy mal día.

—Voy a empeorar tu día, hijo de la chingada —le dije, pero luego miré a todos estos empresarios parados en la acera, mirándome boquiabiertos. Parecían aterrorizados. Se me vino una imagen de mí mismo, un mexicano tatuado y de ojos desorbitados parado ahí, gritando, y pensé: *No hay más que republicanos en esta esquina.* Luego me imaginé parado frente a un juez caucásico, con este limpiador de piscinas caucásico con su El Camino y quince testigos caucásicos. Escuché a un fiscal caucásico decir: "Señoría, el loco mexicano en cuestión..." y supe que no me iría bien.

Sam sabía cómo calmarme, y donde Gilbert me decía qué hacer *después* de darle una madriza a alguien, Sam dio un paso más. Estábamos parados en su cocina cuando me dijo: "A mi modo de ver, si no vale la pena matarlo, no vale la pena pelear. Y si no vale la pena pelear, no vale la pena enfadarse. Y como no estás enfadado, pásame una Dr Pepper de la nevera".

Supe que estaba mejor cuando alguien se me coló y pude decir: "Ese güey sí que está apurado", en lugar de perseguirlo.

Después de admitir que tenía un problema con las drogas y el alcohol, algo que me resultó fácil de hacer, el segundo paso consistía en creer que había algo en el universo más poderoso que yo. Debería haber sido fácil, pero para un ególatra que funciona con voluntad propia, eso era una barrera. Confundí al Dios de mi crianza con un "poder más grande que yo".

Para ayudar a redirigir mi perspectiva, Sam Hardy se paraba en la playa conmigo y me decía: "Detén una de esas olas, ¿de acuerdo? El océano es más poderoso que tú, amigo". Me recordó de manera no tan sutil que el planeta era más que capaz de sobrevivir sin mis contribuciones. Me decía: "Los chinos construyeron la Gran Muralla, sus cuatro mil millas enteritas, sin tu ayuda. El océano, la luna cambiando las mareas, una avalancha en una montaña. En el mundo hay muchas fuerzas en juego que están fuera del alcance de tu control". El punto de Sam era que yo era solo una pequeña cosita en un mundo enorme. Y saber eso me ayudó a poner mis propias luchas en perspectiva. Sam me dijo: "Dan, no cargues todo sobre tus hombros. El océano, el comportamiento de otras personas, hacen lo que van a hacer. Como no lo puedes controlar, no te angusties por eso".

Aprendí a pedirle a Dios que me quitara mis problemas y defectos de carácter. Aún iba a ser yo mismo. No me quedaba de otra, todos los demás estaban tomados. Pero le pedí a Dios que me hiciera más consciente de esas partes de mi personalidad y que pudiera controlarlas mejor.

Debido a que Sam había cumplido una condena larga, podía salirse con la suya con cosas que nadie más podía hacer conmigo. Una vez, de la nada, me dijo:

—Te amo, Dan.

Me tomó por sorpresa.

—¿Qué diablos quieres? —le dije.

—¿Qué diablos tienes? —me respondió.

—No tienes más que un puto pene, y yo ya tengo uno de esos.

—¿Qué mierda te pasa, Dan? Cada vez que escuchas la palabra *amor*, piensas que alguien será chingado, no importa si lo dice una vieja o un vendedor de autos usados. No tienes más que libertad condicional, y yo ya tengo eso. No quiero tu culo apestoso.

—Pero tienes que admitir que mi culo es lindo.

Nos reímos. Al hacer una broma, estaba evitando sentarme con la dura verdad de lo que Sam me estaba diciendo. Hasta entonces, nunca había escuchado a un hombre decirle "Te amo" a otro hombre. Fue algo que me tomó años decir.

* * *

El negocio de las herramientas estuvo buenísimo mientras duró, pero ya había ido a todos los mecánicos y talleres de carrocería del Valle. Cuando las cosas se ralentizaron, Sam sugirió que buscara un trabajo que me mantuviera al aire libre y que involucrara trabajo manual, así que empecé un negocio dedicado al corte de césped con Danny Levitoff, un amigo de R.I.F. Levitoff era un cuate blanco, apuesto, del Valle, que provenía de una familia rica, pero era un adicto atroz. Para conseguir dinero para las drogas, asaltó un Jack in the Box en Ventura Boulevard. Después del robo, tiró el arma, pero se olvidó de quitarse el pasamontañas. Fue arrestado a cinco cuadras del Jack in the Box caminando por Ventura Boulevard con un pasamontañas puesto. Un chamaco rico y blanco cuya familia tenía dinero y conexiones, Levitoff tuvo suerte de que lo enviaran a R.I.F. como castigo y no a la prisión. Tampoco le vino mal tener al juez Hughes escuchando su caso.

En R.I.F., la primera vez que Levitoff nos contó la historia de su arresto, dijo que había estado tan hasta la madre que había olvidado quitarse la máscara. "Qué pinche pendejo, ¿no?", dijo.

Todos nos reímos. Una de las cosas que más sorprende a la gente cuando se trata de la recuperación es la risa. La risa es una gran sanadora. Algunas de mis risas más profundas se han dado en reuniones cuando la gente comparte sus cagadas pasadas en un lugar donde pueden reírse de ellas. Como dice en la literatura de los doce pasos, "No somos un grupo taciturno".

Antes de conocer a Debbie, Levitoff me había dicho: "Ven a vivir conmigo y con mis compañeros de cuarto", así que me fui a vivir con él. Uno de los tipos que vivía ahí, un tipo grandote, estaba hasta la madre.

—Estás colocado, hijo de la chingada.

—No lo estoy. Vete a la mierda —dijo.

—No puedo estar cerca de nadie que esté hasta la madre, así que o te desintoxicas o te vas —le dije.

Se fue, y más tarde Levitoff me dijo que esa era exactamente la razón por la que me había invitado a mudarme con ellos; quería deshacerse de ese tipo. Levitoff estaba preocupado por lo que haría el tipo si él le decía que se fuera, y sabía que yo me encargaría de hacer el trabajo sucio.

Mientras tanto, él hacía mi trabajo limpio. Levitoff era el rostro de nuestra operación dedicada al corte de césped. Hice que llamara a las puertas de los posibles clientes porque sabía que tendríamos más posibilidades si lo veían a él que si me veían a mí. Recién entrados en el negocio descubrimos que, si un mexicano tatuado de aspecto aterrador llamaba a la puerta, lo más probable era que nadie respondiera. Uno de nuestros primeros trabajos, sin embargo, fue de gratis. Había una mujer que vivía en el vecindario de mis padres a quien todos los niños de la cuadra llamaban "La Bruja". Conocía su historia y era triste. Uno de sus hijos había muerto en Vietnam, el otro había sido asesinado en la violencia pandillera y su marido se había suicidado por el dolor.

Después de la muerte de su esposo, no salió más de su casa. El césped parecía una jungla. Levitoff y yo teníamos un trabajo en otra casa del vecindario para personas que nos prestaron su cortacésped porque aún no habíamos comprado uno. Cada vez que cortábamos el césped de esa casa, cortábamos el de ella. Sin preguntar, comenzamos a cortar su césped, recortar los bordes y recortar los setos para que se vieran bien. No salió ni una sola vez, pero a veces la veía echándonos un vistazo desde detrás de las cortinas.

Llevábamos unos dos meses trabajando en su jardín. Era un caluroso día de verano. Levitoff y yo estábamos limpiando los recortes cuando escuché la puerta principal abrirse y cerrarse. Fui hacia el otro lado de la casa y vi una enorme jarra de cristal llena de limonada junto a dos vasos de cristal llenos de hielo en el porche delantero.

Nunca le había contado esto a nadie, pero cuando estaba en el penal, especialmente en el edificio Folsom Five, soñaba con sacarme la lotería con un negocio masivo de drogas o un atraco de un coche blindado. En mi fantasía, llevaba las maletas llenas de dinero a Las Vegas, iba a un club elegante donde me cubrían con viejas y bebía *whisky* en un vaso de cristal. La parte más importante de la fantasía era el sonido del hielo tintineando contra el cristal. Había bebido en vasos de plástico, de hojalata, de café y de agua, pero nunca de cristal. Fue una de mis fantasías más fuertes y vívidas.

Al beber esa limonada en el porche de esa señora triste, por primera vez escuché el sonido del hielo en un vaso de cristal. Todavía puedo oír el tintineo. Levitoff había dicho algo gracioso y me estaba riendo. Estaba sudoroso y cansado, un buen cansancio; por trabajar. Esa limonada sabía mil veces mejor que cualquier *whisky* después de cometer un crimen estúpido, todo porque ayudamos a una mujer que había sufrido una pérdida inimaginable. Dios sabe cómo hacer que las cosas salgan bien, hasta las fantasías. Dios tiene un gran sentido del humor.

Una semana después, estábamos terminando el trabajo en la casa de la señora cuando un tipo grandote y blanco llegó caminando por la banqueta. Tenía unos sesenta años, medía casi dos metros y masticaba como una vaca.

—Oye, Pancho —dijo— ¿cuánto le cobras a la anciana por cortar su césped? —y escupió un chorro de tabaco.

Tan pronto como dijo Pancho, supe que no había manera alguna de que le hablara a ese pendejo. Seguí trabajando.

—Oye, Pancho.

Pensé: *Si este hijo de la chingada quiere que trabajemos en su jardín, tendrá que pagar diez veces más de lo normal solo por lo pendejo que es.*

—¿Sí? —le dije.

—¿Cuánto le cobras a la señora por cortarle el césped?

—No le cobramos nada a la señora.

Su rostro cambió.

—Ven aquí, quiero mostrarte algo. —Señaló a Danny Levitoff con la cabeza—. Y trae a Paco.

En ese momento pensé que el hombre tendría que pagar cincuenta veces más si íbamos a cortar su césped.

Levitoff y yo lo seguimos calle abajo hasta su casa. Abrió su garaje. Estaba lleno de hermosas herramientas y un enorme banco de trabajo. Era el tipo de hombre que pintaba de azul las paredes de su garaje y dejaba espacios en blanco para cada herramienta. Había un lugar para todo, y todo estaba en su lugar excepto por un martillo que faltaba. Había un contorno blanco de un martillo sin martillo en su lugar. Me molestaba.

—Tuve un ataque al corazón el año pasado —dijo—. Mi señora no me deja hacer trabajo duro por eso. Si cortan mi césped, les daré todas estas herramientas. —Señaló hacia un hermoso cortacésped nuevo, una podadora y un montón de tijeras y rastrillos. Levitoff y yo nos miramos. Acabábamos de hablar sobre cómo necesitábamos comprar equipos para hacer crecer nuestro negocio y cómo no podíamos seguir pidiendo prestados los cortacéspedes a personas cuyos céspedes cortamos.

Dios nuevamente dio en el blanco. Caminando de regreso a la casa de la vieja, Levitoff se puso filosófico.

—Danny, ¿crees que Dios hace estas cosas a propósito?

—Claro que sí, Paco —le respondí.

Nos meamos de la risa. Después de eso, D&D Lawn Services realmente despegó. Sé que el hombre nos dio todo ese equipo porque le dije que no le cobrábamos nada a la señora. Terminé haciéndome amigo de ese viejo y nunca más me volvió a llamar Pancho.

Por ese entonces, me contactó un viejo compañero de la calle, Jimmy Peña. Nos encontramos en un café del Valle. Jimmy era un exconvicto que estaba muy involucrado en sacar a la gente de las drogas. Me dijo que estaba trabajando para un nuevo programa en el centro llamado Narcotics Prevention Project (Proyecto de Prevención de Narcóticos). El N.P.P. fue desarrollado para tratar a los adictos a la heroína usando metadona. Mientras que la metadona se estaba utilizando en Nueva York para tratar a los adictos a la heroína, aun no se había establecido en Los Ángeles.

Jimmy sabía que tenía una forma especial de hablar sobre la recuperación con la gente. Había escuchado que yo era el director del grupo de recuperación de doce pasos en Soledad y me había mantenido activo en recuperación después de que había salido. Dijo que quería contratarme para trabajar con él y con otro consejero de adicciones, Norman Sprunck. Norm y un tipo llamado Bill Wilson dirigían la parte del hospital del N.P.P. mientras que Jimmy manejaba los ingresos de clientes. Siempre había sido uno de mis sueños trabajar en el campo de tratamiento y recuperación. Ya pasaba mucho de mi tiempo haciendo lo que podía en las reuniones y acercándome a la gente, pero tener un trabajo de tiempo completo tratando de limpiar a la gente de las drogas era un regalo de Dios. En el N.P.P. estaría haciendo el trabajo de Dios y me pagarían por hacerlo.

Conduje mi Cadillac Eldorado hasta N.P.P. y descubrí que su ubicación era la pesadilla de un adicto en recuperación. Había traficantes a lo largo de la cuadra y adictos cabeceando por todas partes. Jimmy me recibió en la puerta principal.

—Danny —me dijo—, el primer trabajo es limpiar la cuadra.

Resulta que Jimmy no me había contratado por mis habilidades estelares de consejería, al igual que Levitoff no solo me había querido como compañero de cuarto; lo que Jimmy necesitaba era fuerza para crear un entorno seguro para los clientes. Silbé y llamé la atención de todos.

—¡Lárguense a la mierda ya mismo!

Un traficante se resistió. Yo sabía que él había cumplido una condena, y me di cuenta de que él sabía que yo también.

—Hola, carnal, sabes que no quieres volver por esta mamada. Haz lo que tengas que hacer, solo hazlo tres cuadras calle abajo. No podemos tener esta mierda alrededor de un lugar de recuperación —le dije.

Me evaluó.

—Está bien, mano. Solo por ti.

Me tomó un día y medio, pero eliminé a todos los traficantes y drogadictos de un área de cuatro cuadras. Norm quedó impresionado.

—Jimmy me dijo que eras el hombre adecuado para el trabajo.

—Jimmy tenía razón.

La mayor parte de mi trabajo diario en N.P.P. consistía en evaluar a nuevos pacientes por la mañana y llevarlos a desintoxicarse al Metropolitan State Hospital en Norwalk. Yo era el único que tenía seguro automotor, por lo que era mi trabajo conducir a los pacientes. Lograba más en esos viajes de cuarenta minutos que el trabajador social o psiquiatra promedio. Era como solía decirme mi psiquiatra en San Quentin, el doctor Berkman: “Danny, no hay psiquiatra en el mundo que pueda ayudar a un hombre a menos que ese hombre primero se ocupe de su problema con las drogas”.

Ocurre algo mágico cuando dos adictos se juntan. Tenemos una forma de hablar entre nosotros que va más alla de las pendejadas. No pueden mentirte y tú no puedes mentirles. La mayoría de los clientes tenían antecedentes y sabían que yo representaba un camino de vivir limpio fuera de la cerca. Era prueba de que podías limpiarte de esa basura y mejorar. Nunca me pasaba de la línea. Ningún adicto quiere una sesión de terapia no solicitada. Solo les decía: "Vamos a comer y relajarnos". Si querían participar, se abrirían, pero alimentarlos era la clave. Los panqueques hacen milagros.

Otra parte de mi trabajo era llevar clientes a sus citas en la corte. Un día me presenté al trabajo con traje.

Jimmy Peña me preguntó qué estaba haciendo.

—Ándale, carnal —le dije—, ¿acaso no sabes que llevar traje es el idioma de la corte?

Cuando la gente se presentaba a la corte vestida como vatos, o de manera demasiado informal con pantalones cortos y huaraches, la corte los trataba como tales. Algunos jueces me han entregado la custodia de cuates solo porque llevaba un traje.

Para hacerlo aún más oficial, tenía una placa plastificada con mi foto y N.P.P. escrito debajo de ella. Juro por Dios que cuando veían mi placa, muchos oficiales de la corte pensaban que era un agente federal. Una vez fui a la cárcel del condado de Los Ángeles a recoger a un cliente y los guardias me dejaron entrar por la puerta trasera sin pasar por seguridad. No supe lo que estaba pasando hasta que uno me habló en tono policial como si fuera un federal. Es increíble lo lejos que puedes llegar con un traje y una placa laminada. En 2001, un recluso de la cárcel del condado de Los Ángeles llamado Kevin Pullum regresaba del juicio por un cargo de intento de asesinato y simplemente salió de las Torres Gemelas vistiendo ropa de civil y una tarjeta laminada con una foto de Eddie Murphy como Dr. Doolittle.

En otra ocasión, estaba recogiendo a un cliente en la cárcel del condado de Los Ángeles para llevarlo a Norwalk y un policía se volvió hacia mí y me dijo:

—Trejo, ¿quieres que lo espose?

Creo que no tenía ni idea de que, como empleado civil, no tenía acceso a las llaves de las esposas.

—No, está bien, lo tengo.

El tipo era alguien con quien había pasado tiempo durante una de mis condenas. Me miró asombrado por lo que pasó.

—¿Qué mierda acaba de pasar?

—Cree que soy un federal —le dije. Nos reímos.

Por esa época, Bill Wilson y Norm me presentaron a un hombre llamado Dr. Dorr que dirigía un programa llamado Western Pacific Med Corp. Dr. Dorr había abierto su primera clínica de metadona en Glendale y quería que trabajara con él sin dejar de trabajar para N.P.P. No tenía credenciales de consejería, pero no eran tan estrictos al respecto en aquel entonces. En los años setenta y ochenta, la gente estaba más preocupada por los resultados. Estábamos haciendo que los adictos a la heroína se limpiaran en N.P.P. y Western Pacific, y eso era todo lo que nos importaba.

Le di mi parte de la empresa de corte de césped a Danny Levitoff y enfoqué mi vida entera al trabajo de recuperación. Salía a la calle y hablaba con los traficantes que conocía. Muchos de ellos tenían clientes que estaban arruinados y los molestaban pidiéndoles más droga a pesar de que no podían pagarla. Los traficantes sabían qué adictos se convertirían en enormes dolores de cabeza para ellos, así que me los pasaban. Un traficante me envió a la casa de un cliente y encontré a dos tipos, Little Joe y Tommy Andrews, en el porche delantero, cabeceando con agujas colgando de sus brazos. Resulta que los conocía a ambos. Los desperté.

—¡Vamos, vámonos! —les dije.

—¿Adónde vamos?

—Metropolitan State Hospital.

—Está bien, Danny. Déjame colocarme una última vez. —Tommy buscó una aguja en el porche.

—Ya tienes una colgando de tu brazo.

—¡Ah, mierda, gracias! Tienes razón.

Capítulo 10

UNA EN LA CASA

1975-76

Aunque estaba ayudando a mucha gente a desintoxicarse de las drogas, había regresado a la segunda vuelta de ser el marido más jodido del mundo. La excusa que me puse a mí mismo fue que estaba haciendo tanto bien por tanta gente que podía ser egoísta en mi vida personal. Debbie era la que salía perdiendo. Me dedicaba más a las diferentes mujeres que tenía en la ciudad. Dos que me adoraban vivían juntas en un departamento en Van Nuys. No les importaba compartirme y cuidarme. Si necesitábamos más efectivo, iban a los clubes de Oxnard donde las mujeres podían bailar completamente desnudas y traían a casa baldes de dinero. Estaba viviendo dos vidas. Era "una en la casa y una en la calle" de nuevo, excepto que en mi caso era "tres o cuatro en la calle".

Al final, mi mal comportamiento con las mujeres no se trataba solo de una cultura machista. En el fondo estaba conectado con algo más oscuro y más insidioso, un secreto familiar que había llevado conmigo desde que tenía siete años.

Un día, después de la escuela, estaba en casa con mi perro Hoppy, cuando vino mi tío David. Mi mamá me dijo que llevara a Hoppy a jugar afuera. Saqué a Hoppy al césped mientras mi mamá cerraba todas las ventanas y las persianas venecianas. No sabía qué estaba pasando, solo que era extraño.

Mi mamá y el tío David estuvieron ahí adentro por lo que pareció una eternidad. Para decirte lo inocente e ingenuo que era, pensé que tal vez habían cerrado las persianas porque me iban a sorprender con un regalo.

Después de unos cuarenta y cinco minutos, el tío David salió de la casa. No me miró cuando se dirigió a su coche. Mi madre abrió las persianas y salió. Luego hizo algo realmente extraño. Volvió a entrar, sacó una cámara y me tomó una foto con Hoppy. Mi madre nunca me tomaba fotos. Luego, volvió adentro y comenzó a preparar la cena para mi papá. Cuando miro esa foto hoy, veo una expresión que dice, "Estoy tratando de tener esperanza", una felicidad falsa dibujada en mi cara.

Un par de semanas después, mi mamá viajó a México a visitar a su familia. Mientras ella estaba fuera, mi papá y yo teníamos el mando de la casa. Mi papá siempre fue bueno con los niños... excepto conmigo. Podía ser divertido y generoso. Jugaba a las cosquillas, descubría una moneda de veinticinco centavos detrás de sus orejas, todas esas cosas, con los niños del vecindario, mientras yo me quedaba mirando. Pensaba: *¿Por qué diablos nunca ha encontrado una moneda detrás de* mi *oreja?* Una vez incluso trajo a casa a un niño llamado Bernie para que viviera con nosotros. El padre de Bernie era un borracho que andaba dando tumbos por las calles todo el día. Yo odiaba a Bernie. Afortunadamente, solo se quedó una noche y se quiso volver a su casa al día siguiente. Yo estaba celoso de que mi padre no pudiera ser así conmigo. Pero durante las semanas que mi mamá estuvo de viaje, fue diferente. Éramos amigos. Vimos películas del lejano oeste y fuimos a comprar tacos. Una noche, dijo:

—Deberíamos pasar por la casa de Lobby y David el sábado y cocinar un poco de carne.

Inocentemente le mencioné que un día, mientras él estaba en el trabajo, el tío David había pasado por la casa.

—¿Qué?

—Él y mamá tenían algo importante de qué hablar, así que me dejaron en el jardín delantero por un rato.

Mi papá me escuchó, pero no pareció afectarle. Hasta que mi mamá llegó a casa de su viaje.

Me desperté con los gritos.

—¿Por qué estuvo David aquí?

—¡Está mintiendo! ¡No sé por qué está mintiendo!

Mi padre abrió mi puerta de una patada y arrastró a mi madre a la habitación. Me agarró por el cuello y me puso el puño en la cara.

—Cuéntame de nuevo lo que dijiste sobre David.

Nunca había visto a mi padre tan enojado. Estaba tan furioso que estaba temblando. Me quedé helado.

—¿Por qué mentiste, Danny? ¡Por favor! ¿Por qué mentiste? —decía mi madre, de rodillas llorando.

Si decía algo incorrecto, podría matarme. Si decía algo incorrecto, podría matarla. Sabía que cualquier cosa que decidiera decir iba a terminar muy mal, así que decidí proteger a mi mamá.

—Mentí.

Mi padre echó el puño hacia atrás como si fuera a golpearme.

—Si alguna vez me vuelves a mentir, te mataré.

Cuando mi padre se fue de mi habitación, me quedé allí tumbado pensando: ¿Qué *mierda? ¿Qué mierda hice yo?*

Después de eso, nada volvió a ser igual. Ni con mi madre, ni con mi padre. Ni conmigo. La veía en la casa y la sorprendía mirándome. Era como si se preguntara: *¿Qué sabes tú?* Mientras que yo me preguntaba: *¿Qué escondes?*

Alrededor de un año después de que sucediera esto, mi mamá me preparó mi bocadillo favorito, angú frito, lo puso en la mesa y me preguntó:

—¿Por qué mentiste sobre la visita del tío David?

Me miró a los ojos y repitió la pregunta.

Me quedé mirando el angú en el plato. No pude mirarla. No quería comida; no quería estar ahí.

—No lo sé. Supongo que soy malo. —Estaba asumiendo la culpa

por algo que sabía que no había hecho y que no entendía. No sabía lo que era una aventura. No sabía lo que estaban haciendo mi madre y mi tío. Pero de alguna manera mis dos padres me culpaban a mí.

—Come, come —me dijo sonriendo. Ella estaba cuidándome y jugando con mi mente al mismo tiempo.

Desde ese día en adelante he odiado el angú.

Toda mi vida le he contado a la gente la misma historia sobre mi madre. Ella era una santa. Ella me cuidó de niño; lavaba mi ropa cuando estaba sucia; me escribía cartas cuando estaba en el penal. Siempre digo que era sencilla, que amaba sus telenovelas y que realmente no se había dado cuenta de lo que hacía para ganarme la vida hasta que cumplí casi los cincuenta años y aparecí como invitado con Luke y Laura en *General Hospital.* Más adelante, cuando hice una serie de episodios en *The Young and the Restless,* todas las amigas de mi madre llamaron a la casa enloquecidas. Una cosa era decirle a sus amigas que su hijo era actor, pero en términos de credibilidad, que me vieran en una telenovela era otra.

—Ay, mijo —dijo mi mamá, entonces—, ¡eres una estrella!

Esa era la historia que contaba sobre mi madre. Pero la verdad es que nunca sentí que ella hiciera ninguna de esas cosas por amor, era más como si fuera su trabajo. La única razón por la que mi padre se había casado con ella era específicamente para que ella me cuidara. Nunca me sentí realmente cuidado. Mi madre, por razones complicadas, trajo frialdad a nuestra casa. Y nunca había incluido en la historia que mis padres habían tomado el enojo que se tenían y lo habían redirigido hacia mí.

Dicen que estamos tan enfermos como nuestros secretos.

La aventura de mi madre con mi tío David continuó durante casi treinta años. Mucha gente quedó destrozada por ello. Dos personas murieron antes de tiempo por eso. Mi papá de seguro lo hizo. Y su hermana, la esposa del tío David, mi tía Lobby. Toda mi familia se quebró a causa de esa aventura. La marca que dejó en mí fue indeleble. Mis sentimientos hacia las mujeres se volvieron tan retorcidos que nunca confié en ellas después de eso.

Pensé que las mujeres querían chingarte, así que tenía que joderlas antes de que me chingaran a mí. No era violento, era despectivo. Si ibas a ser mi vieja, las otras mujeres eran algo a lo que tenías que acostumbrarte y lo que sentías por ellas no valía. Yo era el único al que se le permitía sentir en mi casa, al igual que mi papá. Si alguien iba a mentir, sería yo. Si iba a haber engaños, sería yo el que los llevaría a cabo. Si alguien iba a chingar a alguien, yo lo haría primero.

Creo que la relación de mi madre con David me resultó tan amenazante porque me demostró que incluso si encerrabas a una mujer en una casa y le negabas el acceso a un coche, como mi padre había hecho con mi madre, aún podía chingarte. Que yo culpara a todas las mujeres por esa situación, e incluso culpara a mi madre, que vivía como una sirvienta contratada bajo un régimen tiránico, no lo logré comprender en ese momento. Me tomó décadas darme cuenta de esto, pero en ese momento estaba en un plan de autoprotección y cualquier mujer en mi camino pagaría el precio.

La gota que rebalsó el vaso con Debbie llegó cuando una amiga suya que estaba tratando de mantenerse limpia fue nuestra invitada en Osborne Street. Una noche, la amiga y yo nos quedamos despiertos hasta tarde viendo la televisión, y me la encamé. Fue algo horrible de hacer y no tan diferente de la mierda que hacía con regularidad. La diferencia fue que esta vez sucedió bajo nuestro techo.

La amiga comenzó a sentirse culpable por lo que había sucedido e hizo las paces con Debbie. Ella estaba en una etapa temprana de recuperación y supongo que se perdió la parte en la que haces las paces con personas "excepto cuando hacerlo les haría daño a ellas o a otros".

Debbie quedó destruida. Empacó sus cosas mientras yo estaba fuera, se mudó con sus padres y se acabó. Esa noche llegué a una casa medio vacía. Abrí un cajón donde guardábamos las caricaturas que ella había dibujado de mí y de nosotros juntos. Ahí fue que realmente me di cuenta de lo increíble que era ella y lo pendejo que había sido yo. Nunca antes ni después nadie me ha amado con una adoración incondicional como Debbie. Nunca se enojó conmigo. No tenía alma de peleadora.

Cuando Debbie me veía, se encendía y se derretía. Se ponía risueña. Tomé ese tipo de amor inocente y lo pisoteé. Y me di cuenta de que, al serle infiel bajo nuestro techo, le había hecho a Debbie lo que mi madre le había hecho a mi padre. Recé todos los días para que Dios ayudara a que Debbie encontrara a alguien mejor que la amara como se merecía.

Nunca más supe de ella.

Capítulo 11

EL NOMBRE TREJO

1975

Aunque mi vida personal era un desastre, yo era el encargado de arreglar los problemas de todos los demás, y fue por eso que mi primo me llamó a mí cuando Gilbert y una muchacha estaban desnudos en el patio trasero de mi madre.

Si te encuentras desnudo en un patio trasero de Beverly Hills o en una playa en Saint-Tropez, estás tomando sol. Pero si te encuentras desnudo en un patio trasero de Pacoima, seguramente estés cogiendo. Fui y los encontré totalmente desnudos y hasta la madre. Intenté razonar con Gilbert.

—Escucha, Gilbert, tengo que llevarte a Reprieve House para que te desintoxiques. —Reprieve House era la primera rehabilitación residencial en el Valle de San Fernando iniciada por Bill Beck, el mismo tipo que inició CRI-Help. Le dije a Gilbert—: Estás violando tu libertad condicional y si no te desintoxicas…

La mujer me interrumpió. Estaba ahí sentada, con las tetas al aire, apretando la mandíbula, rascándose el culo y dijo:

—¿Aceptan mujeres?

—*Shh, shh* —le dije, llevando mis dedos a mis labios—. Estoy hablando con mi tío. Silencio. —Luego me volví hacia Gilbert—. Si alguien te ve, llamará a la policía. Te van a hacer la prueba y…

La mujer volvió a interrumpir y dije:

—¡Cállate! Estoy hablando con mi tío. Necesito llevarlo a rehabilitación o su oficial de libertad condicional lo violará. Gilbert, ve a buscar ropa y una toalla para esta mujer. Tenemos que movernos.

—No lo sé. Quiero un Kool-Aid.

Pinche Kool-Aid.

Gilbert regresó con un vaso de Kool-Aid en una mano y sus huevos en la otra.

—Gilbert —le dije—, tengo un lugar para ti en Reprieve House, pero tenemos que actuar ahora mismo. ¿Estás listo para irte?

—No, no, a la mierda —dijo Gilbert—. No quiero ir.

Ante eso, la vieja se sentó y anunció:

—¡Quiero ir! ¿Me llevas? —Andaba pacheca pero muy seria. Me tomó por sorpresa.

Gilbert parecía estar reconsiderándolo.

No era la situación óptima, pero para ser diplomático dije:

—Iremos todos.

—Bueno, si ella va, yo iré —dijo Gilbert.

Les conseguí ropa a ambos y los llevé a Reprieve. Al día siguiente, Gilbert salió disparado con una vieja súper gánster llamada Rachel Silvas. Terminaron haciendo una serie de robos que llevó a Gilbert de nuevo al penal. Rachel estuvo prófuga por un tiempo, pero ahora está cumpliendo una condena perpetua, encima de otra, encima de otra. En cambio, la muchacha desnuda del patio trasero se quedó y durante muchos, muchos años después de eso, la vi en las reuniones, sobria, ayudando a las mujeres recién llegadas a estar sobrias y aparentando tener una gran vida.

Como encargado de limpieza, no tuve éxito con mi tío Gilbert. Terminó de nuevo en Folsom. Para ese entonces, ya se lo consideraba alguien de la vieja escuela del sistema penitenciario de California. Y fue entonces cuando su hijo, también llamado Gilbert, comenzó a meterse en problemas serios. Con su padre en prisión, la madre del Little Gilbert hizo lo que pudo para controlarlo.

A los seis años, las autoridades lo capturaron por primera vez por irrumpir en el consultorio de un dentista y robar todo su oro. Recuerdo haber visto equipo dental, dientes falsos y otra mierda en su habitación y me pregunté de dónde venía. Pero incluso como exladrón, pensé: *De ninguna manera, este niño es demasiado joven.* Resulta que no lo era. Fue un ciclo en el que Little Gilbert quedaría atrapado durante los siguientes cincuenta años de su vida. Era un ciclo que yo conocía bien. Su padre estaba atrapado en él. Yo había estado atrapado en él. Mis otros tíos y primos estaban atrapados en la misma cultura de machismo destructivo. Esto era lo que significaba ser un hombre Trejo. Lo que era estar a la altura del apellido Trejo.

Cuando yo tenía cuatro o cinco años, mis tías y primas me adoraban. Me trataban como a una muñeca Kewpie, vistiéndome y poniéndome maquillaje en la cara y moños en el pelo. Era todo inocente. Éramos inocentes.

Un día, mi tío Rudy entró a la habitación de las niñas, me vio con un vestido y se puso furioso: "¿Qué diablos están haciendo?". Se lo dijo a mis tías, probablemente porque pensaba que yo era demasiado joven para saber qué estaba pasando. Y tenía razón, lo era.

Se frotó la cara con las palmas de las manos como si estuviera luchando con algo profundamente jodido. Para él, esta era la peor pesadilla de un charro mexicano hecha realidad. "¡Ayúdame, Dios!".

Se volvió para irse, se detuvo y luego gritó por encima del hombro: "¡Sáquenle esa mierda de la cara!".

Los Trejo teníamos que ser machos en todos los sentidos, en todo momento. Un día, durante el almuerzo en la escuela primaria Elysian Heights, los maestros reunieron a los niños para hacer un gran Hokey Pokey. Yo había sido tan adoctrinado en el chicanismo machista de mi padre y sus hermanos que no quise hacerlo y me mandaron a casa por negarme a participar. Cuando mi padre llegó a casa del trabajo, mi madre le dijo que me había metido en problemas en la escuela. Mi papá exigió saber qué hice mal, entonces le dije que no quise bailar el Hokey Pokey. No tenía idea de qué demonios estaba hablando, así que se lo mostré. Cuando llegué a la parte donde dice: "Pones tu cadera derecha hacia adentro, pones tu cadera derecha hacia afuera...", mi padre saltó del sofá y apagó el juego de pelota que estaba viendo. "¿Qué diablos te están enseñando en esa escuela?".

Al día siguiente, mi padre me llevó a la escuela y exigió ver a la directora, la señora Brooks. Me senté fuera de la oficina en la sala de espera y lo escuché gritar a través de la puerta: "¡No envío a mi hijo a la escuela para que le enseñes a sacudir el culo! ¡Es un hombre!". Nunca más tuve que volver a bailar el Hokey Pokey.

Si alguna vez hacía algo frente a mi papá o mis tíos que no se consideraba varonil, me llamaban marica. Era tan humillante como pretendían. Me enseñaron a odiar todo lo que se considerara femenino. Fue una lección que aprendí demasiado bien.

Little Gilbert, que se crio con su padre dentro y fuera de la prisión, no tenía ninguna posibilidad. Como yo, tomó la misma ruta que su padre le trazó. Entró y salió del reformatorio, del Youth Authority. Cuando tenía unos diez años, lo colocaron en un hogar de niños en Palm Springs. Un antiguo socio, Nolan Warner, y yo montamos Harleys hasta el desierto para ver cómo estaba. Cuando llegué, un consejero dijo: "No sabemos dónde está, se fue".

Regresando por la interestatal 10 hacia Los Ángeles, vi una figura saltar de los arbustos al costado de la autopista. Podría haber sido cualquiera, pero era Gilbert. Así es cómo Dios obra en mi vida. Me salí de la carretera y lo llamé. Se sorprendió al verme.

—Danny, estaba por hacer dedo. ¿Qué estás haciendo aquí?

—Estoy aquí para recogerte.

Sabía que el hogar de niños no era el mejor lugar para Gilbert. Además de estructura, necesitaba amor familiar. Él me necesitaba. Podría ser una figura paterna para Gilbert, al igual que su padre había sido una figura paterna para mí. Quizás podría dirigirlo hacia otro camino.

—¿Qué estás haciendo? —dijo Nolan—. ¿No lo llevarás de regreso a Palm Springs?

—No. Viene a casa conmigo. —Recorrí los ciento noventa kilómetros hasta casa con Gilbert en la parte trasera de mi moto, aferrado a mí. Sin casco, pero los policías eran más tranquilos en aquel entonces. Dejando que Nolan tomara la iniciativa en la autopista, sentí los brazos de Gilbert alrededor de mi espalda y pensé en cómo él tenía casi la misma edad que yo cuando comencé a ser arrestado.

La primera vez que realmente me arrestaron no fue por violencia o por vender drogas, fue porque Tommy Provincio y yo soltamos todas las vacas de la lechería de Roger Jessep en la esquina de Branford y Laurel Canyon. Estábamos caminando una noche y escuchamos a las vacas mugir. Sonaban como si estuvieran sufriendo, así que trepamos una gran cerca, abrimos las pesadas puertas corredizas y las liberamos a todas. No veían la hora de salir de ahí. Corrieron por todo Pacoima. Durante unas horas, esas vacas deben de haber sentido que tocaron el cielo.

Debido a que las lecherías están bajo la jurisdicción de la Food and Drug Administration (la Agencia de Alimentos y Medicamentos), los federales colmaron la escena. Tommy y yo fuimos atrapados con mierda de vaca en nuestros zapatos y pantalones. Fue difícil negar lo que hicimos.

Si pusieras esos dos puntos en una línea y siguieras derecho, llegarías al décimo grado, o cuando se suponía que yo estaría en décimo grado. Ya me habían echado de Poly, Sun Valley, Monroe, Van Nuys y North Hollywood.

Ninguna escuela en el Valle sabía qué hacer conmigo, y ninguna escuela tuvo que resolverlo después de un viernes por la noche cuando fuimos a pedir comida para llevar a James con un amigo llamado Freddie T. y dos chamacas. Nos dirigíamos al sitio para ordenar cuando dos muchachos blancos nos asaltaron. Los cuatro comenzamos a pelear en el estacionamiento. Yo tenía una desventaja. Estaba pedísimo. No importa cuán bueno seas peleando, si peleas cuando te caes de la borrachera y te enfrentas a un tipo con habilidades —y este chico blanco se las traía—, te espera un momento duro. Me regresó al auto a los golpes. Una de las muchachas abrió la puerta y caí dentro y agarré una botella de vino.

Gilbert me había enseñado que, si alguien te agarra, debes meterle el pulgar en el ojo o morderle el cuello. Eso hace que la gente piense que estás loco, y nadie quiere pelear con un loco. Gilbert solía decir: "Te voy a entregar tu ojo, carnal. Te vas a llevar el ojo a casa en tu bolsillo".

Rompí la botella de vino en la cabeza del tipo y lo apuñalé en la cara con el cuello.

Empezó a gritar, así que nos volvimos a subir al coche y nos marchamos.

Regresé a la casa de mis padres, me quité la ropa, la apilé en el piso y me fui a la cama. Llevaba unos pantalones caqui plisados y una camisa Sir Guy amarilla y blanca con un chaleco amarillo y blanco que hacía juego. Esto quedó grabado en mi mente porque estaban cubiertos de sangre y fueron procesados como evidencia. Unos veinte minutos después de quedarme dormido, cuatro policías irrumpieron en mi habitación con sus armas en la mano.

—Levántate, Trejo.

La habitación daba vueltas. Todavía estaba pedo.

—Ponte algo de ropa.

Fui a mi armario, pero un policía señaló la pila junto a mi cama y dijo:

—Ponte eso.

Me esposaron y me llevaron a la cárcel del condado de Los Ángeles cubierto de sangre.

Unas semanas más tarde, estaba sentado con el defensor público cuando los dos muchachos blancos entraron en la sala del tribunal con uniformes de marineros. Miré al juez, un viejo que seguro había estado durante el caso de Sleepy Lagoon y los disturbios de Zoot Suit y muy probablemente no estaba del lado de los mexicanos. El joven con el que había peleado tenía una gran venda cubriendo su rostro. Nada de esto fue bueno para mi caso.

Fui condenado por causar caos, dejar cicatrices y desfigurar, y sentenciado a un campamento de bomberos.

Ahora, años después, reconocí el camino por el que iba Little Gilbert y quería mantenerlo en mi Harley, conduciendo en otra dirección. Así que lo hice. Nos conduje directo a mi casa.

Capítulo 12

LA TERCERA ES LA VENCIDA

1975

Cuando traje a Little Gilbert a casa conmigo, mi novia se enamoró de él.

Joanne y yo habíamos estado juntos durante unos siete meses. La conocí porque, gracias al Dr. Dorr y mi amigo Bill Beck, participé en todos los principales programas de tratamiento en el Valle de San Fernando. Estaba en Impact sólo ayudando, cuando escuché a un consejero decirle a una joven que todo lo que tenía que hacer era testificar contra su oficial de libertad condicional. No pude evitar asomar la oreja. Aparentemente, esa oficial corrupta había estado usando a sus personas en libertad condicional para traficar heroína, y Joanne había sido arrestada con treinta y dos cucharas y acusada de intención de vender.

Llevé a Joanne a un lado y le pregunté qué estaba pasando.

—Quieren que testifique contra mi oficial de libertad condicional.

—Está bien, tienes que hacer lo que tienes que hacer, pero sabes, si testificas, serás considerada una soplona —le dije. No tenía idea de lo que estaba hablando.

—Pero si no les digo que ella me incitó a hacerlo, tendré que ir a la prisión.

—Puede que tengas que ir a la prisión de todas formas, pero una vez que estés dentro y la gente sepa que la delataste, no afectará a la oficial, te afectará a ti.

Quizás no me debería haber involucrado, pero yo quería que la gente se limpiara, costara lo que costara. Joanne estaba limpia desde hacía unos meses, su vida estaba volviendo a encarrilarse y ahora se enfrentaba a esto. No podía decirle qué hacer o qué no hacer; solo quería que ella tuviera una visión más amplia.

Dos semanas después de eso, Joanne apareció en mi casa llorando. "¡No soy una soplona!", me dijo. Había hablado con su familia, y un consejero de drogas llamado Jack Birch, que también había sido un muchacho de la calle, le había dicho que no testificara. Estaba asustada. Yo y algunos de los tipos de R.I.F. le encontramos un lugar para quedarse, y le dije que mantuviera un perfil bajo, siguiera limpia y el resto se acomodaría solo.

Conocía a un abogado de defensa criminal en el Valle que era el hombre principal en lo que respecta a delitos relacionados con drogas. Me debía un favor y me pasó con su socio, diciéndole al tipo: "Ayuda a Danny". Empezamos a prepararnos para la cita de Joanne en la corte. Los cargos que enfrentaba eran graves. La posesión de esa cantidad de heroína con la intención de vender podría significar una década en prisión. Era repugnante que su oficial de libertad condicional fuera la que la empujó a vender drogas. Pero yo sabía que, si testificaba, su vida sería un infierno. Le convenía más enfrentar el castigo por lo que hizo.

Cuando llegó el día, fui a la corte con Joanne y su abogado. Se presentó el caso en su contra y después de que se hicieron las declaraciones de apertura, le entregué una nota al abogado. Luego de leerla, dijo:

—Su señoría, estoy aquí con el señor Danny Trejo. Trabaja con R.I.F. y es el consejero de mi cliente. Le gustaría decir algunas palabras.

El fiscal del distrito se puso furioso.

—Su señoría, ¡este testigo nunca fue provisto! Esto no es... —antes de que pudiera terminar, el juez levantó la mano para callarlo. Era el juez Hughes, famoso en R.I.F. Me imaginé que estaría en la banca porque manejaba todos los casos de drogas en Van Nuys.

—No sé si usted lo sabe, señor —dijo el juez Hughes— pero resulta que soy uno de los fundadores de R.I.F. ¡Es un gran programa! —El juez Hughes dio una larga perorata sobre su trabajo con R.I.F., y el fiscal del distrito sabía que estaba chingado—. Continúe, señor Trejo —dijo el juez.

—Gracias, su señoría. Esta joven ha estado asistiendo a reuniones en R.I.F. y ha estado limpia y sobria durante tres meses. Está haciendo un sólido programa de recuperación y ha logrado grandes avances en su vida.

El juez Hughes se volvió hacia Joanne:

—¿Vas a las reuniones todos los días?

—Sí, su señoría. Excepto los días en que trabajo un turno largo.

—¿Tienes un trabajo?

—Sí, su señoría.

El fiscal de distrito cerró de un golpe una carpeta sobre su escritorio. El juez Hughes le dio a Joanne una sentencia de treinta días, pero le permitió cumplirla los fines de semana para que pudiera seguir trabajando. El fiscal del distrito quería matarme. El abogado se volvió hacia mí y me dijo:

—Quiero que trabajes en todos mis casos.

Antes de que saliéramos de la sala del tribunal, el juez Hughes me llevó a un lado y me dijo:

—Señor Trejo, dígale a su cliente que regrese a la corte en dos semanas y evaluaremos su caso a partir de ahí.

Sabía exactamente lo que me estaba diciendo.

No recuerdo cuánto tiempo tuvo que cumplir Joanne exactamente, pero se acabó antes de que ella se diera cuenta. La dejaba todos los viernes por la tarde en Sybil Brand Institute en Monterey Park. Todavía me río al recordar esa cosita linda parada frente a la enorme puerta de la prisión. Pasaron los meses y Joanne y yo perdimos el contacto. Luego me encontré con ella en un baile sobrio, y después fuimos a tomar un café en Du-par's. Joanne y yo empezamos a salir. Se mudó a mi casa en Osborne y comenzamos una vida juntos.

* * *

Después de recogerlo en la carretera, traje al joven Gilbert a la casa que compartía con Joanne y le dije que iba a vivir con nosotros. Ella de inmediato preparó la habitación de invitados. Joanne era así. Cuando nos mudamos juntos por primera vez y por la mañana encontraba hombres desconocidos echados en el sofá, ella no sabía qué pasaba. Pero cuando le expliqué que esto es lo que hacemos, que ayudamos a otros a dejar las drogas y rehacer sus vidas, se alineó perfectamente con mi programa.

Ella solo tenía veinte años, pero Joanne se convirtió en una maravillosa madre sustituta para este niño de doce. Su administrador de casos estaba de acuerdo con que Gilbert viviera con nosotros porque, como bien dijo: "Danny, no sabemos qué hacer ni cómo comunicarnos con este niño. Tal vez usted lo logre".

En breve, Joanne y yo empezamos a hablar de casarnos. Como he dicho, para mí el matrimonio equivalía a una buena fiesta. Primero fue Laura, luego Debbie, la tercera es la vencida, ¿verdad?

Nuestra boda fue en una iglesia en La Brea. Joanne ya estaba esperando en la iglesia cuando llegué en una limusina. Una de las invitadas, una amiga de Joanne, estaba parada en la banqueta cuando salí del coche. Lo primero que pensé fue: ¿No sería *chido chingar con ella en la limusina?* Le hice una broma a la mujer sobre eso y si ella se hubiera subido, ¿quién sabe qué habría pasado? Me rehabilitaron de muchas formas, pero no como novio.

Años más tarde, mi abogado, Terry Roden, me dijo: "Danny, ya entendí. No puedes soportar estar casado, pero te encantan las bodas".

Durante un par de años, a Gilbert le fue súper. Lo teníamos en la escuela y en los deportes. Era tan hiperactivo que el entrenador lo sacó de la ofensiva en el fútbol americano de Pop Warner porque no podía quedarse quieto y siempre lo amonestaban por "movimiento ilegal". Cuando lo trasladaron a la defensa y quedó libre para vagar y golpear a la gente, iluminó la liga. Era tan bueno que los otros equipos hicieron todo lo posible para que lo suspendieran. Los entrenadores exigían ver su certificado de nacimiento una y otra vez. Y luego su madre lo comenzó a extrañar. Quería que Gilbert volviera con ella.

—Linda —le dije—, este niño necesita a alguien que pueda mantenerlo a raya. Es un gran chamaco, pero necesita que lo pongan en su lugar. Necesita que lo jalen por la nuca y tú no puedes hacer eso.

—Es mi niño y lo extraño.

Gilbert volvió con su madre y no dejó de ser arrestado. Era un tren de carga imparable. A los diecisiete años, cometió el asesinato en pandilla que lo encerró durante los siguientes treinta y ocho años de su vida.

Lamentablemente, no fue una sorpresa para la familia. Se esperaba que mi generación de Trejos, comenzando con Big Gilbert (era tan joven en comparación con sus hermanos, que era más bien de mi generación), terminara encarcelada. Toni, Coke, Salita, Mary Carmen, su esposo, Ponchee y yo, todos éramos gánsteres y traficantes que terminamos en la cárcel o la prisión en algún momento. Little Gilbert hasta cumplió una condena en San Quentin con su padre, pero en todos los lugares donde Little Gilbert estuvo encerrado, Big Gilbert usaba sus conexiones con la mafia para asegurarse de que los vatos más atroces tuvieran los ojos puestos en su tocayo. Mi tío Gilbert pudo haber sido un gánster, pero siempre haría todo lo posible para ayudar a sus seres queridos.

Capítulo 13

SE DESATA UN SECRETO

1978

Joanne y yo estuvimos casados tres años, luego ella me dejó por la misma razón justificada por la que todas mis esposas me dejaron: era como si estuviera tratando de enviar el mensaje "¿No crees que soy un perro? Te lo demostraré".

Joanne se mudó de la casa de Osborne Street, y yo también decidí que era hora de cambiar. Alguien en una reunión dijo que iba a dejar su departamento en Venice Beach, y yo dije que lo tomaría siempre y cuando no fuera difícil y lo pudiéramos hacer de manera rápida. Visité el lugar, nos dimos la mano para sellar el trato y esa tarde unos amigos me ayudaron a mudar mis cosas.

Mi primer día viviendo en la playa, caminé a la famosa área de ejercicios en Venice llamada "Muscle Beach" y comencé a levantar pesas. Muscle Beach estaba abierta al público, pero enseguida te quedaba claro si no eras bienvenido.

Desde entonces, cada momento que tenía libre, me lo pasaba en Muscle Beach levantando pesas. Creo que me encantó tanto porque la vibra del lugar me recordó a la pila de pesas en San Quentin y Soledad, menos los apuñalamientos.

Mi trabajo en rehabilitación ocupaba toda mi atención. Había abierto un nuevo centro de tratamiento con el Dr. Dorr llamado O.U.R. House (Ongoing Unity and Recovery, Unión y recuperación continua) en Third y Western en Koreatown. También estábamos por abrir una nueva casa de recuperación en Gardner, donde queríamos ir más allá de sólo llevar a los clientes a recibir tratamientos con metadona. Si realmente iban a hacer la transición a una nueva vida, pensamos que deberían tener una vivienda donde pudieran reacomodar sus vidas en un entorno estructurado. Era una idea nueva en ese momento.

No nos faltaron clientes. Desde Folsom, mi tío Gilbert me enviaba mensajes para ver cómo estaba. Me envió fotos de él en el patio y bromeó que me cobraría tres dólares por ellas. También me envió clientes. Muchos cuates en prisión estaban preocupados por sus familias afuera, que sabían que estaban lidiando con problemas de drogas. Gilbert les decía: "Mi sobrino Danny está limpiando a mucha gente en Los Ángeles, carnal", y les daba mi número. Comencé a recibir toneladas de llamadas de familiares de presos que se enteraron que los podría ayudar.

Todos los días, a partir de las seis de la mañana, me la pasaba rastreando a gente en la calle y en cuevas de drogas, convenciéndolos para que recibieran tratamiento, llevándolos a entrevistas de trabajo, tratando con sus oficiales de libertad condicional, yendo a reuniones, patrocinándolos en el programa. Estaba ocupado y me encantaba. En cierto modo, el trabajo se conectó con algo que había sentido cuando luché contra incendios en el reformatorio, e incluso lo que sentí cuando defendí a los desamparados en prisión. Como consejero de drogas, estaba ayudando a la gente. Estaba marcando una diferencia.

Conocí a Diana en el North Hollywood Rehab, otro centro de tratamiento residencial que armé con el Dr. Dorr. Las dos primeras cosas que noté fueron que era hermosa y que tenía un dedo del pie roto. Para llegar a su habitación había que subir una pequeña escalera, así que me dispuse a cargarla a su habitación. Pensé: *Híjole, esta muchacha sí que me gusta.* Pero ella era una clienta y yo no quería ser poco profesional, así que no dije ni una palabra y me mantuve alejado de ella a propósito. No era muy bueno trazando límites en mis matrimonios, pero respetaba esa línea cuando se trataba de la recuperación.

La recuperación es un proceso íntimo. Ves a la gente en su peor momento, escuchas sus secretos más profundos y sus mayores arrepentimientos. Quizás haya notado lo cercano que era con otros clientes y se haya preguntado por qué era tan formal con ella. Pero creo que la noche en que realmente se le despertó un interés por mí fue la del circo.

Cuando vi que Ringling Bros. y Barnum & Bailey Circus venían al Forum, llamé a la oficina y pedí hablar con quien se ocupaba de organizaciones benéficas de grupo. Una mujer contestó y describí mi organización y le pregunté si podía obtener un descuento para mis clientes. Se disculpó explicando que ya habían entregado todas las entradas asignadas para organizaciones benéficas.

Un tipo, que era uno de nuestros voluntarios y dueño de una floristería, me sugirió que le enviara flores y una tarjeta a la mujer. Le escribí: *Muchas gracias, por favor ténganos en cuenta para el próximo año.* Ella de inmediato me devolvió la llamada. Me contó que había trabajado en el Foro durante veinte años y jamás le habían enviado flores. Terminó mandándonos treinta y seis entradas.

Tomamos dos camionetas y algunos de nosotros manejamos nuestros autos para llevar a treinta personas a Inglewood. Resultó que tenía seis entradas adicionales, cada una de las cuales tenía un valor nominal de sesenta dólares. Esto era un chingado de dinero para cualquiera de nosotros. Mi amigo Jack Birch, el tipo de la calle que había aconsejado a Joanne sobre la denuncia, me sugirió que las revendiera antes de que comenzara el espectáculo y me embolsara el dinero. A mi lado estafador le gustó esa sugerencia, así que me paré frente al circo buscando hacer una reventa. Después de unos minutos, un cuate se me acercó. Estaba con seis niños pequeños. Estoy seguro de que le parecía sospechoso; siempre me veían así. El hombre dijo:

—¿Tienes entradas?

—Sí.

—¿A cuánto?

Miré bien al tipo. Llevaba unos pantalones caqui grises, una playera manchada de sudor que estaba completamente cubierta en polvo y sus botas tenían cemento. Me di cuenta de que acababa de terminar un día de trabajo arduo. Los niños parecían tener la misma edad, así que sabía que no eran todos suyos. Supuse que se habría llevado a su hijo y a cinco de sus amiguitos del barrio a vivir una experiencia única en la vida.

—Gratis.

Me miró de reojo.

—¿Gratis? —Se enojó—. ¿Cómo diablos son gratis?

—Mira, me dieron estas entradas y son buenas, justo en la pista. No estoy buscando ganar dinero con ellas.

El tipo estudió las entradas, luego me estudió a mí y no se fiaba de nada.

—Fíjate si funcionan —le dije—. Si no, estoy seguro de que podrás encontrar a alguien que te venda entradas.

Cuando le dije a Jack lo que había hecho, se enojó.

—Danny, podrías haber obtenido trescientos sesenta dólares por esas entradas.

—No te preocupes —le dije—. Lo que hice es mejor.

El circo estuvo padrísimo. A todos los clientes les encantó. Los elefantes corrían, hacían lo suyo, y vi al hombre sonriendo y aplaudiendo. Los niños a los que acompañaba estaban en el cielo. Ese hombre les había regalado una noche inolvidable. Me llamó la atención y se golpeó el pecho y me señaló a los niños. Todos comenzaron a saludar y vitorear. Crucé miradas con Jack, e hice un gesto hacia el hombre y los niños. Puede que haya perdido algo de dinero, pero ver a ese tipo hecho un héroe frente a su hijo, frente a los amigos de su hijo, ver la expresión de su rostro, no tenía precio.

Diana fue testigo de esto y me vio de manera diferente. Creo que se enamoró de mí esa noche. No estaba tratando de impresionarla a ella ni a nadie más. Pero, como he dicho muchas veces: todo lo bueno que ha sucedido en mi vida ha sido el resultado directo de ayudar a otra persona y no esperar nada a cambio. Todos nos sentimos bien al salir del circo.

Diana terminó su estadía en rehabilitación y encontró trabajo en una oficina. Nos perdimos de vista por un tiempo, pero después de unos seis meses me contactó.

Yo acababa de abrir otra nueva casa de recuperación en Gardner Street en Hollywood con el Dr. Dorr. Resultó que ella vivía en un departamento a pocas cuadras de ahí. Como estábamos abrumados con el papeleo en la casa de Gardner, le ofrecí a Diana un trabajo de medio tiempo para que nos ayudara a superar la carga de trabajo. En ese momento estábamos recibiendo dinero estatal, federal y de la ciudad para asistir a nuestros programas, así que necesitaba a alguien que pudiera ayudar a eliminar la burocracia. Trabajaba tan bien que le dije: "¿Cuánto te pagan en tu otro trabajo? Porque te pagaré más si te integras a tiempo completo". Diana comenzó a trabajar en Gardner y poco después, ahora que era todo legítimo, comenzamos salir, pero nunca nos mudamos juntos. No quería volver a cometer ese error.

Yo estaba en mi departamento en Venice el día que se desató el infierno. Mi padre llamó y me dijo: "Lo hizo, lo hizo. Se ha ido". Le dije que esperara, que iba a verlo.

Mi madre había tenido una crisis psiquiátrica. Al estilo típico de familia mexicana, nadie había dicho nada hasta que se armó la podrida. Me lo dijeron semanas después del hecho. Había pasado unos días bajo observación en el hospital antes de que le dieran el alta y la inscribieran en un programa ambulatorio en el que parte de su tratamiento consistía en sesiones de psicoterapia. El consejero había grabado sus sesiones. Por alguna razón que nunca entenderé, el hombre pensó que sería una buena idea hacerle escuchar las cintas a mi padre. Cintas en las que mi madre admitía haber tenido una aventura de treinta años con el tío David.

Por teléfono, mi papá me contó cómo lo habían llevado a una sesión de terapia familiar donde se reprodujeron las cintas. Eso lo destruyó. El secreto salió a la luz y él perdió la cabeza. Arrojó las cosas de mi mamá a la calle. Solo, aterrorizado y humillado, mi padre tuvo que encontrarse doblegado del dolor para llamarme en busca de apoyo emocional.

En retrospectiva, creo que sé por qué el consejero violó los derechos de confidencialidad de mi madre para compartir sus sesiones con mi padre. Resulta que el consejero era el padre del tipo que Danny Levitoff quiso que yo echara de su departamento por consumir años antes. Es solo una corazonada, pero tal vez el tipo todavía estaba enojado porque yo había empujado a su hijo drogadicto a la calle todos esos años atrás y se había desquitado con mi papá. Cualquiera sea la razón, después de que mi padre echó a mi madre de la casa, fue a casa de su hermana Lobby y le metió una pistola en la boca a David. Los hermanos solían tener una dicho en el penal sobre la necesidad de ser el primero en actuar. Si la mierda apenas comenzaba a cocinarse, decían: "Quien le entre primero, gana".

Lobby le rogó a mi padre que perdonara la vida del tío David: "¡No lo mates, Dan! ¡No delante de sus hijos! Voy a deshacerme de él. ¡Voy a deshacerme de él hoy!".

Lo hizo y ahora la familia estaba fracturada.

Colgué el teléfono y conduje directo hasta la casa de mis padres en Arleta. Encontré a mi padre en el sofá, desplomado y quebrado. Nunca lo había visto así. Mi mente iba a toda velocidad. Egoístamente, estaba enojado porque no me había creído todos esos años antes. Pensé: *Te lo dije, hijo de la chingada, y me llamaste mentiroso. ¡Te pusiste del lado de ella!* Me daba rabia que me hubiera hecho admitir que era un mentiroso cuando no lo era. Estaba enojado porque mi madre me había preparado antojitos y me había preguntado por qué había "inventado esa historia sobre la visita del tío David". Pensé en todas las ocasiones en que mi padre era chido y amable con otros niños y no conmigo. Recordé todos los pícnics y las barbacoas en familia cuando mi padre actuaba como el cuate del tío David, como para hacer hincapié en lo mentiroso que pensaba que era yo.

Entre mi padre, mi madre y yo, había más que suficiente dolor, lágrimas y miedo para repartir. No podía manejar mis propias emociones, mucho menos las de él. Durante las primeras semanas simplemente pasé tiempo con él, pero estaba inconsolable, así que fui por la solución fácil y le pregunté si quería que le buscara algunas viejas. Era lo único que se me ocurrió. Algo que lo distrajera de la realidad. Pero no deseaba ver mujeres.

Me contaron que mi madre se había mudado a un departamento en Lincoln Heights con su madre. No lo sabía de seguro. No lo quería saber. Toda la familia, incluido yo, estaba furiosa con ella. Pero la separación no duró mucho. Mi papá, como yo, era inútil en la casa. Cocinar la comida, limpiar la casa, lavar la ropa, escribir los cheques, eran todas las cosas que hacíamos que otros hicieran por nosotros. Incluso en la prisión, yo tenía compañeros que me lavaban la ropa y limpiaban mi celda. Mi papá era igual, pero la prisionera era mi mamá. Ella le hacía todo. Y ella también lo necesitaba. Para sentir que tenía un propósito. Una identidad. Estaban tan chingados estando juntos, pero aún más estando separados, así que se volvieron a juntar. En cierto modo, lo tomé como otra traición.

Mi papá me llamó y dijo que quería que pasara a visitarlo. Creo que él sabía que yo estaba enojado por todo lo que había pasado todos esos años atrás y quería arreglar las cosas. Yo no tenía tantas ganas, pero fui y llevé a Diana para que pudiera conocerla.

Cuando mi madre se fue y yo visitaba a mi padre, la casa parecía neutral, como si fuera solo una casa. Con el regreso de mi madre, la casa se volvió a enfriar. Ella usaba la frialdad para ocultar sus secretos y controlar lo que la gente pensaba y sentía, e incluso con el secreto ya revelado, creo que aún quería controlar cómo reaccionaba la gente. Fui a la casa buscando hacer las paces. Mi madre preparó la cena; habíamos superado el dolor del pasado. Sabía que mi padre no iba a cambiar y mi madre tampoco, y acepté que eran quienes eran. Diana y yo pasamos allí la noche. No tuvimos relaciones en la casa de mis padres, pero estábamos bromeando en la habitación y supongo que nos estábamos riendo demasiado fuerte. Tener a Diana conmigo se sentía como una armadura que me protegía contra la ira y el dolor.

A la mañana siguiente, estábamos despiertos y tomando café en la cocina cuando mi madre dijo que quería hablar conmigo en privado. Pensé: *Tal vez este sea el momento. Va a admitir todos esos años de engaño. Por fin se va a disculpar.* Me llevó a un ladito del pasillo y dijo: "No me gusta el tipo de cosas que andas haciendo con esa mujer en mi casa. No lo toleraré en mi casa".

Mi decisión de hacer las paces con la situación se disolvió en un instante. Me había dejado llevar por su mierda demasiadas veces. Aquel día me quedé esperando afuera de la casa, pensando que ella y mi tío me iban a dar un regalo. El día que me hizo angú y me dio vuelta la historia. Y ahora, justo cuando pensé que iba a disculparse, me refregó su mamada moral en la cara solo por reírme con mi novia. La semilla de mi trato jodido con las mujeres aún se seguía envolviendo como una enredadera alrededor de mis tobillos. Las amaba, pero ¿cómo podía confiar en ellas?

La rabia instantánea siempre estaba ahí, latente, como una caja de Betty Crocker lista para mezclar. Y mi mamá solo tenía que agregarle el agua. Vi todo rojo. Lo juro por Dios, quería darle un golpe en la boca. Quería apuñalarla, no porque la odiara o por su aventura, que no me incumbía. Quería apuñalarla solo por decir eso. Pensé: *Todos esos años que pasaste doblada, dándosela al tío David, ¿y ahora te atreves a darme un sermón en el pasillo de la casa de mi padre sobre tonterías morales?* Me llevó a sentirme como el animal despiadado que alguna vez había sido.

No le respondí, pero ella sabía que había cruzado una raya importante con tanta fuerza que la había roto. Agarré a Diana y le dije: "Vámonos".

Capítulo 14

VIDA Y MUERTE

1981

Durante un tiempo, Diana y yo nos divertimos. Íbamos a reuniones y viajábamos juntos a convenciones de rehabilitación. Fuimos a Palm Springs y Lake Tahoe. La vida era buena, o debería haberlo sido. Pero era difícil lidiar conmigo. Y ella, a su manera, también era difícil. Empezamos a discutir y eso estropeó nuestra capacidad para trabajar bien juntos. Mi reacción fue distanciarme de ella. Como no vivíamos juntos, podía elegir con qué frecuencia la veía. Nuestra relación se reanudaba y se terminaba cada dos por tres, pero el Dr. Dorr había vendido el centro de recuperación de Gardner, por lo que Diana y yo ya no estábamos trabajando juntos cuando ella se enteró de que estaba embarazada.

Yo no sabía qué hacer, pero fue su elección y me dijo que iba a tener al bebé. Le dije que siempre cuidaría de ella y de nuestro hijo. De eso estaba seguro, pero no podía pensar más allá de eso. Tenía casi treinta y seis años, lo suficiente para tener un hijo, pero había vivido mucho tiempo sin ese tipo de responsabilidad y era egoísta.

A medida que avanzaba el embarazo, seguía viendo a Diana. Nos encontrábamos en un limbo extraño donde estábamos juntos pero no. Quería asegurarme de que ella estuviera bien y se sintiera apoyada. El futuro me pesaba. Estaba emocionado, asustado y completamente desorientado.

Una noche fui a casa de Diana y me quedé con ella en Hollywood. Era uno de los días en los que estábamos "reconciliados", pero la realidad de todo me estaba golpeando duro. Ver su vientre crecer y recibir la nueva información de que era un niño, me superó. Tal vez demasiado. No pude dormir esa noche. Me quedé ahí tumbado y nervioso hasta que, en medio de la noche, sonó el teléfono. Era mi madre. Dijo que mi padre había tenido un accidente de auto grave y estaba en un hospital en Marina del Rey. Diana y yo despegamos hacia allá. Cuando llegamos, estaba en la unidad de cuidados intensivos. Según nos contaron, un chamaco que trabajaba como obrero con mi papá tenía un Mustang nuevo. Quizás estuvieron bebiendo y dejó que mi padre condujera. Estaban compitiendo con otro auto cuando mi papá perdió el control, chocó contra un poste telefónico y partió el auto en dos.

Milagrosamente, el chamaco se encontraba bien. Mi padre no. Durante semanas, mientras estuvo en terapia intensiva, le dieron medicamentos que alteraron sus niveles de glucosa y su diabetes se descontroló; los médicos iban a tener que quitarle un brazo y una pierna para salvarlo. En el hospital, no podía soportar mirar a mi madre a los ojos. Sentí que ella era la responsable.

En su cama de terapia intensiva, mi padre se veía pequeño y frágil. Me había parecido tan grande cuando yo era un chiquillo. Y al igual que su hermano menor, mi tío Gilbert, cuando se enojaba, parecía crecer hasta dos metros de altura. Pero desde que escuchó las cintas de mi madre en terapia, se había debilitado. Había perdido las ganas de vivir. Era un hombre destrozado. No era propio de él ser imprudente con otra persona en el auto, y sabía que no lastimaría a nadie deliberadamente, pero el choque se sintió como el final de una pendiente resbaladiza en la que había estado desde que se enteró de la infidelidad de mi madre.

La noche que me dijeron que iban a amputarle las extremidades, me fui al estacionamiento y le grité a Dios. Le dije: "Dios, hijo de la chingada, ¡o haces uno de tus milagros y sanas a mi papá o te lo llevas!

¡Llévatelo ahorita mismo! ¡Porque mi papá no va a querer vivir sin un brazo y una pierna!". Más que eso, sabía que no podría seguir viviendo sabiendo lo que pasó entre mi mamá y mi tío.

En ese momento, dos oficiales de la policía de Los Ángeles me iluminaron desde su patrulla y dijeron:

—¿Qué está haciendo?

—¿Qué chingados quieren? —les grité de vuelta. Esas eran palabras de pelea, pero creo que Dios me estaba cuidando porque apagaron las luces y se fueron. Me podrían haber disparado. Estaba esperando una bala. La mayoría de los policías desplegaban su ego al ser enfrentados de esa manera, pero creo que sabían que estaba pasando por algo difícil y tuvieron compasión.

A la mañana siguiente, a las seis, mi madre me llamó para decirme que mi padre había fallecido. Sabía que Dios me había escuchado.

Mis tías y yo nos encargamos de los arreglos para su funeral, pero aún había drama porque nadie de mi familia quería ver a mi madre ahí. Era todo un desmadre. Cargaba con tanta ira por esta mujer, pero sabía que tenía que asegurarme de estar para ella en su momento de necesidad porque, a pesar de su aventura, estaba destrozada. Me senté con ella. La abracé. Sabía que mis tías la iban a ignorar, así que me aseguré de que mis amigos estuvieran ahí apoyándola y haciendo que los amigos de ella se sintieran bienvenidos.

Un tiempo después del funeral, mi tío Gilbert y yo estábamos en casa de mi mamá ayudándola con algo de jardinería. Él acababa de salir de Folsom y estaba limpio por primera vez en años. Lo había convencido de que aceptara un trabajo con nosotros en Western Pacific Med Corp para mantenerlo camino a la recuperación. Por primera vez desde que lo conocí, Gilbert parecía realmente esperanzado. Yo deseaba que le fuera bien. No hablamos de eso, pero sabía que Little Gilbert estaba matando a gente como pandillero en el Valle y andaba desenfrenado. Yo estaba podando un árbol en el patio trasero cuando mi madre dijo: "¡No hagas nada con ese árbol!". Me pasé a un árbol nuevo, pero noté que había una rama grande muerta en el árbol que ella me dijo que no tocara, así que volví para cortarla. No me di cuenta, pero mi madre me había estado mirando fijamente por la ventana. Salió furiosa de la casa. "¡Te dije que no tocaras ese árbol! ¡Esta es mi casa ahora! ¡Esta es mi casa ahora!". Estaba gritando tan fuerte que casi no podía pronunciar las palabras.

Yo temblaba. Me transformé en un niño de siete años. Le dije: "La rama estaba muerta, mami". En ese instante, sentía que tenía dos lados míos compitiendo por ocupar espacio en el mismo cuerpo. El que sostenía la rama con mi mano izquierda era el niño aterrado; el que tenía la motosierra apagada en mi mano derecha era el adulto despiadado. Luego de abrazarla en el funeral, de asegurarme de que mis amigos estuvieran ahí para amortiguar las miradas mortales que estaba recibiendo de mis tías, las hermanas de mi padre, realmente no podía creer que me estuviera hablando así.

Cuando se fue, Gilbert dijo:

—La ibas a cortar con esa motosierra. ¿Sabes qué, Danny? Tienes que irte de aquí. Estás tratando de ayudarla, pero esa señora no te quiere aquí. La matarás.

Salimos por la entrada lateral y subimos al coche de Gilbert. Se dio la vuelta para dar marcha atrás hacia la calle y dijo:

—Pero si la llegas a matar, te ayudaré a enterrar el cuerpo.

Luego nos reímos. La risa siempre había sido nuestra forma de desahogarnos cuando las cosas se volvían demasiado locas.

Después de ese día, me negué a verla de nuevo. Lo peor fue que me dijeron que había comenzado a verse con David otra vez.

Diana y yo en teoría ya no éramos pareja, pero aún pasábamos tiempo juntos. Unas semanas antes de que diera a luz, la llevé a ver una película en Hollywood. Estaba estacionando el auto cuando un hombre se acercó corriendo a su ventanilla. Pensé que estaba por asaltarnos, así que salté del auto y le di un puñetazo en la boca, cortando mi mano en sus dientes. Era la misma mano que me había lastimado una vez en

Soledad cuando le di un puñetazo a un recluso. Se sabía que el tipo era un soplón y me había hecho una mueca por detrás de un grueso panel de vidrio con malla de alambre, cuando pasé por delante de la sala de seguridad en la que se encontraba. Le lancé una izquierda y se la clavé en la cara, y cuando retiré mi mano del cristal dentado, podía ver mis huesos a través del tajo.

Cuando golpeé a este hombre en Hollywood, agravé esa vieja herida en la mano y comencé a sangrar como un cerdo. Fui a un hospital donde me cosieron la herida. Me pareció extraño que pudieran arreglarlo tan rápido, y era demasiado bueno para ser verdad. Al día siguiente tenía un dolor increíble y mi brazo izquierdo se había hinchado como un globo hasta el hombro. Regresé al hospital. La boca humana es la segunda cosa más repugnante con la que te puedes cortar después de la boca de un dragón de Komodo. Estaba infectado y era malo. La noche anterior, simplemente me habían cosido la herida, encerrando así un montón de bacterias de la boca del tipo.

Cuando vieron cuánto se había hinchado mi brazo, me metieron a cuidados intensivos y me inyectaron mil antibióticos. No mejoraba, así que me trasladaron a Harbor-UCLA, un hospital especializado en enfermedades infecciosas. Me puse en manos de Dios. Una y otra vez me sometieron a anestesia para raspar el hueso con la esperanza de detener el crecimiento de la infección. Después de tres semanas de que eso no funcionara, un nuevo cirujano vino a verme. Cuando vio mis tatuajes, dijo:

—Espero que usted pueda salvar ese brazo; sería una pena perder ese tatuaje.

—Haga lo que pueda, Doc —le dije.

Cuando salí de la cirugía, no quería mirar mi brazo. Podía sentir algo allí, pero sabía que muchas personas que han perdido extremidades aún pueden sentirlas. No me atreví a mirar.

Gilbert y su amigo, un tipo llamado Fury, entraron en la habitación del hospital. Gilbert empezó a bromear conmigo sobre la pérdida de mi brazo izquierdo.

—No te preocupes, cuando regreses al penal, nos aseguraremos de que todos saquen a tu derecha en balonmano para que puedas seguir jugando. —Me estaba jodiendo. Él y Fury se echaron a reír; pensaron que era la cosa más graciosa. Fue entonces cuando supe que tenía mi brazo y que iba a estar bien.

El médico lo vendó con fuerza y le dije que tenía que irme. No querían que me fuera, pero acababa de recibir la noticia de que Diana había dado a luz a un niño, un hijo al que llamamos Danny. Aún tengo una foto con mi brazo vendado sosteniendo a Danny Boy en Cedars-Sinai. Yo era padre y no podría haber estado más feliz. En el instante que sostuve a Danny Boy por primera vez, me sentí como un papá. Sabía que tenía frente a mí la responsabilidad de mi vida. Tenía una razón para vivir, alguien cuya vida realmente dependía de mí. Es una mierda admitirlo, pero como Diana y yo no estábamos juntos, sentí que el momento habría sido aún más hermoso si Diana no hubiese estado en la habitación con nosotros. Sé que suena horrible, pero instintivamente supe que ese niño y yo teníamos nuestro propio viaje por delante, solo nosotros dos. No le temía al futuro. Me concentré en lo maravillosa que era la vida. Y Danny Boy me hizo sentir que ser padre era fácil. Dios no podría haberlo hecho más hermoso.

Papá visitándome en la casa de Burbank, justo antes de que me fuera a vivir con él, 1949. Me resistía a dejar a mis tías y a mis primas para mudarme con mi padre y mi madrastra.

Nuestro perro Hoppy y yo en el jardín delantero, 1951. Mi mamá tomó esta foto justo después de que mi tío David pasara a visitarla una tarde. Estaba intentando dibujar una sonrisa falsa porque sabía que había algo extraño en esa visita. *(Cortesía de Alice Trejo)*

Temple Street en Lincoln Heights con mi segunda pandilla de primas, 1947. Afortunadamente, de niño estuve rodeado de mucha energía femenina.

Joey Meyer y yo, justo después de un robo, a principios de los sesenta. Nos acabábamos de drogar con las ganancias del crimen y estábamos colocadísimos. No sabía si estaba robando para mantener mi adicción a las drogas o inyectándome droga para apoyar mi hábito de robo.

DE IZQUIERDA A DERECHA: Yo, Toni, Gilbert, Coke, Eddie y Mary Carmen. Fiesta familiar, bailando en la cocina, a principios de los cincuenta. En los días en que no era inusual vivir de quince a veinte en una casa.

Mi primera comunión, colocado con mota, mirando el crucifijo, a principios de los cincuenta. Me sentí profundamente indigno de recibir la eucaristía, pero no iba a cabrear a mis abuelos y padres por no seguir adelante con el ritual.

Mi madre biológica, Dolores Rivera King. Hasta que fui adulto, nunca supe por qué no había estado en mi vida desde que tenía tres años.

Retrato de mi papá, antes de que yo naciera, a principios de los cuarenta. Dionisio era tan guapo como una estrella de cine.

Papá en Burbank cuando yo tenía cinco años, 1949. Mi padre pasó muy poco tiempo conmigo cuando yo era un niño, pero siempre me emocionaba cuando venía de visita.

Papá y Alice en una versión mexicano-estadounidense de *American Gothic*, a finales de los cuarenta y principios de los cincuenta.

Fue a través del boxeo en San Quentin, Soledad y otras prisiones donde probé por primera vez lo que se siente ser una celebridad, 1966. Me habría convertido en un profesional al salir si California no hubiera negado las licencias de boxeo a los delincuentes condenados.

Los perros siempre han sido mis mejores y constantes compañeros de vida. Aquí estoy con Hoppy en casa de mi abuela, a principios de los cincuenta.

Mi padre y Alice en Pop's Willow Lake, donde solían hacer concursos de belleza y todo tipo de cosas, a principios de los cincuenta. Realmente amaba la vida en los años cincuenta en Estados Unidos.

Mi padre después de que destrozó su auto, 1949. Además de la construcción, mi padre trabajaba en talleres de reparación de automóviles, por lo que le habría resultado fácil repararlo.

El día más importante en la vida de un joven católico mexicano: el sacramento de la Primera Comunión, 1951. Aquí estoy con Betty (*izquierda*) y Emma (*derecha*) en su gran día. Tuve que drogarme para lidiar con mi Primera Comunión el año siguiente.

Mi padre y Alice en los primeros días de su noviazgo, a principios de los cuarenta. Era un padre soltero que buscaba una mujer que lo ayudara a cuidarme.

DE IZQUIERDA A DERECHA: Yo, papá, Edwina, Betty, Emma y las muchachas del vecindario, 1954. Mi padre siempre parecía cobrar vida con otros niños, pero no conmigo.

Papá, yo y Alice en la casa de la mamá de Alice, a mediados de los cincuenta. Fíjate en lo que era "sonreír" para mi padre. ¡Era un gánster!

Yo sosteniendo la piñata para Alice en la casa de su hermana Mary, a mediados de los cincuenta. Alice cobraba vida con sus hermanas y su madre. Me tomaría años entenderla.

Cazando con mi papá, a principios de los cincuenta. Los Trejo éramos todos buenos con las armas desde temprana edad.

ATRÁS, DE IZQUIERDA A DERECHA: Tío Art, papá y tío Fred. ADELANTE, DE IZQUIERDA A DERECHA: Tío Rudy y tío Gilbert. Los hombres Trejo, a finales de los cuarenta. Mucho machismo en una sola toma.

Papá en sus días de *zoot suit*, 1948. Mi padre estaba en la 38th Street gang, la pandilla en el corazón del infame caso del asesinato de Sleepy Lagoon en el que se basó una película de Edward James Olmos llamada *Zoot Suit*.

Hoppy en un viaje de caza, a principios de los cincuenta. ¡Me encantaba vestir a mi perro!

Mi padre pescando en el muelle de Redondo Beach, a principios de los cincuenta. Su sueño era tener una camioneta con una caravana y pescar por toda la costa oeste.

Mi tío Gilbert a los dieciocho años, recién salido del campo de entrenamiento básico y listo para comenzar a entrenar como paracaidista, 1956. La mayoría de los hermanos de mi padre prestaron servicio en el ejército. Yo lo habría hecho, pero ya tenía demasiados antecedentes para que los marines me aceptaran. *(Cortesía de Gilbert Trejo)*

El estanque en el patio trasero de la casa de mis padres en Arleta, junto a un lugar donde cavé un escondite para ocultar dinero y armas, años sesenta. Cuando mi madre me dijo que mi padre quería instalar un nuevo sistema de rociadores cerca del estanque, le rogué desde la prisión que le dijera que no.

Visitando a Gilbert en Folsom con mi abuela, a principios de los setenta. Como exconvicto, no se suponía que me permitieran visitarlo, pero le caía bien al capitán y me dejó entrar.

Gilbert estaba muy en contacto con su herencia mexicana y yaqui, 1975. Mi abuela, su madre, siempre nos recordaba que descendíamos de guerreros indígenas.

Antes de que los funcionarios de la prisión retiraran las pesas de las prisiones de California, años ochenta. Aquí está Big Gilbert haciendo su entrenamiento diario.

Big Gilbert en Folsom a los mediados de los setenta. Mientras estuvo ahí, manejó las negociaciones entre los reclusos mexicanos y el equipo de producción, lo que le permitió a Michael Mann terminar de filmar *The Jericho Mile*, algo por lo que Mann quedó eternamente agradecido.

El hijo de Gilbert, Gilbert, cuando vivía conmigo y Joanne en Osborne, a mediados de los setenta.

Mi primo Little Gilbert en Youth Authority, poco después de sus días de Pop Warner y no mucho antes de cometer el crimen que lo pondría tras las rejas durante los siguientes treinta y ocho años de su vida, a mediados de los setenta.

Mi primera esposa, Laura. Ella me entregó los papeles de divorcio cuando estaba cumpliendo una condena en Youth Training School. Los usé para anotar los puntajes del dominó.

Mi madre, Alice, y mi segunda esposa, Debbie, en nuestra boda, 1971. Mi abogado más tarde dijo bromeando: "Danny, ya entendí. No puedes soportar estar casado, pero te encantan las bodas!". Debbie era un alma tan buena.

Debbie en nuestro departamento en el Valle, 1970. Estaba fuera del penal, pero aún andaba haciendo travesuras.

Al igual que mis dos primeras esposas, me enamoré de Joanne, mi tercera esposa, a primera vista, 1976. ¡Es fácil ver por qué!

Diana y yo en Palm Springs, a finales de los setenta. Trabajábamos juntos en el campo de la recuperación y viajábamos por toda California. Esta foto fue tomada justo antes de que Diana descubriera que estaba embarazada de Danny Boy, nuestro hijo.

Mi hijo Danny Boy, 1981. Era absolutamente la cosa más hermosa que había visto en mi vida.

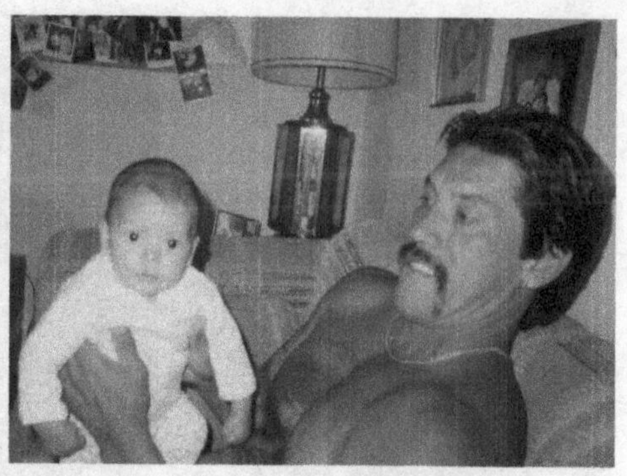

Este soy yo con mi hijo Gilbert, 1988. Esta es la foto que Gilbert me mostraría cuando me dirigió en *From a Son* para lograr en mí el estado emocional que necesitaba para trabajar en la película.

Recibiendo el Año Nuevo con Maeve cuando estaba embarazada de nuestra hija, Danielle, 1989.

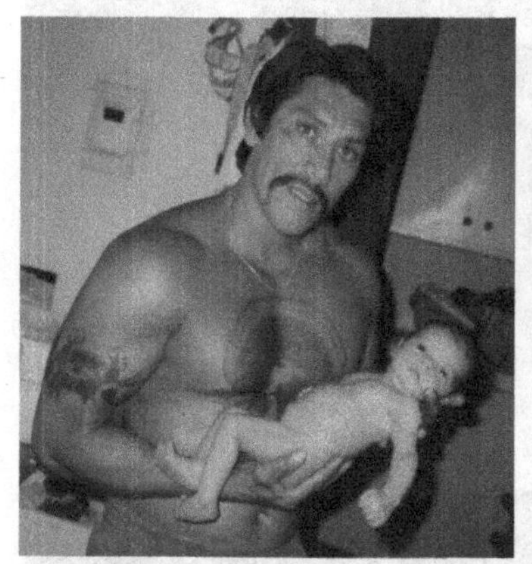

Con Gilbert cuando acababa de salir del hospital, 20 de marzo de 1988. Y no, ¡no vienen con manuales de instrucciones!

Con Danielle cuando Maeve y yo llevamos a los niños a visitar a su abuela en Arleta, 1990.

En un paseo familiar en bicicleta por la rambla de Venice, 1990. DE IZQUIERDA A DERECHA: Gilbert, yo, Maeve con Danielle y Danny Boy.

Yo y mis hombrecitos, Danny Boy (*izquierda*) y Gilbert (*derecha*), antes de que naciera Danielle, 1989.

El famoso retrato familiar, 1990. Se derramaron lágrimas antes, durante y después. Maeve siempre estaba haciendo todo lo posible para que hiciéramos cosas de familias "normales". *(Jimmy Forrest)*

Entrenar a los equipos de T-Ball de mis hijos ha sido de las experiencias más memorables de mi vida. ¡Eso es lo que hacen los hombres (y las mujeres) de verdad! Aquí estoy con Danny Boy, a principios de los noventa. *(Ronnie Brown)*

Poder trabajar con mi mejor amigo, Eddie Bunker, y las leyendas Robert De Niro, Val Kilmer, John Voight y Tom Sizemore en *Heat* es probablemente mi mejor recuerdo cinematográfico, 1994. Siempre estaré agradecido con Michael Mann por incluirme. Pero estoy seguro de que pensó: *¿Quién mejor para interpretar al ladrón armado?*

Eddie Bunker era mi mejor amigo y confidente y un hombre que me conocía desde los días que pasamos juntos en San Quentin. Sé que me cuida. Val Kilmer es uno de los actores con los que más amigo me hice en mi carrera y aún nos mantenemos en contacto, 1994.

Dios hizo que Eddie y yo estuviéramos en París al mismo tiempo, 1996. Caminando por la Ciudad de la Luz por la noche, tenía que orinar, así que lo hice debajo de un puente frente al Sena. Dije: "Oye, Eddie, ¿esta pared no te recuerda a Folsom?". Me dijo: "Mexicano, estás en París. ¿Puedes olvidarte de Folsom aunque sea un ratito?".

Mi hijo Gilbert dirigiéndome en su debut cinematográfico, *From a Son*, 2018. El trabajo que hice en esta película es el que más orgulloso me ha hecho de todos mis trabajos como actor. Y como padre, no podría haber estado más orgulloso. *From a Son* se sintió como el cierre de un gran círculo y el paso de una antorcha artística de padre a hijo. *(Frank Ockenfels III)*

Donal y yo en la inauguración de su restaurante, La Vida, en Hollywood en 2010. ¡Un lugar cool que, lamentablemente, no duró mucho! *(Angela Weiss)*

Capítulo 15

LA PELEA CON GILBERT

1982

La sobriedad de Gilbert no duró mucho. Me enteré de que estaba consumiendo y conocía a mi tío. Si estaba consumiendo, significaba que estaba traficando. Me di cuenta de que la persona en Western Pacific que me lo contó odiaba ser el mensajero porque sabía lo cercanos que éramos, pero teníamos una política de cero tolerancia. Le había advertido a Gilbert que si consumía, no podría seguir trabajando en Western Pacific.

Lo encontré en la oficina de nuestra clínica en Reseda.

—Debes irte, carnal.

—¿Por qué?

—Estás usando.

La mente de Gilbert estaba totalmente dispersa.

—¡No, no estoy usando! ¿Y qué carajo te importa?

—Esto no puede pasar entre nuestros clientes. Tienes que irte.

Gilbert tenía una expresión alocada. De la nada se materializó un cuchillo en su mano. Fue así de reflexivo.

—¿Me vas a apuñalar, pendejo? ¿Me vas a apuñalar?

—Hijo de la chingada, me he estado metiendo droga al lado tuyo cuando estábamos levantando pesas.

—Vete a la chingada —le dije—. Te caeré encima tan pronto como hayas terminado de apuñalarme, y cuando hayas terminado, puedes ir a apuñalar la tumba de mi abuela, tu mamá, pinche culero, y luego la de mi papá, tu hermano.

Gilbert miró su mano como si estuviera haciendo algo de lo que su cabeza no era consciente. Levantó el cuchillo como si su presencia lo sorprendiera.

—¡No iba a apuñalarte, Danny! Fue una reacción. ¡Fue una reacción!

Nunca había visto a Gilbert tan herido. Lo agarré y lo abracé.

—Te amo, Gilbert. Si necesitas ayuda, podemos ayudarte. Deja que te ayude.

Ni siquiera podía mirarme a los ojos.

—Tengo que irme, Danny. Tengo que irme.

—Gilbert, quédate —le rogué—. Te podemos ayudar.

Gilbert fue y sigue siendo el único héroe real que he tenido. Con su magnetismo, podría haber hecho cualquier cosa, podría haber sido lo que quisiera. A veces pienso que si no me hubiera tomado bajo su ala cuando era joven, me podría haber desmoronado en una bola de soledad y depresión y me habría suicidado con drogas.

Sin importar lo que estuviera haciendo, Gilbert siempre tenía tiempo para mí, y el regalo de su tiempo y atención era algo que necesitaba tanto como el agua. Gilbert me hizo sentir que podíamos derrotar cualquier cosa en nuestro camino, siempre que nos tuviéramos el uno al otro. Cuando estuve en problemas en Folsom y me mandaron al calabozo, me dijo: "Danny, pueden golpearnos con puños y palos, pero no nos pueden comer". Lo que dijo tenía mucho sentido. Podíamos estar mal, pero nunca terminados.

Amaba tanto a Gilbert, que quería que tuviera otra oportunidad en la vida, y sabía que era posible. Hubiera dado cualquier cosa por haber podido ayudar a Gilbert en ese momento, al igual que había ayudado a tantos otros adictos. La cuestión era si él podía aceptarlo. Resulta que no pudo.

—Me tengo que ir.

Gilbert estaba tan avergonzado que no pudo aceptar ayuda. Era como si creyera en su corazón que era una causa perdida, como cuando un médico te dice que eres terminal. Cuando sientes que Dios mismo piensa que eres una causa perdida, no puedes obtener ayuda. Gilbert había hecho las paces con la idea de que estaba más allá de cualquier ayuda, aunque estaba equivocado.

Después de que se fue, fui al baño y respiré hondo. No sabía si iba a llorar, gritar o cagarme en los pantalones. Nunca en mi vida me había sentido así. Nunca me había enfrentado a Gilbert. Desde que era pequeño, él había sido mi estrella del norte. Ya fuera que estuviéramos boxeando o pescando o fumando mota, rara vez nos separamos cuando era un chamaco. Yo era un niño que necesitaba una figura masculina en mi vida y Gilbert había sido eso para mí.

Ahora estaba descontrolado. Nos habíamos apoyado durante tanto tiempo, pero esta vez se encontraba solo. El camino en el que estábamos se había dividido. Todavía lo amaba mucho, pero era impotente ante su adicción. Durante la siguiente semana, Gilbert cometió el crimen que lo regresó a Folsom.

Capítulo 16

DANNY BOY

1983

Diana era una madre atenta y mantuvo un buen hogar. Seguía viviendo en el departamento en Gardner. Le encantaba cambiar pañales y ser mamá. Limpiaba la ropa de Danny Boy y esterilizaba sus biberones. Danny Boy era un bebé hermoso, un muñeco. Yo pensaba que era el niño más lindo del mundo. Quizás Dios los hace así de amorosos y cariñosos, especialmente cuando crecen en entornos volátiles, para ayudarlos a sobrevivir. Pero el viejo yo, el que cuestionaba todo, el yo que absolutamente no podía ser un "hombre que se quedaba", mantuvo sus opciones abiertas y me quedé viviendo solo en el departamento de Venice. Iba y venía como se me daba la gana. Siempre tenía mi salida de escape —ya no era heroína, pero podía llevar una doble vida—. Podía ser un hombre de familia y un soltero que perseguía muchachas al mismo tiempo. Pensaba: *Siempre que colabores con dinero, serás padre.*

Después de su licencia de maternidad, Diana regresó a trabajar en un nuevo empleo. Yo estaba ocupado abriendo nuevos centros para Western Pacific Med Corp y dirigiendo casas de vida sobria en el Valle. Mientras trabajábamos durante el día, Danny Boy se quedaba con una señora blanca mayor a la que llamábamos "Nanny", que vivía en el departamento de arriba de Diana. Nanny había perdido a su marido y sus hijos eran mayores, así que estaba agradecida con la oportunidad de cuidar a Danny Boy.

El siguiente año me la pasé luchando de manera continua contra mis inseguridades. ¿Por qué era que cada vez que vivía con una mujer, me sentía atrapado y me carcomían los pensamientos como: *¿Qué me estaré perdiendo? ¿Qué habrá allá afuera?*

Hubo momentos con Diana en los que pensé: *Puedo hacer esto. Puedo hacer una vida con esta mujer y tener una pequeña familia.* Pero me gustaba demasiado mi libertad. Y era egoísta. Tenía lo mejor de ambos mundos: mi pequeña familia... y mi departamento de soltero en la playa.

La vida forzó mi mano. Diana se había mudado a un departamento en Los Feliz para estar más cerca del trabajo. Fui una noche a visitar a Danny Boy y vi drogas en la mesa de centro y su conexión sentado en el sofá. Había tenido un mal presentimiento durante semanas. Cuando vi la parafernalia para drogarse —agujas y una cuchara— perdí la cabeza.

Agarré su conexión, lo jalé al balcón por el cuello y lo sostuve por encima de la barandilla. Mi sobriedad es probablemente lo que me dio los dos segundos extra para tomar la decisión que me salvó de cometer lo que habría sido un terrible error.

—Si alguna vez te vuelvo a ver por aquí —le dije—, te mataré.

Entré al departamento y agarré a Danny Boy. Diana estaba llorando.

—Si alguna vez vuelves a acercarte a este niño —le dije a ella—, te mataré.

En ese momento, lo dije en serio, pero no me di cuenta de que eso era exactamente lo mismo que mi padre le había dicho a mi madre biológica cuando me alejó de ella. Luego salí con Danny Boy por la puerta. Durmió durante todo el episodio. Lo puse en el asiento trasero de mi Oldsmobile Cutlass Supreme 1976 y conduje por Hollywood. Era tarde y no sabía qué hacer. Lo que más me preocupaba era que era una noche de semana y tenía que ir a trabajar temprano a la mañana siguiente. Había tenido a Danny Boy en mi departamento antes, pero eso había sido durante los fines de semana, e incluso en esas ocasiones, tenía viejas ahí que me ayudaban a cuidarlo.

Era joven, era inmaduro. De una manera extraña, era algo prepotente. Veía la crianza de los niños desde la perspectiva de un convicto —tómalo como viene, sobrevive otro día—, no como un adulto completamente formado y cariñoso.

Estaba tratando de pensar en una reunión "nocturna" en la que pudiera encontrar mujeres que conociera que estuvieran dispuestas a cuidarlo. Conduje por Santa Monica Boulevard, pero los grupos de personas que normalmente se quedaban en la banqueta después de la reunión de medianoche en Hollywood ya se habían ido. Me dirigí hacia el oeste por Ohio Street, pero el estacionamiento de la iglesia estaba vacío. Empecé a buscar prostitutas. Conocía a la mayoría de la gente en las calles y había algunas prostitutas en quienes confiaba, que conocí a través de la rehabilitación, y les podía pagar para que cuidaran a Danny Boy, pero no reconocí las caras de ninguna de las mujeres en el IHOP de Sunset Boulevard. Me dirigí hacia el este y me detuve en la banqueta de Formosa al lado del local de estriptís Seventh Veil, pero las luces estaban apagadas. Me estaba entrando la desesperación. Necesitaba la ayuda de la aldea de mis amigos de la rehabilitación, pero no pude encontrar a ninguno. Le eché una mirada a este niño envuelto en una manta en el asiento trasero de mi auto y casi perdí la cabeza. Me sentí tan abrumado. Ahí fue cuando me acordé de Nanny.

Ella abrió la puerta en su muumuu. Tan pronto como Nanny vio a Danny Boy, exclamó: "¡Mi bebé! ¡Mi bebé!". Le dije a Nanny que Diana estaba consumiendo.

—Lo sé —me contestó—. Vi algunas cosas que me asustaron.

—Mire, solo necesito asentarme. No sé bien cuánto tiempo me tomará encontrar una solución, pero no sabía a dónde más acudir. Tengo que trabajar mañana y no sé qué hacer.

Ella estaba tan emocionada.

—Déjalo conmigo. Cuidaré de él todo el tiempo que sea necesario. Amo a mi bebé.

Danny Boy se despertó. Vio a Nanny y dijo:

—Quiero mac con queso, mac con queso, Nanny.

—Entren. —Nanny se fue de inmediato a la cocina y comenzó a preparar macarrones con queso caseros para Danny Boy. Nanny nunca los hacía de la caja. Ella era una santa. Le dije que volvería por la mañana.

—Estamos bien. Yo me encargo de él. Es mi bebé.

Manejé todo el camino de regreso a Venice agradeciendo a Dios por poner a Nanny en mi vida.

Diana terminó en prisión por delitos relacionados con drogas, pero Nanny y yo nos arreglamos. Como muchas parejas divorciadas de la época, me convertí en padre de fin de semana, trabajando toda la semana y llevando a Danny Boy a Venice los fines de semana para pasar el rato conmigo y mi amigo George Perry. George era un viejo proxeneta de San Francisco con el que me había conectado en una reunión en CRI-Help. George se convertiría en uno de los amigos más importantes de mi vida. Había estado en San Quentin en 1935, el primero de sus seis períodos allí. No necesitábamos de la charla trivial. Estábamos en la misma onda. Él me entendía. Necesitaba un amigo como George durante esos años. Los fines de semana, Danny Boy, George y yo éramos nuestro propio núcleo familiar.

Danny Boy era mi compañero de playa. Era graciosísimo. Veíamos mujeres en la playa y él decía: "Solo somos mi papá y yo. Mi mamá se fue", e inmediatamente se derretían como mantequilla en una sartén caliente.

George quedó asombrado.

—¿Le enseñaste a ligar chicas, Danny?

—No.

—Es brillante.

Dios había arreglado las cosas. Pude mantener a flote a Nanny a nivel económico, y ella me mantuvo a flote con mi hijo. Fue una gran influencia para Danny Boy. Una vez, él acababa de venir de su casa y cuando llegó a mi departamento dijo: "Papá, necesito una tarea. Necesito hacer una tarea". Le hice recoger algunos papeles, solo algo que hacer, y le di un billete de diez dólares. Cuando George y yo lo llevamos de regreso a casa de Nanny a la noche siguiente, Danny Boy metió el billete de diez dólares en el bolsillo del muumuu de Nanny. Cuando George vio eso, casi lloró. George era un exconvicto frío como el hielo, y ese gesto de bondad y generosidad derritió su corazón.

Dentro de todo, mi vida estaba equilibrada. Mi trabajo en los centros de rehabilitación era constante y me estaba yendo bien; me convertí en una figura fija en Muscle Beach; y me ofrecieron un trabajo como supervisor de mi complejo de departamentos, por lo que tenía alquiler gratuito. (Los propietarios tenían problemas con la gente que no pagaba el alquiler a tiempo y sabían que si era yo quien tocaba a las puertas, eso no sería un problema). Los fines de semana, George y yo llevábamos a Danny Boy a la playa. Tenía una especie de motocicleta de tres ruedas que funcionaba con baterías. Caminábamos con él entre nosotros, y había un juego que le gustaba jugar. Se detenía y con un suspiro exagerado y exhausto decía: "Llanta pinchada". Luego hacíamos de cuenta que lo ayudábamos a cambiar el neumático. Una cuadra más adelante pasaba lo mismo. Un domingo al atardecer, con el cielo hecho una franja de color naranja sangre en el horizonte, Danny Boy se detuvo por millonésima vez y suspiró como un anciano.

—¿Otra llanta pinchada? —preguntó George, y se inclinó a su lado. Los vi fingir que cambiaban el neumático. Esos días podrían haber durado una eternidad.

Tercera parte

RECLUSO #1

Capítulo 17

RUNAWAY TRAIN

1985

Había un chamaco guapo y tatuado en una reunión, que mencionó que había estado haciendo trabajos como extra en cine y televisión. Me intrigó. Dijo que había un agente llamado Sid Levin que se especializaba en tipos "de aspecto duro" como nosotros, y les daban trabajo. Le pagaban cincuenta dólares al día solo por estar de fondo en las filmaciones. La idea me atrajo. Estaba en la clínica de metadona y le mencioné lo que estaba pensando al Dr. Dorr. Se le iluminó la cara. "Eso es genial, Danny. Apuesto a que, si tu cara saliera al aire, serviría como un gran anuncio para el trabajo que estamos haciendo".

Acepté algunas chambas como extra, y me pagaron cincuenta dólares al día. Cincuenta dólares no parecen mucho, pero en ese momento ese dinero adicional realmente ayudó a mantenernos a flote a Nanny y a mí. Aún mejor, descubrí que los sets de filmación eran buenos lugares para encontrar clientes para nuestras clínicas. En ese entonces, la cocaína estaba en todas partes, en las oficinas de producción y en los camiones de utilería. Estaba viendo a mucha gente en muchos problemas. Sabía que mi mensaje de sobriedad podría ser útil.

En una de mis primeras chambas como extra, me eligieron como recluso (sorpresa) en un programa de televisión. Las otras personas de fondo y yo estábamos en una carpa esperando a que nos llamaran al set. Algunos de los tipos se estaban quejando de la calidad del bistec en el almuerzo. Estábamos literalmente sentados al lado de una mesa llamada "catering": la comida que el equipo de producción proporciona al elenco y al equipo de grabación y que está disponible durante todo el tiempo que se esté filmando. La mesa estaba repleta de todo tipo de comida imaginable.

No lo podía creer. Yo estaba sentado ahí pensando en lo maravilloso que era estar en un trabajo que me pagara solo por pasar el rato, donde los jefes nos daban de comer gratis y este tipo se andaba quejando de su filete.

—¿Qué otro trabajo te alimenta tres veces al día y te da una mesa llena de comida para cuando tienes hambre? Estás haciendo de convicto, pendejo. Cómete una torta de mortadela —le dije.

Aproximadamente un mes después, estaba en casa y sonó mi teléfono. Era tarde, cerca de la medianoche, y consideré no responder, pero recordé a Jhonnie Harris diciéndome lo que tenía que hacer cada vez que la mano de alguien buscaba ayuda. "Tienes que estar ahí, no para ellos", me dijo Jhonnie. "Para ti. Esto te ayuda".

Contesté y era un chamaco que me había escuchado hablar en una reunión sobre cómo limpiarse. Ni siquiera pude ponerle cara a su nombre, le había dado mi número de teléfono a tanta gente. Me di cuenta de que era joven, tal vez tendría unos diecinueve años. Dijo que estaba en el trabajo, que había una tonelada de cocaína a su alrededor y que tenía miedo de consumir. Anoté la dirección. Asumí que sería solo un depósito donde este niño y yo nos sentaríamos en mi camioneta, tomaríamos café, fumaríamos cigarrillos y hablaríamos mierda. Acepté ir a ayudarlo para que tuviera otras veinticuatro horas en su haber.

Cuando llegué a la dirección, había camiones, luces y gente por todas partes. Era un rodaje de película. Me había acercado a lo que resultó ser el set de la película *Runaway Train*.

Estaba buscando al chamaco cuando un asistente de dirección se acercó y me preguntó qué estaba haciendo. Por mi experiencia como extra, sabía que probablemente estaba listo para decirme de todo por no estar donde se suponía que debía estar. Pero cuando le dije: "Solo estoy buscando a un amigo", me miró de arriba abajo.

—Tienes un buen *look* —me dijo—. ¿Quieres ser un extra?

Sabía de lo que estaba hablando, pero me hice el que no sabía.

—¿Un extra de qué?

Me dijo que estaban haciendo una escena de prisión y que podrían usar gente de fondo que parecieran convictos.

—¿Puedes hacer de convicto?

Pensé en Soledad, Folsom, San Quentin.

—Sí, lo intentaré.

El hombre me dijo que la chamba pagaría ochenta dólares en efectivo. Ochenta dólares eran treinta más de lo que había ganado por hacer los otros trabajos de fondo. El tipo agarró a una señora de vestuario que repartía uniformes azules de prisión y me dijo que me cambiara. Empecé a quitarme la camisa cuando escuché a un hombre gritar. "¡Jimmy Peña!" desde el otro lado del set. Me había confundido con mi amigo, el que me había conseguido el trabajo en el N.P.P. Miré hacia arriba y vi a un hombre blanco mayor corriendo hacia mí. A mitad del set, el hombre se dio cuenta de que se había equivocado de persona.

—¡Danny Trejo! —dijo.

Habían pasado casi dos décadas desde que lo había visto, pero reconocí a Eddie Bunker de inmediato. Años más tarde, cuando los amigos de mi hijo Gilbert conocieron a Eddie por primera vez, él simplemente se encontraba sentado en silencio, pero su rostro era lo suficientemente malo como para sacarles la mierda a todos de un susto.

Aquí, era todo sonrisas.

—Danny, te vi ganar el título de peso ligero en San Quentin.

—¿Eddie Bunker? ¡A poco! ¿Qué andas haciendo aquí?

Eddie era un criminal de carrera y famoso en Los Ángeles. De hecho, lo había conocido décadas antes. En el Valle, en 1962, nos vendió a mi tío Gilbert y a mí los planes para hacer un atraco en un juego de póquer de gran valor, una escena que luego se retrató en la película de Dustin Hoffman *Straight Time* —una película basada en el libro de Eddie: *No Beast So Fierce*—. En aquellos tiempos, antes de darse cuenta de que podía ganar más dinero haciendo ficción de sus ideas para crímenes, Eddie vendía planes detallados para robos.

Eddie había sido un chamaquito con problemas que creció en hogares estatales y centros de detención juvenil, pero se lo conocía desde siempre por su intelecto brillante. Su apodo en prisión era "The Brain" (El Cerebro). Al llegar, Eddie era el preso más joven de San Quentin, pero obtuvo una puntuación tan alta en una prueba de aptitud que le ofrecieron el trabajo de secretario del capitán, el puesto más poderoso de la prisión. Mientras el alcaide se ocupaba de los grandes temas políticos, el capitán se ocupaba del día a día de la gestión de una prisión y su secretario era quien le ponía delante todas las solicitudes para que las firmara. Había miles de solicitudes que un secretario tenía que conseguir que el capitán firmara —para los prisioneros que tenían que ser trasladados a diferentes celdas y los guardias que tenían diferentes turnos—. Si no te gustaba un guardia, Eddie podía moverlo. Si alguien quería a una persona en particular en su celda, Eddie también podía lograrlo. A veces se hacía para estar cerca de un amigo, a veces se hacía para estar cerca de un enemigo, a veces para tener un amante.

Pero lo que hizo a Eddie más famoso en el penal fue su habilidad para escribir órdenes judiciales. Había un gran traficante de drogas de Los Ángeles en Folsom llamado Denis Kanos al que habían arrestado. Su caso fue confirmado, lo que significa que no quedaron apelaciones. Eddie, que estaba causando un gran revuelo en Folsom en ese momento, miró el expediente de su caso y dijo: "Denis, creo que tienes al menos tres órdenes judiciales aquí".

El tema con las órdenes judiciales es que tenían que estar escritas perfectamente en jerga legal sin errores gramaticales u ortográficos. Eddie tenía ese don. Hizo que se anulara el caso de Denis y, después de eso, todos le empezaron a pagar para que escribiera las órdenes de sus apelaciones. Eddie no era racialmente político cuando se trataba de órdenes judiciales. Si tenías el pan, él trabajaría en tu caso. Así es como Eddie llegó a tener una relación tan estrecha con las personas que mandaban en la Black Guerrilla Family, la Aryan Brotherhood y la Mexican Mafia.

Cuando Eddie llegó a San Quentin, era tan joven que lo alojaron en el North Block, más seguro, donde podían vigilarlo más de cerca. Estaba al lado del corredor de la muerte, y compartía ventilación con Caryl Chessman, un asesino que era una celebridad entre el círculo literario. Periodistas extranjeros y escritores famosos lo visitaban todo el tiempo. Caryl y Eddie entablaron una amistad a través del conducto de ventilación, y Caryl le dijo a Eddie que debería ser un escritor. Una estrella del cine mudo llamada Louise Fazenda, que estaba casada con el productor Hal Wallis, conoció a Eddie cuando se ofreció como voluntaria en una de las casas de niños en la que vivía Eddie y le cayó bien. Ella lo animó a seguir estudiando y hasta le compró la máquina de escribir con la que él escribió sus primeros libros.

En ese momento Eddie me dijo:

—Escribí esta película. Es decir, adapté el guion. ¿Qué haces aquí?

—Vine a ayudar a un chamaco, pero no lo encuentro.

—¿Sigues boxeando?

—Estoy entrenando, no boxeo profesionalmente. Pero estoy en forma.

—Te pregunto si todavía boxeas porque hay una escena en la película donde Eric Roberts pelea con otro recluso. El director, Andrei Konchalovsky, necesita a alguien que entrene a Eric. Le vendría bien la ayuda. Te pagarían trescientos veinte dólares al día.

Eso me sonó buenísimo.

—Eddie, ¿cuánto necesitas que golpeé a este tipo? —le pregunté.

—No necesito que le pegues, Danny. Necesitamos que lo entrenes.

Eddie me hizo golpear una bolsa pesada para mostrarle a Andrei lo que podía hacer. Cuando sabes darle a un saco pesado, suena como si se dispararan cañones. Me aseguré de hacer temblar a esa cosa. Me di cuenta de que Andrei se puso a pensar.

Levantó los dedos, como hacen los directores con las manos para imitar un fotograma de una película, y me miró fijamente. Bromeé con Eddie:

—Esa es la seña de pandillas más ridícula que he visto.

Pero la mente de Andrei estaba a todo dar.

—Contraste —dijo—. ¡Contraste!

No lo sabía en ese momento, pero Andrei ya había contratado a un actor para interpretar al convicto que pelea contra Eric en la escena de boxeo en la cárcel. El tipo era alto, delgado y bonito, como Eric. Andrei se dio cuenta de que el emparejamiento no iba a funcionar.

Andrei tomó mi cara entre sus manos y me dio un beso en ambas mejillas.

—Te quiero en la película. Quiero que boxees con Eric Roberts en escena. ¡Contraste! Te ves así y Eric se ve diferente. ¡El contraste hace películas! ¡Sé mi amigo! Estarás en la película.

Ante eso, se marchó.

—¡Felicitaciones! —dijo Eddie—. Acabas de atrapar un rayo en una botella. La chamba es tuya.

—Oye, Eddie, "amigo" no significa lo mismo que en el penal, ¿verdad? —le dije bromeando.

Se rio.

—Órale, por trescientos veinte dólares, Eric puede golpearme con un palo. Pero si ese viejo me va a besar, tendré que cobrar mucho más dinero.

Eddie dijo que Andrei era un aristócrata ruso y así era como se expresaban en Europa. Fuimos por un café y noté que la conducta de Eddie cambió, como si estuviera luchando con algo.

—Eddie, ¿qué chingados te pasa?

—Nada.

—¿De qué chingados estás hablando? ¿Crees que nací ayer?

Eddie bajó la voz como si estuviéramos de vuelta en el patio principal.

—Danny —me dijo—, se suponía que solo estaría aquí una semana. Tengo programado regresar a Nueva York mañana, pero extendieron mi viaje por otras dos semanas. —Hizo una pausa y luego admitió—: Estoy tomando metadona, carnal, y solo tenía las dosis necesarias para pasar el día.

—Eddie, ¿sabes con quién estás hablando? Dirijo una serie de clínicas de metadona. Puedo ayudarte.

No sé si Eddie pensó que estaba bromeando o qué. Se enfadó conmigo.

—No me jodas, Danny. Esta mierda es en serio. —Estaba entrando en pánico.

—No te estoy jodiendo. Tengo una serie de clínicas aquí con un cuate llamado Dr. Dorr. Dime dónde te estás quedando y mañana por la mañana te recogeré a las cinco y media y te llevaré a Western Pacific Med Corp en Glendale. Te conseguiremos una transferencia temporal.

—¿De verdad? ¡Mejor que no me estés jodiendo, mexicano!

A la mañana siguiente, encontré a Eddie parado en la banqueta frente a su hotel en Hollywood. A petición mía, un médico había llegado temprano a Western Pacific. Llamó a la clínica de Nueva York, verificó que Eddie estaba en el programa y transfirió su receta.

Dios estaba haciendo Su obra. Si no me hubiera presentado al set esa noche, Eddie habría vuelto a drogarse. Y si el equipo de producción hubiera enviado a Eddie de regreso a Nueva York como se suponía que debían hacerlo y yo no hubiera respondido a la llamada de ese chamaco, no tendría mi carrera.

Durante todo el tiempo que trabajé en *Runaway Train*, nunca vi a ese chamaco al que había ido a ayudar. Asumo que cedió a la tentación y empezó a consumir de nuevo.

Después de que llegamos al set, le dije a Eddie que llevara a Eric detrás del escenario, donde estaría golpeando un saco pesado. Quería que Eric estuviera de acuerdo con tenerme como entrenador, y sabía que, si me veía golpear una bolsa, eso lograría mucho más que una conversación. Tan pronto como Eric me vio dándole a esa bolsa, se volvió hacia Eddie y dijo: "Quiero aprender a hacer eso".

Cuando llegó el momento de filmar la escena de boxeo, el coordinador de especialistas me pidió que le explicara parte de la acción.

—Muéstrame un jab —me dijo. Lancé un par de golpes.

—Esos son hermosos, Danny. Rectos, afilados. Odiaría que me golpearan con uno de esos —me dijo—, pero la cámara no los captará. —Me explicó que había tenido problemas en el pasado trabajando con boxeadores profesionales. En las películas, uno debe realizar un circuito de golpes amplios para que la cámara los pueda leer. Hice lo que me dijo.

Nos dispusimos a filmar la escena e inmediatamente me llevó de vuelta a las peleas que tuve en prisión. Al igual que en San Quentin y Soledad cuando luché por el título, el lugar estaba repleto, todos gritaban y yo estaba listo. Cuando Andrei gritó, "Acción", fue como si el mundo entero se ralentizara. A pesar de que la escena era de dos hombres peleando y una gran multitud mirando, sentí que todo se trataba de mí. No importaba lo que hiciera Eric; yo sabía lo que tenía que hacer. Mientras estuviera controlando la acción, podría conseguir que Eric hiciera exactamente lo que Andrei quería. Si Eric tenía que dar un golpe con la izquierda y abrirse para la cámara, sabía exactamente cómo moverme para poner su cuerpo en la posición correcta. Me encantó toda la experiencia.

Entre tomas de la escena de la pelea, el asistente de dirección, el tipo que me había preguntado si podía interpretar a un convicto, se me acercó con mi foto profesional y la agitó.

—¡Danny! —dijo—. ¡Hoy tu agencia envió tu perfil para ser un extra!

Me reí.

—Supongo que tuve suerte al entrar al juego temprano.

—Seguro que sí. Te habría metido entre la multitud. Ahora estás ganándote dinero al nivel de SAG. —Parecía tan sorprendido por el curso de los acontecimientos como yo—. ¿Siempre podemos seguir pagándote ochenta dólares al día si quieres?

—No, estoy bien.

Se rio y me dio unas palmaditas en la espalda.

Las películas me habían salvado una vez y ahora estaba de veras en una. De regreso a Folsom, en 1966, me pusieron en confinamiento solitario. Cada vez que llegas a un penal nuevo, terminas primero en el calabozo o en manicomios como el pabellón B de San Quentin. Cuando llegué a Folsom, ni siquiera llegué al patio. Me encadenaron y me llevaron directo al foso del Edificio Cinco mientras esperaba la clasificación. No había un límite de tiempo para clasificarme. En San Quentin me consideraban una "conveniencia institucional", lo que significaba que les era un dolor de cabeza, metido en tantos negocios de contrabando y tonterías, que cualquier prisión de California podía hacer lo que quisiera conmigo y tomarse su tiempo. Folsom se parece al castillo de Drácula. Por eso se llama Castle de Dracula. Sus paredes fueron construidas con enormes losas de granito. En el verano, la temperatura sube a más de 110 grados Fahrenheit. En invierno, podrías morir de hipotermia. Si Folsom es conocido como la mazmorra, yo estaba en la mazmorra de la mazmorra. Todavía tengo pesadillas sobre el Edificio Cinco.

Estaba atrapado en una celda de tres metros de largo por dos de ancho con una puerta de hierro. Una hendidura de quince centímetros en la puerta era la única abertura al mundo. No tenía contacto con nadie más que con los guardias. Me pasaban la comida por la puerta dos veces al día. No era basura. Una cosa sobre Folsom, la comida es buena. Para no volverme loco, hacía flexiones, abdominales, tantas como podía, todos los días, y reproduje películas en mi mente. Las dos a las que volvía una y otra vez eran *El jorobado de Notre Dame* con Charles Laughton y *El mago de Oz*. Cada día recordaba un poco más de cada una. Busqué en mi mente para conectar las cosas que recordaba y sabía vagamente y había olvidado por completo. Fue increíble todo lo que podía recordar. Me emocionaba. Si lo has visto o escuchado, tu cerebro ha encontrado la manera de imprimirlo y guardarlo. Esos recuerdos me liberaron. Cada vez que los guardias gritaban, "¡Cállate, Trejo!", yo les contestaba: "¡Agua, ella me dio agua!", de *El jorobado*.

Reproducía la escena en la que Dorothy y el Hombre de Hojalata, el Espantapájaros y el León Cobarde cruzan el campo de amapolas. La primera vez que vi *El mago de Oz*, ese campo parecía extenderse por kilómetros y kilómetros. Hasta que trabajé en películas, no me di cuenta de que eso era una pintura. Entonces recordaba cuando vieron a la Ciudad Esmeralda por primera vez. Al actuarlo, pude ver sus hermosas agujas verde esmeralda brillando en la distancia. Como Dorothy, diría, "Ahí está la Ciudad Esmeralda. Es hermosa, ¿no? Debe ser un mago maravilloso para vivir en una ciudad como esa".

Actuar no era nuevo para mí. Había actuado para sobrevivir a mi infancia. Había actuado como si no estuviera asustado cuando estaba aterrorizado. Había actuado al robar locales. En Folsom, actué para mantener mi cordura. Tenía que moverme; tenía que hablar en voz alta; tenía que escuchar mi propia voz.

"¡Mira lo que has hecho! ¡Me estoy derritiendo, derritiendo!".

Los otros prisioneros se dieron cuenta de lo que estaba haciendo. Se corrió la voz y le llegó Joey Abausto —un hombre con el que había pasado tiempo en Sierra Jamestown, un hombre que me había entrenado como boxeador (era un gran boxeador, y un entrenador aún mejor)— que andaba gritando como un loco en aislamiento. Joey hizo circular una petición entre la población general de Folsom para que me liberaran del calabozo porque temía por mi salud mental.

Ahora que lo estaba haciendo por diversión, no solo para sobrevivir en aislamiento, me encantaba actuar, me encantaba la sensación. Como una nueva droga, estaba enganchado.

El primer cheque que recibí de *Runaway Train* fue tan grande que estaba seguro de que habían cometido un error. Le dije a Eddie que iba a ir al banco a depositarlo antes de que se dieran cuenta de su error. Me explicó que nos pagaban por las horas extras y las multas por comidas si no nos habían alimentado en seis horas. Era una locura. Era lo máximo que me habían pagado en mi vida. Yo quería llorar. Todavía no entendía el concepto de las multas por comidas. ¿Cómo podría haber una multa por comida cuando la mesa de catering era gratis para todos? Estaba en la mesa de catering haciendo tres tortas que quería llevar a casa para Danny Boy y para mí, cuando un asistente de producción me encontró y me dijo que estaba en multa de comida. Pensé que me estaba chingando por hacer tortas.

—Puedo devolverlas.

Ella se rio.

—No, Danny. Haz tantas como quieras. Solo te digo que vamos a incurrir en una multa por comida y que recibirás un aumento de sueldo.

El mundo de las películas se tornaba cada vez mejor.

Entre toma y toma una noche, estaba fumando un cigarrillo en el callejón, junto al depósito donde estábamos filmando, cuando vi a un chamaco acercarse en un Datsun destartalado. Sacó una maleta de la cajuela y entró. Lo seguí y observé mientras abría el cierre de la maleta y comenzaba a repartir fajos de dinero en efectivo a los actores, los dobles y el equipo de grabación. En los ochenta, los viáticos variaban enormemente según el trabajo que tuvieras. Estrellas como Jon Voight y Eric Roberts recibían grandes cantidades de dinero en efectivo. El criminal en mí estaba fascinado.

La semana siguiente, me aseguré de estar en el mismo lugar la misma noche. Y apareció el chamaco como un reloj. Eddie se me acercó y encendió un cigarrillo.

—¿Qué estás haciendo?

—Solo fumando un cigarrillo, como tú.

—¿Nada más?

—Eddie, ¿sabes cuánto efectivo lleva ese chavo en esa maleta? Está solo en un estacionamiento oscuro. Hombre, podría arrebatárselo sin problema.

—Es tentador —dijo—, pero Danny, con tu apariencia y quién eres, eso equivale a monedas. Vas a ganar mucho dinero en este negocio. Incluso si ese tipo tuviera sesenta mil dólares, eso es una miseria en comparación a lo que vas a ganar si no la cagas.

No podía creer que Eddie tuviera tanta fe en mí. Era súper exitoso. Lo que me dijo me ayudó a creer que podría triunfar en la industria del cine y, al hacerlo, podría difundir el mensaje de sobriedad en un mundo que necesitaba escucharlo a gritos.

Eddie apagó el cigarrillo, se volvió para entrar y se detuvo:

—Pero si planeas lanzarte hacia esa maleta, cuenta conmigo. —Luego largó su carcajada profunda y lenta.

Eddie Bunker. Hombre, era una leyenda.

* * *

Después de *Runaway Train*, quería seguir trabajando en el cine. Me gustaron esos cheques de horas extras. Éntrale con las multas por comida. El coordinador de dobles estaba tan satisfecho con la forma en que manejé la escena de la pelea que me contrató para su próximo trabajo. Sería un artista de fondo, pero recibiría pagos extra por hacer escenas de riesgo.

En mi tercera película, *Penitentiary III*, finalmente pude interpretar a un personaje que tenía un nombre. Yo era See Veer, un malo. El productor/director Jamaa Fanaka me dijo que podía trabajar como extra hasta que comenzaran mis escenas habladas.

George Perry estaba de visita de San José cuando comencé a trabajar en *Penitentiary III*. Se había peleado con su hija adolescente, Lisa, y necesitaba irse de la ciudad para tomar perspectiva. Iba a quedarse en Venice conmigo. El día que me llamó para decirme que vendría, vi a Jamaa Fanaka en la oficina de producción y le dije que tenía un amigo que había cumplido varias condenas y que podría interpretar a un convicto de la vieja guardia de manera perfecta. Quería que George tuviera una chamba al llegar a Los Ángeles.

Cuando fui a trabajar el primer día, traje a George porque sabía que ellos pensarían que era *cool*. George no era un proxeneta ni un traficante de drogas cuando lo conocí; se había casado y había dejado todo eso atrás. Pero aún tenía estilo de proxeneta. Como un verdadero padrote, sus uñas estaban impecables. Todo su comportamiento era el de una mujer bien vestida. Nunca podías apresurar a George para que se vistiera. Preparaba su atuendo y sus zapatos y se aseguraba de que todo funcionara en conjunto a un nivel que estaba más allá de mi comprensión.

Íbamos caminando desde el estacionamiento hasta el set cuando se detuvo un enorme Rolls-Royce azul. George lo vio y dijo en voz alta:

—¿Quién es el padrote?

—¡Jamaa, este es el tipo del que te estaba hablando!

Jamaa echó un vistazo a George en todas sus galas, sonrió y dijo:

—¡Te felicito, estás en la película!

George no lo escuchó.

—¿Qué dijo?

—Dijo que estás en la película, carnal.

George estaba tan emocionado. Ambos lo estábamos. Es fácil volverse apático, pero esto fue muy importante para mí y para George. Estaba tan lejos del mundo del que veníamos.

George y yo solíamos tomar café y fumar fuera del depósito donde estaba el set. Un día, una gran limusina negra se detuvo y salió un joven. Era italiano y vestía un elegante traje.

—¿Por qué creo que ustedes no pertenecen aquí?

—Porque es verdad.

Se rio. Resultó ser Anthony Gambino, el hijo del jefe del crimen. Había ido a ver a Leon Isaac Kennedy, la estrella de la película. Al parecer, Anthony había invertido en el proyecto. Le dijimos que lo acompañaríamos. Estábamos entrando por una puerta lateral cuando salió Leon. Saludó a Anthony, pero trató de evitar que George y yo entráramos. Anthony le gritó:

—¡Oye! ¡Trabajan para mí!

No sé si estaba bromeando o simplemente tratando de ser *cool*, pero después de eso, Leon y todos los demás nos tenían un miedo atroz a George y a mí.

Nos pagaban en efectivo al final de cada día. Ganábamos ciento veinte dólares al día, pero siempre hacíamos horas extras, así que teníamos pilas de dinero en efectivo. Por lo general, terminábamos de rodar a las dos o tres de la mañana, y luego manejábamos de regreso a Venice. Después de un día particularmente largo, George se andaba retorciendo en el asiento del pasajero, jodiendo con sus zapatos. Parecía perplejo.

—¿Estás bien, George? —le pregunté.

Me miró con ojos salvajes y agitó un fajo de billetes en mi cara.

—Danny, voy a necesitar calcetines más grandes.

George todavía guardaba su dinero en los calcetines. Los hábitos callejeros tardan en morir.

* * *

Conocí a Maeve mientras filmábamos *Penitentiary III*. La vi por primera vez en una reunión y me dejó inconsciente. De hecho, fui con un tipo que estaba interesado en ella. En cuanto la vi, pensé: *A la mierda, la quiero para mí*. Me acerqué a ella y le dije:

—Llama a tu mamá y dile que te van a cuidar por el resto de tu vida.

Ella me miró como si estuviera loco.

Un amigo que le había dado un aventón la había dejado plantada, así que la llevé a su casa en la parte trasera de mi motocicleta. Cuando se estaba acomodando, dijo:

—No va a pasar nada, solo para que lo sepas.

Ella era nueva en la sobriedad. Yo respetaba eso, así que le di espacio. La verdad era que había dado el primer paso y luego volví a hacer de cuenta como si no me importara. Maeve me encontró después de una reunión una noche y me preguntó por qué me había alejado. Sentía que estaba lista para tener una relación. Lo tomamos con calma. Salimos en verdaderas citas. Nos enamoramos. Bueno, un amor belicoso.

¿Llama a tu mamá y dile que te van a cuidar por el resto de tu vida? Mi forma de pensar era un desmadre. No lo entendí en ese momento, pero le estaba ofreciendo convertirla en mi prisionera. Es lo que hacían los hombres de mi vida. Mi amigo DJ Bennett dijo: "Mi padre era un Boina Verde y mi madre era lo que fuera que él dijera que era".

Siempre estallo en carcajadas cuando escucho eso, pero la risa viene de un lugar oscuro. Es una declaración tan verdadera sobre el mundo en el que crecimos.

En ese momento, Maeve vivía con una compañera de piso y eso me gustaba. Nos estábamos enseriando, pero no tanto como para dejar mi departamento de soltero. Quizás dos semanas después de que Maeve y yo nos juntáramos, empezó a recoger a Danny Boy de casa de Nanny cada vez que venía a mi casa. No tenía licencia de conducir, pero aún podía conducir mejor que la mayoría de los conductores de camiones. Maeve sabía que Diana estaba en prisión y creía que Nanny estaba mimando y malcriando a Danny Boy. Eran detalles que me perdía, pero Maeve los notó de inmediato.

Una vez, Maeve le dijo a Danny Boy: "Ahora vamos a recoger tus juguetes antes de regresar a casa de Nanny".

Danny Boy se volvió hacia ella y le dijo: "Connie nunca me obliga a recoger mis juguetes". (Connie era la novia que tuve antes de Maeve).

Maeve le contestó: "Por eso ya no vas a ver a Connie".

Me gustó ver cómo Maeve cuidaba de Danny Boy. No pensé demasiado en el tipo de padre que quería ser, pero sabía bien qué tipo de padre no quería ser. Sabía que no quería condenar a mi hijo con mis chingados valores, en especial, la máxima machista de "una en la casa y tres en la calle". Sobre todo, no me importaba si mi hijo era el jefe de la Mexican Mafia o un senador estatal; quería que supiera que lo amaría pasara lo que pasara.

Mi estilo para criar hijos debe de haber influido en George. Al poco tiempo de terminar *Penitentiary III*, estaba caminando por la rambla de Venice con Danny Boy. George nos seguía, y cuando me volví para dejar que nos alcanzara, vi que estaba conmovido.

—¿Qué pasa, George? —le pregunté.

Dijo que había visto al pequeño Danny Boy meter los dedos en la presilla de mi cinturón y se le hizo un nudo en la garganta.

—Necesito volver a San José y arreglar las cosas con Lisa.

—Me alegra que mi asesoramiento te haya ayudado a resolver eso —le dije.

Nos reímos.

Capitulo 18

ADIÓS A OTRA VIDA

1986

Cuando comencé a trabajar en películas, no lo sabía, pero estaba entrando en otra vida. Pero mi tío Gilbert todavía se encontraba en mi vida anterior, interpretando esa línea de tiempo alternativa. Salió de la prisión, salió a la calle y se metió de nuevo a hacer lo que mejor sabía. Se encargaba de cobrar el dinero del mayor traficante de drogas del Valle. Si Gilbert aparecía en la puerta, la mayoría de la gente le pagaba de inmediato porque sabían que era un tipo serio. Si no podías pagar, él te embargaba el bote y los autos hasta que lo pudieras hacer.

En el peor de los casos, se tornaba oscuro. Gilbert nunca levantaba la voz. Si tienes que gritar, ya has perdido. En cambio, Gilbert llamaba a alguien que se había retrasado con su deuda y le decía: “Mañana quiero que llames a tu esposa y le digas que tal y tal, tu hijo mayor, murió. Después veremos cómo hacerlo, pero va a pasar. Decide qué tipo de accidente quieres que sea, porque no vas a querer tener que decirle a tu esposa que su hijo murió porque tú no pudiste pagar tu cuenta”.

Lo hacía con tanta calma y naturalidad que quienquiera que estuviera al otro lado del teléfono movería cielo y tierra para saldar sus deudas.

Pero Gilbert estaba en una caída en picada. Yo lo sabía. Vivía en Sylmar, pero viajaba en su Harley hasta Venice todas las noches para vernos a mí y a George cuando salíamos del trabajo. Nos esperaba en mi departamento con una pizza del local de la esquina.

Gilbert siempre llevaba encima un cuchillo, una espada y dos pistolas. Una noche me dijo que, aunque tenía trece mil dólares en efectivo en su haber, igual había robado una licorería por ochenta dólares de camino a mi casa. Era igual de adicto al pico de adrenalina que le producían los robos que a las drogas. Era una coyuntura que yo conocía bien. Al final de mis días en la calle, ya no sabía si estaba robando para apoyar mi hábito de drogas o consumiendo drogas para apoyar mi hábito de robar.

A Gilbert ya todo le valía una chingada, igual que como me había sentido yo cuando estaba huyendo con Dennis, como se había sentido mi papá cuando se puso a carretear con ese Mustang. Haces todo para empujar el límite hasta que te detiene un árbol, la policía o una bala.

Tuvimos una conversación sobre su venta de cocaína. Dijo que no era gran cosa.

—¿No es gran cosa? ¿Recuerdas a Chuey?

Chuey de Temple Street había sido nuestra conexión para la heroína cuando yo tenía catorce años. Unos años después, Chuey tenía algo nuevo para nosotros.

Gilbert me recogió temprano para ir a Temple Street. Cuando llegamos a su cuadra, vimos a toda la familia de Chuey en el porche delantero. Su vieja tenía la bata puesta y ruleros en el pelo. Los niños lloraban. Gilbert estacionó.

—¿Dónde está Chuey? —preguntó.

Ella señaló hacia adentro.

—Ay, Gilbert, se metió esa mierda.

—¿Qué mierda?

—¡Esa mierda!

Gilbert me miró y entramos en la casa. El lugar estaba destrozado. Había cacerolas en el piso de la cocina y platos rotos. Escuchamos ruidos extraños en la habitación trasera.

Las cortinas estaban corridas, pero a través del único rayo de luz que entraba por la ventana vimos que todo estaba esparcido por doquier. Chuey era un drogadicto y un traficante, pero era un hombre de familia. Su casa siempre había estado ordenada. Los vecinos de Chuey sabían lo que hacía, pero entendían que esa era su forma de mantener a su familia. A la familia de Chuey no le interesaba el drama; no eran ruidosos ni alocados. Nada de lo que estábamos presenciando tenía que ver con el Chuey que conocíamos. Lo escuchamos murmurar y cacarear por detrás de una sábana que colgaba sobre la puerta de un armario.

—Chuey, ¿estás ahí?

—¿Gilbert?

—Sí, soy yo, carnal.

La mano de un anciano retiró la sábana. Chuey estaba sin camisa, encorvado y con un machete en la mano. Empezó a agitarlo. Parecía haber envejecido veinte años desde la última vez que lo habíamos visto.

—¿Qué chingados está pasando? —preguntó Gilbert.

—La mierda. ¡Me metí esa mierda! —Chuey señaló un tocador con el machete.

—¿Qué mierda?

—¡Esa mierda!

Gilbert me dijo que abriera las cortinas un poquito.

—No, Gilbert. ¡No! Están ahí fuera.

—No hay nadie ahí fuera, Chuey. Solo un poco de luz, carnal, para que podamos hablar contigo.

Descorrí la cortina. He visto mucha mierda en mi vida, pero la transformación de Chuey fue impactante.

—¿Es esta la mierda de la que está hablando? —Señalé una gran pila arriba del tocador que parecía un hermoso trozo de nácar.

—Sí, esa es la mierda —dijo Gilbert.

—Tenemos que ayudarte, Chuey. Quizás empieza bebiendo un poco de agua.

Chuey dejó que Gilbert le quitara el machete y lo ayudara a levantarse. Mientras tanto, envolví el trozo de alabastro en una playera y lo guardé en el bolsillo de mi abrigo. La esposa de Chuey estaba fuera de sí.

—No es el mismo. No sé qué hacer, Gilbert.

—Ya volveremos. Vamos a intentar resolver esto.

La esposa nos dio nuestra heroína y regresamos al Valle. Cuando llegamos al departamento de Gilbert, dejé el bloque de alabastro en su mesa de centro. Gilbert pareció sorprendido.

—¿Qué diablos es eso? ¿Te llevaste eso?

—Dijo que era la neta.

—Bien hecho.

—¿Y qué debemos hacer con eso?

—Prepáralo.

Tomé una cucharada grande del trozo. Era de un hermoso color blanco cristalino.

—¿Es esto suficiente? —pregunté.

—Sí.

Resulta que fue demasiado. La cocaína más pura que he consumido en mi vida resultó ser la primera que probé. Ni siquiera sabía cómo se llamaba hasta ese día de 1962. Me disparé toda la cucharada e inmediatamente tuve lo que pensé que era un infarto.

—¡Mierda! —Salí corriendo por la puerta de la casa de Gilbert y bajé por Vineland. No sabía hacia dónde me dirigía, solo que tenía que seguir moviéndome o moriría. Gilbert me persiguió en su auto.

—Entra, entra.

—Gilbert, me estoy muriendo. ¿Qué es esa mierda?

—Cocaína.

Ahora Gilbert estaba vendiendo esa mierda. En mi departamento en Venice, Gilbert se rio y dijo:

—Danny, la coca no es una droga como la heroína. Es una mercancía, eso es todo. Un producto que me permite quedarme despierto hasta tarde y vender más heroína.

La última noche que Gilbert vino a vernos dejó su motocicleta en el césped de mi vecino. El tipo empezó a decir algo, pero enseguida se calló al verle la cara a Gilbert. Gilbert era tan cálido y cariñoso, pero podía enfriar a una persona hasta los huesos con solo una mirada. Al igual que mi padre, cuando Gilbert mostraba ira, parecía que crecía más de dos metros de altura.

Gilbert entró con una pizza y palitos de calabacín fritos. Estaban cubiertos de hierba. Se disculpó e igual se los comió. Gilbert estaba emocionado. Me dijo lo orgulloso que estaba de mí y lo arrepentido que estaba por haberme iniciado en las drogas y el crimen.

—A la mierda con eso, Gilbert —le dije—, si no lo hubieras hecho, estaría en casa en algún lugar viendo las noticias. Tú me hiciste quien soy. Mis experiencias me hicieron quien soy. No cambiaría nada.

Asintió en silencio y dijo:

—Será mejor que me vaya a casa. —Estaba bien pedo. Sabía que tenía un viaje de cincuenta kilómetros por delante.

—¿Por qué no te quedas aquí?

—No, está bien. Te amo, Danny.

—Yo también te amo, carnal.

Había recorrido un largo camino desde los días en que no podía decirle "te amo" a otro hombre. Con Gilbert se daba por sentado y era incondicional.

Me dio un abrazo y salió a la noche. Siempre parecía una estrella de cine, incluso cuando estaba drogado.

Después de irse, George dijo:

—Danny, creo que Gilbert estaba haciendo las paces contigo.

Pero Gilbert no tenía nada de qué disculparse.

Mi primo Sal lo encontró unos días después en su departamento. Había tenido una sobredosis. Gilbert tenía encima diecisiete mil dólares en efectivo y ocho onzas de cocaína y heroína. Había armas por todas partes. Le dije a Sal que se deshiciera de esa mierda antes de llamar a los paramédicos. Para mí, nada de eso definió a Gilbert en la vida, y no lo quería cerca de él en la muerte. Lo enterramos un par de días después en Valhalla Memorial en North Hollywood. Cuando llegué a casa del funeral, lloré como un bebé. Me sentí realmente perdido. La mitad de mí se había ido. Estuviera Gilbert en la prisión o no, siempre nos mantuvimos en contacto. Él era la relación definitoria de mi vida, y ahora estaba solo y tenía que continuar sin él.

Capítulo 19

PRIMERA CLASE

1987

En una de las primeras entrevistas que hice, el periodista me dijo: "Siempre haces de mexicano con tatuajes. ¿No tienes miedo de ser encasillado?".

Le contesté: "Soy un mexicano con tatuajes". Pero había algo de verdad en lo que decía, así que significó mucho para mí que me eligieran como un gánster italiano en *Death Wish 4* con Charles Bronson. Bronson era todo lo que esperaba que fuera. Su rostro, su mirada, sus gestos, era uno de los únicos hombres que había conocido que me recordaba a Gilbert. Ambos podían convertir a la gente en piedra con una mirada.

En la película interpreté a un mafioso italiano llamado Art Sanella. Estábamos en un restaurante haciendo una escena, y el director nos dijo que resolviéramos alguna conversación para tener de fondo. Había un viejo actor de personajes de la vieja guardia en la escena llamado Perry Lopez, que nos iba diciendo cuál debería ser la conversación. Perry era un puertorriqueño de Nueva York que había sido actor contratado dentro del antiguo sistema de estudios. Era una leyenda entre los actores latinos. Un chamaco sentado con nosotros no paraba de decir a los cuatro vientos que había ido a Hooliard.

—¿Qué es Hooliard? —le pregunté a Perry.

Se rio.

—Juilliard, Danny, Juilliard.

Perry siguió diciéndonos cuál debería ser la conversación y el joven dijo:

—¿Quién diablos te nombró director?

Perry parecía como si le hubieran dado un puñetazo. Yo la perdí y le dije:

—Yo, hijo de la chingada. Haz lo que dice o te mataré a golpes.

Todos se quedaron callados y pude sentir a alguien rondando detrás de mí. Era Charles Bronson. Lo había visto todo. Pensé: *Qué chingados, recién estoy comenzando mi carrera, y probablemente la acabo de terminar.* Bronson me echó un vistazo y dijo:

—Dicen que eres una especie de consejero de drogas.

—Lo soy.

Sonrió.

—Me gusta tu forma de aconsejar. —Bronson me había aceptado.

Después de esa película, mi carrera como actor entró en calor. Conseguí una chamba que se filmaba en Filadelfia llamada *Shannon's Deal.* Subir al avión a Filadelfia me resultó padrísimo. Pensé: ¡*Realmente soy un actor!*

La única otra vez que había estado en un avión fue un par de años antes, cuando Danny Boy tenía unos cuatro años. Me pidieron que hablara en una convención de narcóticos en San Francisco y volamos de Burbank. Fue increíble volar por primera vez, pero sobre todo, sentí que realmente estaba siendo un padre, llevando a mi hijo a aventuras exóticas. Sentimos turbulencias en el vuelo. Como era mi primer viaje en avión casi que esperaba que fuera una montaña rusa aterradora, pero las personas que tenían más experiencia empezaron a entrar en pánico. Danny Boy les gritó a los otros pasajeros: "¡No se asusten! ¡No tengan miedo! Levanten las manos y digan: '¡Por el poder de Grayskull!'". Grayskull era un castillo mágico de su dibujo animado favorito, *He-Man y los amos del universo*. Todos en el avión siguieron sus instrucciones y vi sonrisas en todos sus rostros.

"¡Ya no tienen miedo, papá!", dijo Danny Boy rebosante de alegría.

En la convención, estaba hablando en el podio, y a la sala llena de drogadictos autodiagnosticados y en recuperación, y dije: "¡Nosotros tampoco bebemos!", porque lo nuestro era la abstinencia total.

Ante eso, Danny Boy cruzó corriendo el escenario bailando y gritando: "¡No beban! ¡No beban!", casi como si lo hubiéramos planeado. El lugar se vino abajo. Él era mi pequeño compinche.

Estaba empezando a conocer partes del mundo con las que solo había soñado. Para *Shannon's Deal*, no podía creer que nos llevaran en primera clase y nos alojaran en un hotel increíble. Y, por supuesto, había viáticos. Yo era un delincuente convicto. Había pasado la mayor parte de mi vida de adulto joven encerrado. Había oído hablar de Filadelfia, la había visto en películas y había oído hablar de ese lugar en libros de historia, pero no podía creer que estaba ahí. Caminar por Filadelfia me dejó sorprendido.

Era mi primera película en locación y la primera vez que iba en contra de los deseos de la productora. A otro actor llamado Tommy Rosales y a mí nos dijeron explícitamente que no fuéramos a un barrio que se consideraba de mala muerte. Tan pronto como terminamos con el trabajo ese día, subimos a un taxi y le dijimos al taxista que nos llevara directamente ahí.

No pasó una mierda. Encontramos un bar y bailamos hasta altas horas de la noche.

Cuando no estaba trabajando, iba a las reuniones y a las calles para encontrar personas que necesitaban limpiarse. La esperanza del Dr. Dorr de que mi perfil más alto trajera clientes a Western Pacific Med Corp estaba haciéndose realidad. Cada vez más personas me reconocían en la pantalla, y había una expresión de asombro en sus rostros. No estoy diciendo que estar en una película o en la televisión te deba dar algún tipo de validación especial, pero como consejero de drogas estaba funcionando a mi favor. Hasta en mis mejores meses, no estaba ganando un montón con los trabajos de actuación que estaba haciendo. Para los estándares de Maeve y míos estaba padrísimo; a veces ganaba setecientos dólares adicionales al mes con trabajos de actuación, pero si alguien me había visto en un par de programas de televisión, pensaba que debería poder comprar una mansión y un helicóptero solo por caminar por una pantalla. El pensar que era así de exitoso y aun así verme trabajar en la recuperación les hizo creer que realmente me debía importar, y era así. Todavía me importa.

En Western Pacific pasaba todo el día trayendo gente de la calle, pero no estaba tan receptivo a la idea de traer un nuevo bebé a nuestra casa. Maeve estaba embarazada. Ojalá pudiera decir que brindé y le compré flores cuando me lo dijo, pero no fue así. Reaccioné mal. Le pregunté qué quería hacer y me dijo que iba a tener al niño. Yo no quería que lo hiciera. No me sentía preparado para tener otro hijo. A ella no le importaba. Me dijo: "Vete a la mierda. Voy a tener el bebé. Si tengo que hacerlo, viviré en un albergue".

Estábamos estancados —o, mejor dicho, ella sabía lo que estaba haciendo y yo no— cuando tuve que ir a Hawái por un trabajo en *Guns*, una película con Erik Estrada.

Erik se mostró distante en las reuniones preliminares, un poco frío. Actuaba de forma extraña y competitiva cuando la gente me reconocía. Él no lo entendía. Habían pasado demasiados años desde que fue Ponch en *CHiPS*, y a nadie le importaba una mierda. Lo que me sirvió para recordar que siempre debía tener un propósito más alto que Hollywood.

Me habían elegido tarde en el proceso. Para nuestro vuelo a Hawái, el equipo de producción explicó que tenía poco efectivo y que todos teníamos que volar en clase turista. Eso a mí no me molestaba. Cuando abordamos el avión en Los Ángeles, Erik y su novia estaban en la parte de atrás conmigo. Pero justo antes de despegar, una azafata se acercó y le susurró algo a Erik. Erik y su novia se levantaron y la siguieron a primera clase. La azafata corrió la cortina detrás de ellos.

Me quedé mirando fijamente esa cortina, echando humo. Pensé en mi vuelo en primera clase a Filadelfia con los asientos grandes y el servicio especial. *¿Por qué demonios me quitó la productora el derecho a volar en primera clase cuando estaba en nuestro contrato?* Empecé a imaginar que todo había estado pautado de entrada, como si se hubiera hecho algún arreglo entre Erik y los productores en secreto donde le dijeron que fingiera que iba a volar en clase turista, y lo cambiarían antes de despegar. Había estado fuera de prisión y sobrio durante casi veinte años para ese entonces, pero el más mínimo indicio de lo que me parecía ser una falta de respeto todavía me hacía dar vueltas la cabeza. Me obsesioné con cómo me habían engañado, cómo me habían mentido y, lo más importante, cómo se habían burlado de mí. Sí, había aceptado lo que los productores nos pidieron estando todos juntos, pero tan pronto como mi coprotagonista y su novia me dejaron detrás de la cortina, me enojé. Quería levantarme y armar un desmadre.

En cambio, canalicé a Sam Hardy, me recosté en el asiento y miré por la ventana. Era un día hermoso. Tenía una fila de cuatro asientos para mí solo. Mi mente iba y venía. Me decía a mí mismo que me estaban faltando el respeto mientras otra parte de mi cerebro me pellizcaba para recordarme que estaba en un avión y en una fila vacía volando a Hawái por primera vez. Nunca había estado, pero había visto fotos y parecía un paraíso.

Un hombre y una mujer que parecían tener setentitantos estaban sentados delante de mí. La mujer tomó la mano del hombre y dijo: "¿Puedes creer que la promesa que me hiciste de que iríamos a Hawái para nuestras bodas de oro finalmente se está haciendo realidad?".

Escuché a escondidas, mirando sus manos a través del hueco entre los asientos. La mano del hombre era tan grande como una pala y áspera como el cuero. Tal vez vertía hormigón o soldaba. Hiciera lo que hiciera, se notaba por sus manos que era un trabajador manual. Un trabajador manual que llevaba a su esposa a un viaje que le había prometido hacía cincuenta años y para el que probablemente había estado ahorrando durante todo su matrimonio. Regresé a la realidad de un bofetón. ¿Quién diablos era yo para sentir que me estaba quedando con las migajas del pan? Me sentí como el pendejo más grande del mundo.

Dios siempre tiene una forma de enviarme mensajes para controlar mi ego y mi voluntad.

Me maravillé con el amor de la pareja de ancianos. Me hizo pensar en mi relación con Maeve. Quizás podríamos conseguir una casa más bonita en Venice, con una gran cocina. Quizás este bebé nos acercaría más. Quizás podríamos hacer viajes juntos al envejecer. Quizás ella sería lo único que yo necesitaba; tal vez yo sería lo único que ella necesitaba. No pude decir nada de eso. Nunca confié en el futuro. Tenía miedo de que Maeve me dejara, pero quería ser libre. ¿Por qué me costaba tanto pensar en estar con la misma mujer para toda la vida?

—Disculpen —les dije—. Tengo esta fila para mí solo y si quieren algo de espacio extra, puedo cambiar de asiento con ustedes.

—Muy amable —dijo la mujer.

Hicimos el cambio y, cuando me levanté, uno de los productores de la película, que también volaba en clase turista, me sonrió y me dio el visto bueno. Todo era exactamente como se suponía que debía ser.

Unas horas más tarde, me di vuelta para ver cómo estaba la pareja de ancianos. Se estaban besando como adolescentes. Pensé: *Dios mío, Señor, no me hacía falta ver eso.*

La película fue tonta, pero divertida. La gente me pregunta si me importa hacer películas de serie B, y la respuesta es que cada vez que hago una película y mi participación ayuda a que se haga, eso significa que la gente recibe cheques que ayudan a su familia a poner comida en la mesa. Además, las películas son lo que son: la gente que conoces, las conversaciones que tienes, la vida que pasa mientras las haces, *eso* vale oro.

Creo que la razón principal por la que sigo consiguiendo trabajos con las mismas personas es que saben que me comporto como un trabajador entre los trabajadores; lo tomo una chamba a la vez; les doy el 100% de mi concentración, mi mejor esfuerzo y no causo problemas. Mucha gente se enmaraña en su propia importancia. Puedes intentar guiarlos hacia la forma correcta de pensar —he pasado más de la mitad de mi vida haciendo eso mismo— pero en general no puedes salvar a las personas de sí mismas si están empeñadas en chingar sus vidas a través de comportamientos ególatras. Algunas personas nunca aprecian lo que tienen y siempre se centran en lo que no tienen.

El episodio con la disposición de los asientos fue una oportunidad para controlar mi ego. Eddie Bunker lo dijo mejor: "Danny, el mundo entero puede pensar que eres una estrella de cine, pero tú no".

Capítulo 20

SOMOS CINCO

1988

Cuando regresé de Hawái, le dije a Maeve que agarrara sus cosas y se mudara conmigo, pero ella insistió en que no se mudaría a menos que Danny Boy estuviera con nosotros a tiempo completo. No le pareció correcto llevar a mi segundo hijo a casa, a un lugar donde mi primer hijo solo vivía a tiempo parcial. Pero apartarlo de Nanny iba a romperle el corazón. No sabía cómo cortar el cordón. Entonces Nanny se cayó y se rompió la cadera y nunca salió del hospital. El universo forzó la decisión. Danny Boy ya estaba conmigo ese fin de semana, y le dije a Maeve: "Busca tus cosas. Danny Boy ya está con nosotros".

En el funeral de Nanny, Danny Boy me abrazó con fuerza. La atención que recibió y la complejidad de la pérdida lo abrumaron. Fue una lección de mortalidad que era demasiado joven para aprender. Permaneció cerca de mí y de Maeve y quiso irse de ahí lo antes posible. De camino a casa, me dijo: "Papá, me alegro que hayas estado ahí. Jamás quiero volver a otra de esas cosas".

La noche en que Maeve rompió bolsa, yo ni me enteré. Tenía una migraña terrible y estaba en el baño vomitando. Cuando salí, Maeve se había ido. Un amigo la llevó al hospital. Desearía poder rebobinar el reloj, pero no puedo, y desde entonces me perdoné por no haber estado en la habitación cuando nació nuestro bebé. Cuando llegué a Cedars con Danny Boy, Maeve lo estaba cargando envuelto en una manta. Al igual que Danny Boy, era la cosa más linda que había visto en mi vida. El niño que no había deseado derritió mi corazón de inmediato. Lo llamamos Gilbert, en honor a mi tío. Fue idea de Maeve. Ella sabía cuánto lo admiraba.

Empezamos a hacer un hogar en nuestro pequeño departamento. Le había construido una cuna a Gilbert y él compartía la habitación con su hermano mayor, que lo adoraba.

Todo iba tan bien que seguimos adelante. Por primera vez en mi vida, realmente me dediqué a ser un buen padre que se queda en casa y una buena pareja. Maeve hacía malabarismos con los niños y sus estudios en Santa Monica College. Apoyaba mi carrera como actor, pero en privado se preocupaba pensando que uno de nosotros debería tener un trabajo "real", especialmente con todas estas bocas que alimentar. Y venía otro en camino. Veintisiete meses después de la llegada de Gilbert, Maeve estaba lista para ir al hospital a dar a luz a nuestra hija, Danielle. Al igual que cuando dio a luz a Gilbert, cuando llegó el momento de ir al hospital, me dio una migraña. Los dolores de cabeza eran reales, pero psicológicamente convenientes. Esta vez, no dejó que me acobardara para llevarla. Me dijo: "No me importa si te estás muriendo, me vas a llevar al hospital". Cuando llegamos a la entrada de Cedars-Sinai, dijo:

—Puedes dejarme aquí mismo.

—No seas tonta —le dije, estacioné y la llevé adentro. Estaba debatiendo en privado si debería entrar a la sala de partos o no cuando las contracciones de Maeve se volvieron tan intensas que trajeron luces a la habitación en la que estábamos y dio a luz al bebé ahí mismito.

En un momento, el dolor era tan fuerte que Maeve empezó a gritar:

—¡Dios mío! ¡Ay Dios!

—Grita, "¡Ay, Danny!", yo fui quien te hizo esto.

Me lanzó una mirada que decía: "Cabrón".

Recuerdo el momento en que apareció la cabeza de Danielle. Miré el reloj. Quería recordar ese momento por el resto de mi vida. Sostener a esa pequeña niña fue un nuevo comienzo para mí. Estar con ella desde su primer aliento significó que mi relación con ella era una pizarra en blanco y podía escribirse como quisiéramos. Siempre estaré agradecido de haber podido vivir eso. El médico me entregó suavemente a Danielle, y lo primero que le dije fue: "Nadie te hará daño". Cuando el médico se ofreció a dejarme cortar el cordón umbilical, no pude hacerlo. Le acababa de prometer que nadie le haría daño.

—No se preocupe, señor Trejo, ella no lo sentirá.

—Pero yo sí. —No era broma. Era la primera vez que estaba en la habitación para el nacimiento de uno de mis hijos, y me había unido tanto con Danielle que nunca querría cortar el cordón, literal o figuradamente.

Maeve intervino, tomó el control e hizo que el médico hiciera el corte. Danielle lanzó sus manos al aire y lloró.

—Te dije que no la lastimaras, carnal.

El doctor sonrió. Creo que nadie lo había llamado "carnal" antes.

Capítulo 21

AMERICAN ME

1991

En 1991, dos guiones chicanos andaban recorriendo Hollywood, ambos centrados en la formación y el crecimiento de La Eme, la pandilla mexicana más grande del sistema penitenciario de California. Como yo era un chicano de alto perfil que había cumplido condenas, ambas películas me contactaron. Sabían que mi participación les daría credibilidad. Una se llamaba *American Me*, dirigida y protagonizada por Edward James Olmos. La otra era *Blood In, Blood Out*.

Cuando me senté a leer *American Me* estaba emocionado. La actuación de Olmos en *Stand and Deliver* acababa de ser nominada al Oscar, y ahora estaba haciendo una película sobre un mundo que yo conocía íntimamente. Pero mi entusiasmo inicial pronto se transformó en consternación. Al terminar las primeras diez páginas del guion, ya sabía que iba a haber problemas. En la primera escena, la madre de Montoya Santana, el personaje que Edward James Olmos interpreta en la película, es violada por marineros la noche de los disturbios de Zoot Suit, dejándola sin saber bien quién es el verdadero padre de Montoya. Eso era completamente falso. Sabía que no era cierto porque el personaje de Olmos estaba basado en un tipo real de la Mexican Mafia llamado Rodolfo Cadena (alias Cheyenne).

Ese no fue el único problema. Unas veinte páginas más adelante, llegó una escena impactante en la que algo violento le sucede a Santana en el reformatorio. Debido a lo que sucedió más tarde, no mencionaré lo que fue. Todo se transformó en un incendio iniciado con falsedades a las que no quiero echarles más leña. La verdad es que Cheyenne nunca había sido abusado de esa manera y el hecho de que (en el guion) se haya vengado de inmediato de su atacante no importaba. Sé que esto suena duro, pero ninguna persona que haya sido violada de esa manera podría llegar a la cima de una pandilla de la prisión. Podrían ser asesinos e hijos de la chingada, pero nunca dirigirían una pandilla. No sucedería. Más importante aún, no sucedió.

Otra gran preocupación que tenía era que cualquier película sobre la Mexican Mafia tendría que ser aprobada por los de la vieja guardia en prisión. Antes de apuntarme en cualquiera de los proyectos, definitivamente iba a tener que averiguar qué pensaban los jefes al respecto.

Y, por último, en algún lugar antes de la página treinta del guion de *American Me*, vi que los escritores llamaban a la pandilla La Eme. Este es el nombre real de la Mexican Mafia, y tuve la sensación de que usarlo sería muy mal visto por Joe Morgan, Robot, Donald García y Sailor Boy, algunos de los peces gordos de La Eme que conocía desde mis días en el reformatorio, YTS, la Institución Vocacional Deuel y San Quentin.

Sabía cuán seria y mortal era La Eme. Crecí con los tipos, pero mi tío Gilbert era el que realmente conocía a los jefes más viejos. Tuve suerte porque Gilbert era tan respetado en el penal que conseguí que me transmitieran ese nivel de respeto también. Cuando llegué a la prisión, Gilbert me advirtió que no me uniera a la Mafia. Me dijo que eso era un contrato de por vida y que no deberíamos tener nada que ver con ella, así que me mantuve alejado, pero eso no significaba que no fuera amigo de los muchachos. Sailor Boy y yo almidonamos nuestra ropa juntos en YTS. Robert "Robot" Salas era un buen amigo. Donald García y yo nos conocíamos desde la secundaria. Gilbert era buen amigo de todos ellos, especialmente de Joe "Peg Leg" Morgan, el jefe actual de la Mexican Mafia.

Aunque no éramos miembros de una pandilla, Gilbert y yo fuimos clasificados como "simpatizantes", una asignación que no era nada informal. Ramón "Mundo" Mendoza, un sicario de la Mexican Mafia, luego comentó sobre mis amistades dentro de la organización. Mundo dijo: "Danny Trejo está bendecido. Era amigo de personas de ambos lados de la línea, pero siempre lo respetaron".

Había pasado condenas con estos hombres. Eran verdaderos vatos. Su mundo y sus vidas estaban siendo representados o, sospeché, tergiversados en la película, y no veía cómo eso les iba a gustar.

Edward James Olmos había organizado una reunión para discutir el guion. Íbamos a encontrarnos en Jerry's Famous Deli en Encino. Edward traía a su agente y yo me llevé a Eddie Bunker. Sabía que, si alguien podía distinguir la verdad de la mierda hablada, sería Bunker. Estábamos sentados en una mesa con bancas fijas esperando a que llegaran cuando Eddie miró hacia arriba y dijo: "Están aquí".

Me di la vuelta y vi a Edward vestido de pies a cabeza con ropa de cholo. Llevaba una camisa azul de la cárcel municipal abotonada en la parte superior y abierta en la parte inferior y pantalones azules de la cárcel. Lo único que le faltaba era una redecilla. Esto era una reunión de negocios. Eddie y yo íbamos vestidos como hombres de negocios casuales.

Edward me saludó con un: "Órale, *ese*, ¿qué onda?". Me tenía confundido, claramente no por cómo me saludó sino por cómo se veía. Edward era actor, un gran actor. Nunca había formado parte de una pandilla, y ciertamente nunca había cumplido condena en prisión, pero aquí estaba, haciendo como si fuera alguien de la vieja guardia de la calle. Supuse que seguramente estaba empleando algún tipo de método para el papel que interpretaría en la película.

Amo a los actores y amo las películas. Reproducir películas en mi cabeza me ayudó a sobrevivir las veces que estuve en el calabozo en Folsom y Soledad, pero sabía la diferencia entre la vida real y la fantasía. Los actores son increíbles para hacer creer a la gente que son un padre divorciado, una mujer con un secreto, un nazi asesino de soldados o un boxeador con dos peleas de más cuando debería haber colgado los guantes, pero no son esas cosas. No creo que haya habido nunca un mafioso que pueda interpretar a un mafioso mejor que Ray Liotta o Robert De Niro o Al Pacino —ese es el trabajo de un actor—. Pero esos roles se extienden solo hasta donde la fantasía lo permite. Robert De Niro nunca mató a golpes a un hombre, y aunque Edward James Olmos interpretó a un *zoot suiter*, no fue uno de ellos; mi padre... él sí fue un *verdadero* gánster de *zoot suit* de la calle 38, la pandilla en el centro del controvertido caso de asesinato de Sleepy Lagoon, el foco de la película que protagonizó Edward llamada *Zoot Suit*. Mi madre era de Ford Maravilla, la misma pandilla en la que se crio Joe Morgan a finales de los años treinta. Tenía demasiadas conexiones personales con las libertades que Edward se estaba tomando con la historia como para que me cayera bien.

Pero, sinceramente, mi mayor problema posiblemente tuvo tanto que ver con mis inseguridades como con lo que estaba haciendo Edward James Olmos. Al disfrazarse de cholo me hizo cuestionar si Edward, un actor increíble, un devoto de toda la vida al oficio, quería vincularse conmigo no como un colega artista, sino como un gánster de algún tipo. ¿Será que me veía como la persona que yo había sido en mi vida pasada, una vida que había trabajado tan duro para dejar atrás?

No era la primera vez que experimentaba esta dinámica. Era demasiado sensible al respecto, pero sentía que ciertos latinos en Hollywood me veían como un gánster, no como un colega. Para ellos, yo era una curiosidad circense del barrio, un mundo que ciertamente habían reconocido, pero que nunca habitaron.

La reunión tuvo un comienzo confuso.

Pedimos sándwiches y sopa de bolas de matzá y comenzamos a hablar sobre la película. Edward fue directo al grano y me preguntó si estaba interesado en trabajar en el proyecto. Eddie Bunker planteó de inmediato una de nuestras principales preocupaciones.

—Edward —le dijo—, ¿hablaste con Joe sobre esta película? —Se refería a Joe Morgan.

—Me reuní con Joe —dijo Olmos—. Me dio el visto bueno.

Señal de alerta inmediata. Tan pronto como Eddie le hizo la pregunta a Edward, pude sentir un cambio en su comportamiento. Si la prisión me había enseñado algo, era a identificar cuando alguien retrocedía. Pareció haber un indicio de desviación y engaño en la respuesta de Olmos. Miré de reojo a Eddie Bunker y vi que compartía mi duda.

Fui directo al grano.

—Mira, Edward, el problema es que hay cosas en este guion que no son ciertas. —Le compartí algunas de mis preocupaciones.

—Lo sé —me dijo Edward—, pero tiene más sentido teatral para la pieza.

Esperaba que dijera: "Lo sé y vamos a abordar eso" o "Vamos a encontrar una manera de contar nuestra historia sin tergiversar las verdades de la gente real", pero no lo hizo. Estaba casado con la idea de que el arco ficticio del guion era más importante que dejar que la verdad se interpusiera en el camino de una buena historia. Esto podría ser cierto en las oficinas de los productores de Hollywood, pero no en el mundo que yo conocía. No podía creer lo casual que era con detalles tan críticos.

Ofrecí otro punto de discordia.

—Eddie, Cheyenne fue asesinado por Nuestra Familia, no fue asesinado por su propia pandilla. —Eso era importantísimo. El día que Cheyenne murió en 1972, sabía que lo tenían en la mira para matarlo. También lo sabían los guardias. Le ofrecieron la opción de quedarse en su celda en Palm Hall en el Chino Reception Center. En cambio, Cheyenne salió al corredor y fue apuñalado más de cincuenta veces por miembros de la pandilla de Nuestra Familia. La Eme lo recuerda como un mártir, no como alguien que fue asesinado por sus hermanos.

Edward dijo que ese detalle también era teatral.

Dios mío, no podía creer lo que estaba escuchando. Aun así, intenté ser diplomático. Me caía bien Edward James Olmos y tenía un profundo respeto por lo que significaba como actor en la comunidad hispana. Hice una declaración expresada en broma.

—Edward, las personas de las que estás hablando no son personas teatrales.

Eddie Bunker y yo compartimos una risa oscura ante eso.

Por su reacción, tuve la sensación de que Edward James Olmos y su agente no estaban contentos con cómo estaba yendo la reunión. No sé qué esperaban. No puedo imaginar que no supieran que iba a haber problemas. Tal vez estaban rezando para que no cuestionara el guion y me mostrara feliz por ser considerado para un trabajo como cualquier otro actor Fulano en una reunión intentando conseguir un papel.

Estaba lleno de preguntas sin respuesta. Lo más importante era lo que realmente pensaban los peces gordos de La Eme sobre todo esto. Toda la charla de teatralidad y "arcos de personajes interesantes" hizo que mi mente se acelerara. Hollywood siempre ha contado historias de gánsteres, algunas vagamente basadas en sus vidas, otras tomadas directamente de las transcripciones de la corte, pero nunca me había encontrado tan directamente en la intersección entre la ficción y la realidad.

Mirando hacia atrás, sinceramente creo que la total brillantez y maestría de Edward James Olmos en el mundo de la actuación y el cine hasta cierto punto lo cegó a la seriedad mortal de la política carcelaria y la influencia que tenía en las calles, incluso siendo (de una manera profundamente irónica) el tema central del guion que estaba queriendo dirigir. No hay licencia poética cuando estás encabronando a las personas equivocadas.

Mucho era de sentido común. Prefiero tener un perro rabioso como amigo que como enemigo.

Eddie Bunker se inclinó hacia él. Desde su puesto como secretario del capitán en San Quentin, no había nadie en el mundo que conociera las ramificaciones de la política carcelaria tan bien como él. Le dijo a Olmos:

—Edward, ¿estás seguro de todo esto?

Eddie Bunker estaba tratando de hacer que Olmos viera cómo todo esto podría irse por la borda. Pero Olmos estaba claramente decidido a hacer su versión de la película.

Terminamos nuestra comida y acordé reunirme con Olmos en su oficina al día siguiente para seguir discutiendo el proyecto. Tenía la esperanza de que se tomara la noche para pensar en algunos de los problemas que planteamos y reconsiderara algunas cosas, pero mi instinto me dijo que estaba decidido a la historia que quería contar.

Al día siguiente recibí mi respuesta.

Cuando entré a la oficina de Edward, lo encontré vestido de nuevo con ropa de cholo. Edward no era el único que se quedó pensando en los temas que cubrimos el día anterior. Después de dejar Jerry's Deli, luché por identificar lo que realmente me molestaba tanto de su disfraz. Sabía que mi conflicto estaba profundamente arraigado a todo el tiempo que había pasado como parte de pandillas o en prisión. Si bien apreciaba su dedicación a retratar una vida que él no había vivido o ni siquiera conocía —eso es lo que hacen los actores— lo que me molestaba estaba en el corazón de mis propios sentimientos sobre lo que significaba ser un cholo. Cuando tomas la vestimenta y el código de un cholo, o un Crip, o un Blood, o un miembro de la Mexican Mafia, o un Aryan Brother para el caso, te conviertes en algo que ya no es mexicano, o negro o blanco. Cuando se trata de ropa de pandillas, la forma en que te vistes no es solo un disfraz, es una declaración de que estás comprometido con una vida delictiva, por la cual estás dispuesto a sacrificar el bienestar de quienes te rodean: mamás, papás, esposas, hermanas, hermanos, hijos.

Para mí, los verdaderos mexicanos, blancos y negros, eran los tipos que trabajaban duro y llevaban a sus hijos a las prácticas de las ligas menores cuando llegaban a casa. Quizás estaba reaccionando desproporcionadamente. Después de todo, estaba interesado en hacer el papel de Geronimo en *Blood In, Blood Out,* otra película de pandillas de la prisión en la que todos estaríamos disfrazados de cholos. Pero, para bien o para mal, esto era lo que estaba sintiendo. Supongo que también se podría argumentar que yo mismo estaba basándome en las reglas de las pandillas al argumentar en contra de las libertades que Olmos se tomó con el guion. Pero las falsedades me hicieron sentir profundamente incómodo. Había visto muchas películas sobre el crimen organizado, pero nunca antes había conocido personalmente a los jugadores. Y sabía demasiado para mantenerme callado. No quería hacer de intermediario, pero olía peligro.

Edward dijo que quería que considerara la parte de Pedro Santana, el padre de Montoya Santana, que desaprobaba de su estilo de vida. Me fijé en el papel y de inmediato no me interesó. Le dije que lo pensaría.

No le dije a Edward que no estaba interesado en el papel de Pedro Santana porque me recordaba demasiado a mi propio padre. No volví a mencionar los aspectos controvertidos del guion. No tuve que profundizar más en esos complicados recovecos porque Edward hizo que la decisión fuera fácil. Lo que terminó por matar totalmente a *American Me* para mí fue cuando Edward me dijo que cualquier actor que estuviera considerando trabajar en *Blood In, Blood Out* no sería parte de *American Me*. Ese fue el golpe final. De por sí, había tan pocos papeles en Hollywood para los actores chicanos. Pensé que era injusto que cuando por fin aparecieron dos proyectos que emplearían a una tonelada de mis hermanos chicanos, una de las películas les negaría la entrada a la otra. Especialmente viniendo de alguien que estuvo tan profundamente involucrado con el chicanismo.

Salí de ahí diciéndole a Edward que tendría que consultar con mi agente. Pero una cosa que no le mencioné fue que justo antes de ir a la reunión, mi primo Sal me había llamado desde la cárcel del condado de Los Ángeles. Cuando levanté el teléfono, Sal dijo:

—Danny, Joe Morgan quiere llamarte. —Ambos estaban en High Power, una sección de la cárcel para prisioneros de alto perfil o especialmente peligrosos. Sal parecía preocupado—. ¿Estás bien?

Ambos sabíamos que una llamada de Joe podía ser siniestra.

—Estoy bien, Sal. ¿Y tú?

—Ya sabes cómo es. Nomás enfrentando este caso.

—Llámame si necesitas algo, ¿de acuerdo?

—Sí, Joe te llamará a las cinco de la tarde a la casa de Bunker.

—¿Mañana?

—Hoy.

Sabía que me quería hablar de un asunto serio. Al llamarme a casa de Eddie, quedaba claro que Joe Morgan no quería ponerme una luz roja llamando a mi casa.

—Dile que estaré allí. Pórtate bien.

—Ya sabes que sí, carnal. —Colgó.

Por supuesto que Big Joe sabía de la película y claro que ya sabía que había conocido a Edward James Olmos el día anterior. Desde su celda en San Quentin, Chino o la cárcel del condado de Los Ángeles, muy poco pasaba en el mundo que Big Joe no supiera. Y esta próxima llamada telefónica confirmó mis sospechas. Joe no estaba contento con la película.

Joe Morgan era hijo de padre irlandés-estadounidense y madre croata, pero creció en barrios mexicanos. Era más duro que nadie. Se unió a la pandilla Maravilla cuando era un niño y rápidamente ascendió de rango. Joe había perdido la pierna por la detonación de un arma y recibió el apodo de "Peg Leg" (Pata de Palo). La pérdida de su pierna no lo detuvo. Joe seguía siendo uno de los mejores jugadores de balonmano que jamás había visto. Hablaba español a la perfección y tenía una presencia increíble. Cuando te acercabas a su celda, las moléculas del aire se tornaban pesadas. Joe solo hablaba con las personas si eran sus mejores amigos o si los quería muertos. Sabía que Joe no me quería muerto, pero quería algo de mí.

Esa tarde me dirigí a casa de Bunker. Ya había puesto a hacer café. Eddie Bunker hacía el mejor café del mundo. A las cinco de la tarde en punto sonó el teléfono. Respondió Eddie.

—¿Qué onda, Big Joe? ¿Estás bien? Sí. —Escuchó un rato—. Sí, aquí está —y me entregó el teléfono.

Salté hacia el teléfono.

—¿Danny? ¿Qué pasó?

—Todo bien, carnal.

—Escuché que te están considerando para esa película, *American Me.*

—Me están considerando para las dos, *Blood In, Blood Out* también.

Fue directo al grano.

—¿Cuál vas a hacer?

—Ándale, Joe. Voy a hacer *Blood In, Blood Out*, carnal.

Quedó contento.

—¡Bien —dijo—, esa es la chulita! —Ambos nos reímos. Luego dijo—: La Onda —alargando la palabra.

La Onda era el nombre de la pandilla mexicana ficticia en *Blood In, Blood Out.* Siempre me río pensando en Joe Morgan llamando *Blood In, Blood Out*, una película sobre una banda de asesinos atroces, "la chulita".

—Va caer un chingón de pedo, habrá muchos problemas con esa otra película —agregó Joe.

—Lo supuse.

Habló de Olmos directamente.

—Ese baboso anda diciendo que se reunió conmigo en Chino y obtuvo mi aprobación. Es toda una mamada. Me negué a verlo. Hay muchas pendejadas en ese guion.

—Eso es lo que le traté de decir a Eddie.

—Sabes, Danny —me dijo—, podrías hacer esa otra película... —En otras palabras, me estaba diciendo que no me reprocharía si hacía *American Me.*

—No, Joe. Tengo demasiado respeto.

—Gracias, carnal. Los vatos te tienen suficiente respeto como para que puedas salirte con la tuya.

—Gracias, Joe. —Luego le pregunté—: Oye, Joe, ¿qué onda con el equipo y los otros actores?

Acalló mis preocupaciones.

—El equipo y los actores solo son trabajadores, carnal. Solo están recibiendo un cheque.

—Órale.

Eso me quitó una carga de encima. Conocía a muchos de los actores involucrados en *American Me* y no quería que tuvieran ningún problema.

—Pórtate bien, Danny —me dijo Joe—. Estuvo bien charlar contigo —y colgó.

Lo loco es que *Blood In, Blood Out* fue una película que cubrió muchos de los mismos temas de *American Me*: política racial en prisión, asesinato, traición. La diferencia estaba en que *Blood In, Blood Out* era una obra de ficción. Nunca intentó presentarse como la verdadera historia de la Mexican Mafia.

Meses después, cuando estábamos en San Quentin filmando *Blood In, Blood Out,* me enteré de que *American Me* estaba teniendo problemas en Folsom con los sureños. De hecho, alguien de producción me contactó para ofrecerme un trabajo si iba a Folsom para servir como "asesor" en *American Me* durante dos días. Mi sospecha era que necesitaban una influencia diplomática para ayudarlos. Pero no quise tener nada que ver con eso. Más tarde, cuando la película estaba a punto de estrenarse y se rumoreaba que había problemas, William Forsythe, quien interpretó a J. D., el personaje de Joe Morgan, me contactó y me preguntó si todo iba a estar bien. Le dije: "Por supuesto, William. Los actores no tendrán problemas. Solo eres un trabajador recibiendo un cheque". Le dije que pensaba que había hecho un gran trabajo en la película, porque lo había hecho. William Forsythe interpreta a un gánster increíble.

No tenía idea de lo mal que se iban a poner las cosas. Lo que se decía en la calle era que al menos ocho personas habían muerto debido a su participación en *American Me*, tal vez diez. Cuatro afuera y cuatro a seis adentro. Uno de los tipos asesinados era un miembro de la Mexican Mafia llamado Charlie Manríquez, a quien desprestigiaban por su consumo de drogas. Le habían dado un par de Levi's, unas zapatillas deportivas y dinero para comprar mota a cambio de ser un extra en una escena y actuar como un "asesor técnico" no oficial antes de ser acribillado a balazos en Ramona Gardens.

Otro tipo recibió siete disparos solo por estar en el fondo, bien atrás, de una escena en la que está sentado en un auto. Una intermediaria de pandillas de la comunidad llamada Ana Lizarraga, la asesora principal de *American Me*, fue ejecutada afuera de su casa frente a su hijo. Además de que le habían advertido que no se involucrara en el proyecto, como Olmos, Lizarraga afirmó falsamente que ella también se había reunido con Joe Morgan y había obtenido su aprobación. Olmos era como un niño jugando con una granada, pensando todo el tiempo que era una bengala. Las violentas réplicas retumbaron durante años. Los vatos sureños que conocía, que estuvieron en prisión en los años siguientes, odiaban el hecho de que los sureños que habían estado involucrados en la producción ahora tenían un blanco en la cabeza. Muchos de estos hombres eran simplemente drogadictos que necesitaban dinero para colocarse cuando aceptaron ser extras o hacer pequeños papeles en la película.

Es un capítulo horrible, aun peor porque todo era tan evitable. El espectador o crítico de cine promedio ni siquiera se hubiese dado cuenta de la diferencia entre *American Me* y *Blood In, Blood Out*. No apruebo la violencia. Pero incluso si está mal, es irresponsable pretender que no habría repercusiones.

La saga de *American Me* puso mi vida pasada como convicto en primer plano. Por muy lejos que estuviera del fuego no significaba que aún no estuviera caliente. Edward James Olmos acababa de recibir una nominación al Oscar; su estrella iba en ascenso. Creo que eso podría haberlo cegado a lo que de otra manera hubiera sido más obvio. Aquellos de nosotros que habíamos pasado mucho tiempo en la calle y en las cárceles sabíamos que las amenazas de pandillas prominentes nunca podían ni debían ser desestimadas, pero no todos tienen esos antecedentes. Los productores y Hollywood no siempre comprenden del todo la naturaleza de las personas que presentan en las pantallas. Nunca descartaré la contribución que Edward James Olmos ha hecho a Hollywood y su constante defensa de los latinos, pero todo el episodio fue, en mi opinión, innecesariamente imprudente. Si Edward James Olmos hubiese estudiado a Cheyenne un poco más, tal vez podría haber contado una historia más profunda, sin glorificar la violencia y el crimen.

Ese quizás sea mi mayor problema con *American Me*. Si bien los productores dijeron que querían que la película animara a los niños a no seguir ese camino, lo iluminó con grandes luces de Hollywood. *American Me* convirtió a una pandilla de prisión californiana conocida solo por los internos de la prisión en una entidad con fama mundial. Ramón "Mundo" Mendoza luego habló del poder de reclutamiento que tuvo la película *American Me* sobre la juventud chicana. Dijo que *American Me* "... elevó la conciencia pública de una organización que se estaba convirtiendo en algo más que una pandilla carcelaria". Y agregó que esto "... era algo que no pasaron por alto los impresionables y aspirantes pandilleros que ahora se andaban uniendo a la Eme de la misma manera que un niño del otro lado de las vías aspiraría a unirse a las fuerzas armadas de nuestro país".

Incluso ahora, cada vez que los Crips o Bloods empiezan a meterse con la Mafia, dicen: "¿Sabes lo que le pasó en el reformatorio a ese tipo Cheyenne?". *American Me* les dio un punto de partida crítico desde el que se sintieron envalentonados para faltarle el respeto a la Mafia, provocando enfrentamientos que llevaron a más muertes. Otras pandillas sintieron que si un mexicano-estadounidense hacía la película, debía ser verdad.

Esta historia no es nueva. Está bien documentado que no faltaron voces que le advirtieron a Olmos, que encontraron contradicciones en las cosas que había dicho o que expresaron consternación por el producto final, incluidos los agentes de policía contratados en la película y un alcaide asociado contratado como consultor. Pero no le prestó atención a nadie. La producción de *American Me* estaba programada para comenzar en la Penitenciaría Estatal de Folsom. El tren había salido de la estación y yo había dicho todo lo que podía decir.

Capítulo 22

CELDA C550

1992

Las primeras semanas de *Blood In, Blood Out* las pasamos en Los Ángeles ensayando y en la prueba del vestuario. Aunque me sentía cómodo con el guion, aún sentía que estaba balanceándome entre mis dos mundos: mi pasado como delincuente convicto y mi nueva vocación como actor. Quizás debido a mis conversaciones con Olmos, me sentía sensible a las diferencias entre mis antecedentes y la forma en que me involucré en la industria del cine. Sé que este era más mi problema que el de ellos, pero me parecía que los otros actores de *Blood In, Blood Out* pasaban mucho tiempo en los ensayos hablando de dónde habían estudiado, de qué escuela de actuación venían —Stanislavski, el Method, el Actors Studio, lo que sea—. Hablaban mucho de Shakespeare. Creo que lo hacían entre ellos para establecer quién tenía más credibilidad en ese mundo y para recordarme que en su mundo yo no tenía credibilidad alguna.

Hablé de eso con George. Le había conseguido un trabajo haciendo de extra en la película y estaba encantado. Me dijo bromeando que yo era el mejor agente del mundo. Le conté que los actores hablaban de Shakespeare todo el tiempo en los ensayos porque sabían que eso no era lo mío. Me dijo que no me lo tomara personal, que era simplemente el idioma de su cancha, y ¿quién mejor para interpretar a un prisionero en San Quentin que yo, un hombre que había pasado por eso?

Además, no era como si nunca hubiera estudiado actuación.

Era verdad. Recordé cuando tenía unos doce años. Gilbert, Bobby Ortega y Charlie Diaz se estaban drogando. Yo los escuchaba a escondidas hablando de un robo que acababan de hacer. Gilbert me vio asomándome por la puerta y dijo: "Pasa, Danny Boy. Te voy a enseñar algo". Gilbert me entregó su 45 emitida por el ejército. Me dijo que la apuntara al espejo y dijera: "Dame todo tu dinero".

Yo era tan delgado y la pistola tan grande que no podía sostenerla con una mano. Charlie y Bobby se rieron.

Ahí estaba yo, con el arma colgando de mi mano y la voz finita. "¡Dame tu dinero!".

Eso solo los hizo reír más.

—Eso no asustará a nadie, *ese*. ¡Dilo con más crueldad, con sentimiento!

Lo intenté de nuevo:

—¡Dame tu dinero!

—Usa ambas manos.

Lo hice, pero las palabras aún sonaban débiles al salir de mi boca.

A Bobby se le ocurrió entregarme una escopeta recortada. Eso se sintió diferente. Se sentía bien sostenerla. Fácil de acunar. Me hizo sentir como si estuviera a cargo y pudiera contener a un ejército si fuera necesario.

—¡Escúchame, puto! ¡Dame todo tu puto dinero!

Eso fue todo. Los cuates aplaudieron y me dieron golpes en la espalda. "¡Así es, carnal! Eres un hombrecito aterrador".

Mirando hacia atrás, probablemente estaban drogados y riéndose de lo ridículo que era entrenar a un niño sobre cómo hacer un robo. Pero para mí, no fue una broma. Desde la infancia desarrollamos las máscaras que usamos para salir adelante, fingiendo que no estamos asustados ni heridos, que las cosas andan bien. Esta fue mi primera lección real de "actuación". Tenía que hacerle entender a alguien que no estaba chingando y que les quitaría la vida si tuviera que hacerlo. Mucho después de que mi tío y sus amigos salieron de la habitación, seguí mirándome en el espejo con la escopeta en la mano, haciendo que mi voz fuera más profunda y amenazadora.

—¡Dame el pinche dinero!

Esa era la indicada. Miré mi reflejo. Me gustó lo que vi.

Cuando finalmente llegó el momento de empezar a rodar la película *Blood In, Blood Out*, toda la producción se trasladó a San Francisco. Llevar la camioneta a San Quentin me regresó emocionalmente a 1965, más de veinticinco años atrás. Estacionamos fuera de los muros de la prisión y George se volvió hacia mí y me dijo:

—Danny, uno de los actores tiene un cuchillo.

Era cierto.

—Dame ese cuchillo —le dije.

—¡No voy a permitir que uno de esos hijos de puta me falte el respeto! —me contestó el hombre.

Era como un pez que protesta demasiado cuando le dicen que se desnude y abra las piernas.

—Mira, somos actores, ellos son asesinos —le dije—. Dame el pinche cuchillo.

Le entregué el cuchillo a George y lo guardó debajo de un asiento en la camioneta.

Cuando entramos al patio, al principio todo estaba sumido en silencio hasta que estalló un ruido masivo. Si nunca lo has escuchado antes, es el sonido más intimidante del mundo. Es el sonido de tres mil prisioneros gritando y golpeando. Yo lo llamo "El motor". Los reclusos gritaban mi nombre y cosas como: "¡Oye, Trejo, te dijimos que regresarías! ¡Danny, múdate a mi celda! ¡Te ves mejor ahora!".

El efecto sobre mis compañeros actores fue claro. Se ubicaron detrás de mí como si el permanecer cerca los fuera a mantener a salvo. George me susurró al oído:

—¡Pregúntales dónde está Shakespeare ahora, hijos de la chingada!

Incluso con su trepidación, los actores no comprendían del todo los peligros en la prisión. De buenas a primeras, nos entregaron a todos chalecos de seguridad para que los usáramos cuando no estábamos filmando. Algunos actores se negaron a usarlos, decían que interrumpía su capacidad para permanecer en el personaje.

Taylor Hackford, el director, me pidió que explicara por qué eran necesarios los chalecos.

—Si pasa algo —les dije—, los guardias sabrán a quién no disparar.

Todos se pusieron los chalecos.

Estar de regreso en San Quentin ya era bien fuerte, pero no me impactó del todo hasta que la filmación se mudó al South Block. Estábamos subiendo las escaleras hacia el set y con cada paso, mi corazón latía más fuerte. Cuando llegamos al tramo entre el cuarto y quinto piso, me detuve. Estaba parado en los mismos escalones donde Tyrone apuñaló al hombre que intentó matarme. Al final de las escaleras giramos a la derecha, y el asistente de dirección nos condujo al bloque de celdas donde íbamos a ensayar. El equipo de producción tenía las celdas C545 a C550 bloqueadas para filmar. C550. Mi antigua celda. Miré a George. Parecía que se iba a largar a llorar. Señaló el cielo.

Después de ensayar la escena, cuando los actores se fueron a la zona del vestuario, peinado y maquillaje, George sugirió que rezáramos. Fuimos a mi vieja celda, nos arrodillamos y agradecimos a Dios por nuestra libertad de las drogas y el alcohol, nuestra libertad de las prisiones, y le agradecimos por nuestros hijos y nuestras vidas. Se estaba cerrando el círculo.

Durante las semanas que estuvimos filmando, descubrí que teníamos más libertad para vagar de lo que pensaba. A riesgo de fanfarronear, sabía que tenía el respeto de los reclusos y estaba a salvo. Al principio de la filmación, unos ocho norteños se me acercaron y me preguntaron de dónde era. No sé si pensaron que iba a establecer mis credenciales del Valle de San Fernando, pero solo dije: "Órale, ¡soy de Hollywood, putos!". Se rieron.

En contra de los deseos del equipo de producción, me fui a donde estaba el equipo de levantamiento de pesas. Había un vato enorme empujando casi ciento ochenta kilos en el banco y haciendo flexiones con mancuernas de cuarenta y cinco kilos. Esto fue antes de que los funcionarios sacaran las pesas del sistema penitenciario porque los policías se quejaban de que veían a exconvictos salir a la calle con bíceps de veintidós pulgadas. El cuate que empujaba el hierro era el tipo de vato que te imaginas cuando piensas en los mexicanos a los que hay que temer. Llevaba pantalones cortos azules. Terminé una serie de flexiones y me acerqué a él.

—¿Qué andas haciendo? —le pregunté.

—Tiempo —me dijo. No le gustaban las charlas triviales.

—No —le dije—, ¿qué haces vestido de azul en el patio?

El hombre me explicó que había hecho pantalones cortos con pantalones que había sacado de la cárcel del condado de Los Ángeles antes de que lo enviaran a San Quentin. Su nombre era Mario Castillo y era de Baldwin Park. Me impresionó que vistiera los colores sureños en un patio lleno de norteños.

En los viejos tiempos, todos los mexicanos en el sistema penitenciario de California estaban unidos, pero a finales de los sesenta las cosas empezaron a cambiar. El incidente que lo incitó fue un asesinato por un par de zapatos.

En el sistema penitenciario del estado de California, la línea divisoria entre las pandillas mexicanas del norte y del sur de California se encuentra en Delano, una pequeña comunidad agrícola al norte de Bakersfield y al sur de Fresno. Incluso la propia ciudad de Delano está dividida por una sola calle. Es tan loco como suena, pero así es. Antes de que se construyeran Centinela y Calipatria y otras nuevas súper prisiones en la parte sur del estado, la mayoría de los sureños eran enviados a prisión en el norte de California, justo en el corazón de nuestros supuestos enemigos.

Cuando filmamos *Blood In, Blood Out,* San Quentin se había convertido en un Centro de Recepción del Norte, haciendo que el equilibrio entre norteños y sureños se inclinara aún más hacia los norteños que en mi tiempo en los años sesenta. A Mario no le importaba una chingada. De inmediato me cayó bien. No solo tenía los huevos para vestirse de azul en el patio, también era gracioso. Serio, pero gracioso. Le dije que probablemente podría conseguirle algo de trabajo en la película.

Mario no estaba interesado.

—Se ha corrido la voz de que ningún sureño trabaja en la película. Todos los tipos que tienes son norteños.

La política carcelaria entre los sureños y los norteños no solo se estaba desarrollando en la pila de pesas, se estaba colando en la producción. Debido al fiasco de *American Me*, Joe Morgan había decretado que ningún mexicano sureño de Folsom o San Quentin podía trabajar en ninguna de las dos producciones. Al principio de la filmación, Taylor Hackford preguntó por qué era tan difícil conseguir que se involucraran los mexicanos. Había algunos mexicanos, pero eran Border Brothers, ciudadanos mexicanos que estaban presos en Estados Unidos y serían deportados en cuanto terminaran sus condenas.

—Taylor, estamos haciendo una película sobre los mexicanos del sur en un centro de recepción del norte —le dije.

—¿Qué les preocupa?

—Lo más probable es que sean los colores. —Le expliqué el significado del azul y el rojo—. El rojo es el color que usan los norteños y el azul es el de los sureños.

—Oh, está bien —dijo—. Lo resolveremos, haremos lo que sea correcto.

Una cosa sobre Taylor Hackford, estaba dispuesto a escuchar a los hombres que sabían.

—Danny, ¿crees que podamos organizar una reunión con los norteños?

Hablé con George, quien (siendo de San José) conocía a algunos de los jefes de Nuestra Familia. Organizamos una reunión. Lo primero que dijeron fue: "No queremos que les falten el respeto a los norteños".

—Esta película no trata sobre el norte y el sur; esta película es sobre mexicanos, es sobre chicanos, es de antes de que nos separáramos y las cosas salieran mal. —Ahí fue cuando le entraron a los detalles.

—¿Qué pasa con los colores?

—No estamos alzando los colores, nadie estará vestido de azul o rojo.

Así fue que, durante todo el ciclo de producción, todos usamos marrón, un color neutro que representa a todos los chicanos. Se acordó que los reclusos indio-americanos podrían vestirse de rojo en la película porque ese ha sido históricamente su color.

La filmación no estuvo exenta de problemas. Un par de días antes de que termináramos de filmar, el actor al que le había quitado el cuchillo estaba "jugando a las docenas" (participando en una broma) con uno de los pesados de San Francisco. Las cosas se enseriaron cuando este actor dijo: "¡Soy mafioso!".

Había cruzado una línea. Enseguida, el corredor se sumió en silencio. Era como si la temperatura hubiera bajado cincuenta grados. La sensación en el aire era una vieja sensación que conocía bien, era la sensación de que estaba por estallar un desmadre. De inmediato hice retroceder al actor y George intercedió ante los norteños. Se había evitado una crisis, pero si hubiera más deslices, la violencia sería inevitable. Me aliviaba saber que estábamos cerca de terminar.

Lo que más me enorgullece es que al terminar de rodar *Blood In, Blood Out*, mis colegas actores me consideraban un compañero y no un convicto. Éramos los actores y no los asesinos que interpretábamos. Había superado mis inseguridades anteriores y, a su vez, había ganado un profundo nivel de respeto por los artistas que habían dedicado tanto tiempo y cuidado a la elaboración de sus personajes.

Antes del estreno de la película, Buena Vista Pictures, una subsidiaria de Disney, cambió el nombre a *Bound by Honor*. Supongo que algunos ejecutivos sintieron que el título original era demasiado violento para la marca.

Hice grandes amigos en esa película. Además de Taylor y el elenco, me acerqué a algunos miembros de Nuestra Familia y les hablé sobre cómo limpiarse. Dos de ellos se han mantenido alejados de las drogas desde entonces, y eso fue hace más de treinta años. Otro recluso, Briley "Chato" Perez de Hayward, sigue siendo uno de mis buenos amigos. Dice que le mostré que otra vida era posible y ha estado fuera de prisión y limpio durante más de quince años.

Pero Mario fue la persona que más me impactó en Quentin. Después de nuestro breve encuentro, nunca me olvidé de él. Quince años después, hablé en una convención de recuperación en Burbank. Entré al centro de eventos y desde el otro lado de la sala vi la espalda de un gran vato parado ahí. Supe de inmediato que era Mario. Resultó que después de algunos períodos más en la cárcel, Mario estaba limpio y sobrio y decidido a no volver nunca más. En ese momento, no tenía ni idea del papel que Mario iba a desempeñar en mi vida.

Capítulo 23

MI VIDA LOCA

1991

Terminamos de filmar *Blood In, Blood Out* y la producción estaba planeando una gran fiesta de despedida en San Francisco. Muchos de los lugareños que habían trabajado en la película iban a ir y el elenco me rogó que me quedara, pero no pude. Tenía que llegar a casa y darle un abrazo a Maeve. Estar cerca de tantos hombres encerrados y extrañando a sus familias me hizo extrañar a la mía más que nunca. En los años sesenta, cuando estaba en prisión, tuve suerte. No tenía nada en las calles y nadie en casa extrañándome y esperándome. Eso era lo que quería. Pero ahora tenía tres hijos y una gran mujer y no necesitaba esperar a que una junta de libertad condicional me dijera que podía verlos. Todo lo que necesitaba era un boleto de avión.

En el vuelo a casa, le pedí a Dios que me dejara estar presente y ser atento y cariñoso. Haber recibido esa cantidad de respeto y aceptación de los reclusos en San Quentin me emocionó. Recibir ese tipo de respeto cuando era recluso significaba que tenía que ser temido, pero recibirlo por haber hecho algo con mi vida después de ser liberado fue cien veces más satisfactorio. Fue un regalo increíble de Dios que me permitiera regresar a una prisión de la que no estaba seguro de salir con vida y hacer arte ahí.

El tiempo que transcurrió entre que aterricé en LAX y que el auto me llevara a Venice pudo haber sido solo veinte minutos, pero se sintió como un año. Lo primero que hice con los niños fue ir a la playa y jugar en la arena mientras Maeve nos preparaba la cena. En la cama más tarde esa noche, miré a Maeve, Gilbert y Danielle acurrucados y durmiendo juntos y pensé: *Tienes esta familia. Tienes esta cosa hermosa. ¿Por qué no quieres mantenerla así, Danny? A la mierda con lo que sea que esté ahí fuera. Lo que sea que sientas que te estás perdiendo. Esto es todo lo que necesitas.* Estaba en la cama con todo lo que amaba en el mundo y no era suficiente. Pensé: ¿Qué *chingados me pasa?*

Si hubiese sido más consciente de mí mismo, podría haber visto que Maeve y yo éramos personas emocionales, inmaduras y volátiles que querían tener el control y no querían ser controladas por el otro. En especial yo. Mi papá, mis tíos y sus amigos te consideraban débil si no podías controlar a tu mujer. Cuando uno de los hombres, sin levantar la vista, le decía a su esposa, "Tráeme una cerveza", todas las otras esposas se levantaban, preguntaban a todos sus maridos si querían una cerveza y la acompañaban a buscarlas. Si una de las esposas aceptaba un trabajo, bromeaban con su esposo en las barbacoas y reuniones diciéndole: "Anna, ¿está bien si Art bebe una cerveza?". Solo había una forma de ser un hombre en ese mundo.

Sabía que nunca me iba a comprometer con una relación monógama. Todos los días coqueteaba, era furtivo; mi vida pertenecía al mundo fuera de nuestro departamento. Nunca presté atención a cómo se sentía Maeve acerca de que yo hiciera mis propias cosas. Si quería salir, salía. No pedía permiso; no le decía cuándo estaría volviendo a casa. Los tontos hacían eso. Los tontos tenían que consultar con sus viejas cada vez que querían hacer algo.

"¿Dónde has estado?". No es asunto tuyo. "¿A dónde vas?". A veces ni lo sabía yo.

Siempre que Maeve se mudaba o me echaba, yo estaba bien por un tiempo, pero nos extrañábamos. Y este ciclo continuó sucediendo mucho después de que tuviéramos hijos. Todo eso era demasiado para mi entender. Es que nunca me vi como ese que se queda en casa y solo tiene una mujer.

Al día siguiente, estaba en la piscina con Gilbert y Danielle en brazos. Eran tan pequeños acunados en mis brazos. Cogí a Maeve mirándome como si supiera. Ella sabía cuánto la amaba a ella y a mis hijos, y yo deseaba ser una persona que simplemente no podía ser. Era como si supiera que esa sensación de que éramos una unidad familiar compartiendo el mismo techo podría durar otros dos días, dos meses o cinco años, pero estaba decidida a no dejar que el espectro de una posible ruptura futura empañara el presente. Me llamó desde la parrilla: "¡Danny, niños, fuera de la piscina! ¡Los hot dogs están listos!".

Le dije a Maeve que cuando George y yo estuvimos en San Quentin, lo pasé muy mal con mis emociones. Eso fue importante para mí. Realmente no soy de los que revelan los problemas del alma. Maeve sugirió que hablara con su mamá, que era terapeuta.

—Danny, creo que estás sufriendo de TEPT —me dijo—. Has sido traumatizado por los cuchillos, las pistolas y la violencia, por estar en prisión tanto tiempo. Todas las historias de hombres que has golpeado, en las calles, en los *ring* de boxeo, a través de rejillas de acero... la gente promedio no ha pasado por eso. La gente promedio no ha robado una licorería a punta de pistola. Tus experiencias no son normales. Has pasado por muchas cosas.

Lo que dijo era verdad. Pero solo podía pensar en las personas al otro lado de esos eventos.

—Le he hecho daño a mucha gente.

—Sí, es así. Pero la culpa sin autoconciencia lo empeora.

La primera vez que robé una tienda tenía catorce, casi quince años. Mi amigo Mike Serna y yo estábamos en mi casa después de la escuela un día, jodiendo, cuando entramos en la habitación de mi tío Art y comenzamos a sacar cosas de debajo de su cama. Sabía que tenía un arma allí y la encontré. Era una pistola 22 con el cañón roto. Art me había dicho que la iba a mandar a arreglar, pero aún dispararía si colocabas las manos sobre el cilindro. Mike y yo la llevamos al patio trasero y la probamos. Art tenía razón. Funcionó, pero nos quemó las manos.

En ese mismo instante, decidimos hacer nuestro primer trabajo. No estaba planeado, pero habíamos estado hablando de robos que queríamos hacer durante tanto tiempo. Llegó el día. Nos llevamos el Ford Fairlaine 500 descapotable rosado y blanco del '57 de mi tío Rudy. Éramos unos idiotas con bolas de bronce. No solo me faltaban años para tener una licencia de conducir, nuestro primer auto para huir por robo fue un convertible rosado y blanco. Nos dirigimos por Penrose hacia San Fernando y giramos a la derecha. Nuestro objetivo era el Far East Market en Lankershim en Sun Valley.

En el camino nos decíamos, "¡Vamos a hacerlo!", animándonos. Estacionamos a la vuelta de San Fernando junto a un desguace y nos acercamos a la tienda desde el sur. Estaba listo. La adrenalina hizo que todo se moviera en cámara lenta. Mis sentidos estaban a toda marcha. Entramos por la puerta y encontramos a una anciana asiática detrás del mostrador. Saqué el revólver que estaba metido en mis pantalones con ambas manos. Al igual que había ensayado tan cuidadosamente frente al espejo dos años antes, dije:

—Dame tu pinche dinero.

Mike estaba gritando:

—¡Lo escuchaste! —La señora abrió la caja registradora y me entregó ocho billetes de un dólar. Mike gritó—: La caja de puros. ¡Los billetes grandes están en la caja de puros!

Miré detrás del mostrador y vi la caja. La señalé con una mano y el cañón del arma se cayó. En ese instante, un asiático salió corriendo de la parte trasera del mercado gritando y agitando una cuchilla. Mike y yo salimos a todo trapo en la dirección opuesta al coche, pasamos por encima de las vallas y atravesamos un callejón para llegar al Fairlaine. Cuando nos volvimos a subir al coche, nos echamos a reír histéricamente. Fue un subidón. Habíamos ganado ocho dólares. Todo eso por solo ocho dólares. No nos importaba. Lo que nos importaba era la euforia que obtuvimos de la experiencia. Mike sugirió que nos llamáramos "Los bandidos que ríen".

Entonces nos reímos, pero ahora pensaba en la señora a la que le habíamos robado y lo asustada que estaba y lo gracioso que fue para Mike y para mí cuando salimos corriendo de la tienda. Es algo de lo que siempre me avergonzaré: infundir miedo a personas como esa mujer.

Cuando llevas un arma a un robo, puede pasar cualquier cosa. Cuando alguien muere durante la ejecución de un crimen y el criminal dice: "Nunca quise lastimar a nadie", están hablando mierda. Es simple y llanamente un asesinato. En el momento en que sacas un arma en un robo, todas las consecuencias recaerán sobre ti.

Parte del problema era que no creíamos que lo que estábamos haciendo estuviera del todo mal. Cuando robábamos a las personas, no las veíamos como personas. Las veíamos como dinero y una forma de conseguir algo que necesitábamos. No les estábamos quitando a ellas sino dándonos a nosotros. Pensábamos que, si tenían dinero, eso significaba que podrían obtener más. Cuando logré la sobriedad, dejé de hacerle eso a la gente, pero había muchas otras partes de mi vida en las que seguía siendo egoísta.

El mundo de la sobriedad requiere introspección. Había estado en ese mundo durante tanto tiempo y me sentía avergonzado de quien había sido y de lo que había hecho, pero nunca había pensado mucho en la masculinidad descabellada en la que había crecido y cómo eso me había formado. Solo pensaba que, si me mantenía sobrio y ayudaba a otras personas a estar sobrias, estaba haciendo todo lo necesario. No miré al niño que había sido y lo que le había sucedido y cómo todo eso informó al hombre en el que me había convertido.

Pensé que era solo uno de los tantos tipos con pesadillas muy malas.

Maeve estaba profundamente enamorada de mí y yo de ella, pero yo no podía expresárselo o mostrárselo de una manera convencional.

Le tengo tanto respeto por cómo se comportó durante esos años. Maeve te dirá que incluso antes de que llegara mi carrera como actor, tenía una especie de aura a mi alrededor, ya fuera en reuniones o caminando por la rambla de Venice. No era fácil estar a mi sombra, ni para ella ni para nuestros hijos. Si me preguntas a mí, juraría que no tenía ego en ninguna de esas cosas, pero incluso eso es una pendejada, un pensamiento egocéntrico. Sin embargo, cuando salió *Blood In, Blood Out,* mi vida cambió completamente. Por más infame que fuera en los círculos de Los Ángeles, ahora tenía fama legítima en todo el mundo. Estaba en un nuevo camino y no sabía si lo íbamos a sobrevivir como unidad familiar.

* * *

Justo después de *Blood In, Blood Out,* me ofrecieron una chamba en una película de Allison Anders llamada *Mi vida loca*. Se trataba de unas chamacas que crecen en la vida de una pandilla y cómo la crueldad del mundo las destroza. *Mi vida loca* fue una película importante para mí después del torbellino en el que me vi envuelto: alejarme de *American Me* y ser elevado por *Blood In, Blood Out.* Ambas películas apuntaban a mostrar el otro lado de la vida de las pandillas, pero es algo que *Mi vida loca* realmente logró.

Mi vida loca se centró en la verdadera soledad y desesperación que son los subproductos de la vida de las pandillas: el sufrimiento de las familias. Nadie iba a hacer una película de dos horas sobre padres e hijos con el corazón roto, pero *Mi vida loca* dedicó tiempo a mostrar los momentos oscuros y serenos: escenas de niñas embarazadas en la fila del Departamento de Servicios Sociales tratando de obtener cupones de alimentos, una madre llorando en su cocina porque su hija fue asesinada en un tiroteo desde un vehículo en movimiento, padres recogiendo el auto de su hijo, acribillado a balazos, del depósito.

Allison Anders es una artista. Ella lo entendía. Comprendió que los jóvenes se creen invencibles, que a otras personas les pueden pasar cosas malas, pero a ellos no. Creen que son los traficantes más inteligentes y los hijos de la chingada más malos que jamás hayan pisado la tierra. Allison sabía lo tentadora que era la vida de las pandillas para los niños del barrio y se dio cuenta de que es difícil enseñar algo a alguien cuando cree que ya lo sabe todo.

Habían pasado años desde que había estado en una pandilla, pero era la única lección que Gilbert no me había enseñado. No éramos invencibles. Muchos de mis viejos amigos estaban muertos, víctimas de la vida. Las batallas que pensamos que habíamos ganado tuvieron consecuencias que creímos que nunca nos importarían. Estaba en contacto constante con viudas, viudos, padres e hijos sin madre. A continuación, no valoramos nuestras propias vidas ni las de las personas que nos rodean. Y yo había pasado años tratando de compensar por eso.

Capítulo 24

LO CORRECTO

1991

Mientras la madre de Danny Boy, Diana, estuvo en la cárcel, yo logré establecer contacto con los padres de Diana, los abuelos de Danny Boy, que vivían en Long Beach. Llevaba a Danny Boy y lo dejaba para que viera a sus abuelos. Cuando él tenía cinco años, me metí en problemas porque cuando llegó a ver a sus abuelos y le preguntaron qué quería hacer, dijo: "¡Vamos a la playa a ver a las chicas!".

La mamá de Diana me llamó y me dijo: "Danny, ¿qué le estás enseñando a este niño?".

Poco después se trasladaron a Lompoc, una pequeña ciudad a unas pocas horas al norte de la costa central. Cuando Diana salió en libertad, se fue a Lompoc a vivir con sus padres, y dejé que Danny Boy se quedara allí por períodos cada vez más largos, especialmente en el verano. Una vez, fui a buscar a Danny Boy y la mamá de Diana lo llamó de la calle. Me paré y lo vi jugar con un grupo de unos diez amigos. Estaba en el cielo. En Lompoc, Danny Boy tenía grandes jardines en los que jugar y un montón de amigos. Era como Mayberry. Casi que esperaba que Opie llegara caminando calle arriba con su caña de pescar. Por otro lado, Venice, donde vivíamos, estaba lleno de pandillas al este de la playa: Venice Trece, Crips, Bloods. Los niños de la edad de Danny Boy se estaban asociando. La única pandilla de niños con la que Danny Boy iba a caer en Venice era una pandilla real, y luego sería solo cuestión de tiempo antes de que comenzara la mierda. Trabajaba con drogadictos, y Venice era un gran lugar para mí, ya que había muchos de ellos alrededor y podía ayudarlos a recibir tratamiento. Pero las madres de mis hijos y yo teníamos nuestras propias historias de problemas con las drogas, y todos sabíamos que nuestros hijos lo llevaban en sus genes. En Venice, era solo cuestión de tiempo antes de que los problemas los alcanzaran. Quizás no era el mejor lugar para criarlos.

En la calle de Lompoc, Danny Boy escuchó que su abuela lo llamaba y, aunque estaba emocionado de verme, me di cuenta de que se le hacía difícil dejar a sus amigos.

—Está bien, papá, voy para allá en un minuto —me dijo. Los vi despedirse el uno del otro y me quebré un poco por dentro. Danny Boy estaba feliz en Lompoc.

Cuando volvimos a Venice, le dije a Maeve lo que había visto y le pregunté qué pensaba. Maeve había tratado a Danny Boy como a su primer hijo. Ahora tenía diez años y Gilbert, que tenía tres, había crecido con su hermano mayor. Los dos compartían una litera en la misma habitación donde Danielle tenía su cuna. Amaban a su hermano mayor con todo su corazón. Sería extremadamente difícil separarse de él, pero Maeve trató de ver el panorama completo. Diana y sus padres eran gente buena, responsable y cariñosa con trabajos decentes y casas bonitas.

—Podría ser mejor para Danny Boy estar en Lompoc —me dijo Maeve—. Es hora de considerar dejarlo vivir con su mamá.

—No quiero estar lejos de mi hijo —le dije.

—Aquí está a sólo uno o dos años de la calle, y lo sabes —dijo Maeve—. Allá estará más seguro.

—Bueno, ¿y qué de Gilbert y Danielle? Ellos también necesitan estar seguros.

—Son bebés. Tenemos tiempo para resolver nuestras vidas y salir de aquí —dijo Maeve. Y la verdad era que a Maeve y a mí nos costaría mudarnos. Maeve se había criado en Venice y, como administraba el departamento donde vivíamos, recaudaba los alquileres y supervisaba las reparaciones, vivíamos sin pagar alquiler. Era el barrio, pero nos funcionaba. Pero Danny Boy tenía un boleto de salida y tal vez debía usarlo.

Con la aprobación de Maeve, fui a ver a Danny Boy y le pregunté si le gustaba estar en Lompoc con su mamá y sus abuelos. Dijo que sí.

—¿Qué te parecería vivir allá?

Aparentaba estar luchando con algo.

—Jamás quisiera hacer nada que hiriera tus sentimientos, papá. Eres mi papá.

—Nunca podrías hacer nada que me lastime, Danny Boy. Eres mi hijo, siempre serás mi hijo. Te quiero más que a nada. Así que dime: ¿te gusta estar allá?

El asintió. Había sido relevado de la responsabilidad de mis sentimientos.

—Me encanta estar en casa de mamá.

—¿Tienes muchos amigos?

—Mucho más que aquí. ¿Y papá?

—¿Sí?

—A veces me entristece que mamá no tenga un hijo cerca. Ella está sola.

Volví a la cocina y llamé a Diana.

—¿Cómo son las escuelas en Lompoc?

Ella empezó a gritar:

—¿Cómo puedes hacer esto? ¿Por que me estás haciendo esto?

Su madre tomó el teléfono.

—Danny, ¿qué está pasando?

—Solo le pregunté a Diana cómo eran las escuelas en Lompoc en caso de que Danny Boy quisiera mudarse allá. Quizás pensó que me estaba metiendo con ella.

Su abuela se emocionó tanto que comenzó a hiperventilar.

—Ay, tienes que entender, Danny, aquí tienen las mejores escuelas. Las escuelas son increíbles, los maestros son increíbles.

La idea de que Danny Boy viviera en Lompoc era claramente algo con lo que habían fantaseado durante mucho tiempo.

—Está bien, hablaré con él al respecto, pero creo que le encantaría.

* * *

Danny Boy se mudó para estar con su madre y sus abuelos en Lompoc. Maeve o yo íbamos en coche todos los fines de semana para recogerlo y traerlo a Los Ángeles para que viera a Gilbert y Danielle. Muchas veces llevábamos a los niños a ver a Danny Boy. Gilbert y Danielle lo extrañaron un montón. Todos lo echábamos de menos. Fue difícil, pero era lo correcto.

Capítulo 25

EL AMAÑADOR

1995

Un actor llamado Raymond Cruz, a quien había conocido en Venice, me llevó a conocer su agencia. Pensó que necesitaba mejor representación. Creo que el agente de Raymond no me vio como algo demasiado especial, pero para mantener feliz a Raymond, me pasaron con una agente junior llamada Gloria Hinojosa, que acababa de comenzar en la empresa. Gloria era divertida, bien chida y, lo más importante, súper diligente. Tan pronto como firmé con Gloria, mi carrera despegó.

La primera chamba que me consiguió Gloria fue *Baywatch*, para un episodio en el que (sorpresa), interpreté a un exconvicto que monta una Harley y era demasiado pendejo para dejar que su hijo participara en un programa para niños del barrio. Fue divertido, todo el mundo era bien chido y me pagaron por pasar el rato en la playa a unas pocas cuadras de mi departamento.

Había mucho trabajo pero no era variado. Me ofrecieron un papel en una película sobre prisión llamada *Last Light* con Kiefer Sutherland y Forest Whitaker. Era el debut de Kiefer como director. Fui elegido nuevamente como (sorpresa) un recluso. El nombre oficial de mi personaje era "segundo recluso". En privado, pensé: *¿Segundo recluso? No mamen, estoy yendo hacia atrás.*

Al principio de la producción, Kiefer había traído al proyecto a un amigo que terminó perdiendo el control. Quizás Kiefer pensó que la locura del tipo lo convertiría en un recluso convincente, pero en un set de película, la imprevisibilidad solo causa grandes dolores de cabeza bien chingados. Cada vez que el asistente de dirección decía "*Rolling*" para que comenzara a rodar la filmación, el tipo comenzaba a gritar, "*Rolling on the river*", a todo volumen y con agresividad.

Para cuando llegué, ese tipo ya no estaba más. Cuando Kiefer se dio cuenta de que era demasiado volátil, tuvo que hacer que el personal de seguridad lo escoltara fuera del set. Ahí fue cuando las cosas dieron un giro más complicado. Me di cuenta de que algo lo tenía preocupado a Kiefer; estaba teniendo dificultades.

—¿Qué pasa, Kiefer? —le pregunté.

—Nada —contestó.

Pero una semana después, quedó claro que no era simplemente "nada". Kiefer me llamó desde Nueva York y me dijo que este tipo lo tenía preocupado, que después de despedirlo de la película, el tipo lo había amenazado a él y a sus hijos.

Yo era actor, pero también se me veía un poco como un amañador. Tenía fama de saber cómo funcionaban las cosas en las calles. Si la gente tenía problemas que no creían que tuvieran una solución legal, me llamaban para pedirme consejos y ayuda. Le dije a Kiefer que no se preocupara por eso.

Descubrí quién era el tipo y George y yo le hablamos. El hombre estaba molesto porque Kiefer le había prometido que después de tantos días de trabajo podría obtener una tarjeta del Screen Actors Guild (el gremio de actores), y por eso lo estaba acosando. Traté de ser diplomático.

—Quizás lo de la tarjeta no haya funcionado en este caso. Pero si no la cortas, alguien podría meterte un M-80 en el trasero y disparar. —Eso pareció funcionar. Al día siguiente envió flores y una disculpa a la esposa de Kiefer.

Lo que aprendí sobre Hollywood es que, si ayudaba a alguien con un problema, o se convertían en mi mejor amigo o se distanciaban de mí. Kiefer estaba legítimamente agradecido. En cuanto a los demás, tal vez sintieron que al pedir ayuda habían revelado una debilidad. Este fue un patrón que se repitió algunas veces en mi carrera cinematográfica. Comprendía por qué la gente acudía a mí —me consideraban un hombre duro legítimo, no solo alguien que interpretaba a uno— pero, la dinámica no siempre era cómoda. Era nuevamente la misma mierda que había enfrentado en *American Me*. Pensaba: *¿Me contrataste porque soy actor o porque soy un exconvicto?*

Independientemente de mis preocupaciones privadas sobre cómo me percibían, estaba claro que los agentes de casting de Hollywood me veían como un malo. Al año siguiente, me contrataron para interpretar a Johnny 23 en *Con Air*, un violador en serie que forma parte de un grupo de convictos que planea escapar robando un avión de transporte de la prisión. *Con Air* fue un festival de machos desde el principio, tanto en la película como en la producción. Nada se decía ni se hacía sin que se convirtiera en un concurso para medir vergas. Benny "The Jet" Urquidez, una leyenda mundial del kárate y el kickboxing, estaba merodeando por el set porque entrenaba a John Cusack en ese momento. Los tipos siempre hacían bromas durante la producción. Una vez estaba lloviendo y alguien jaló la lona bajo la que estábamos sentados. Me cayó agua. Salté en un instante y dije: "¿Qué chingados les pasa?". Benny vio lo enojado que estaba y me apartó.

—Estos tipos no entienden nuestro tipo de ira, Danny.

Tuve algunas conversaciones con tipos en ese trabajo que siempre conducían a la misma conclusión: "¿Cómo crees que me iría en prisión?". Es una fascinación extraña, casi universal, de los hombres. No entienden lo jodida que es esa pregunta. En primer lugar, cualquiera que se lo pregunte probablemente no le iría bien en prisión porque ya se sabe lo que les causa miedo. Ser abusados. ¿Cómo les iría? Tal vez si, como muchos chamacos que estuvieron en el reformatorio conmigo, golpearan a alguien en la cabeza con un bate o un trozo de concreto o lo apuñalaran, comenzarían a armarse de una reputación que podría protegerlos de algo de la violencia. Pero tenías que cometer violencia para evitar la violencia.

Sabía a qué se referían los actores, pero era una tontería. La gente tiene la fantasía de que si te pones de pie la primera vez que alguien te desafía, puedes pasar tu condena sin ser abusado. Eso es una pendejada. Conocí a un muchacho blanco que entró, fue abusado por unos mexicanos y los madreó a los dos en su celda. El tipo era malo. Dos noches después lo encontraron en su celda con su gorro puesto y la garganta cortada de oreja a oreja. Un charco de su sangre en el piso fue lo que alertó a los guardias. Hizo lo que se suponía que debía hacer, lo que la gente de afuera cree que tienes que hacer para que la gente te deje en paz, y dos mexicanos entraron a su celda y le quitaron la vida. Si vas al penal, tienes que estar con tu raza, ponerte a trabajar, y solo así tendrás algo de protección. Así y todo, tienes que temer a tus propios cuates. Las prisiones son caldo de cultivo para la paranoia y la locura. Solo hace falta que un tipo de tu grupo diga algo, ya sea por celos o sospechas. Una vez que se susurra un rumor, sea cierto o no, ya te pones a la defensiva y muchas veces el castigo es la muerte.

Debes tener mucho cuidado si te involucras con estupideces como las drogas y el juego, cualquier cosa que te pueda endeudar, porque si causas problemas, tu propio grupo te regulará. O pagas protección y caminas por el patio como una perra. Para las personas que son reconocibles y conocidas al entrar, su única opción es pagar por protección. He visto fotos de tipos famosos en la cárcel con sus "cuadrilla", pero de una forma u otra les está pagando.

Antes de que mi papá se casara, cuando vivía en la casa de mis abuelos, hacía de todo con mis tías y primas. La casa tenía cuatro habitaciones. Mi abuela y abuelo dormían en una; mi papá y mis tíos Art, Rudy, Fred y Gilbert compartían otra; mi tía Carmen y su esposo Manuel compartían la siguiente; y los otros ocho —mis tías Margaret, Reyna, Lobby; las cuatro hijas de Carmen, Mary Carmen, Coke, Toni (las gemelas) y Salita; y yo dormíamos en una habitación con cuatro camas al final de un pasillo largo.

Yo era el más joven, y si ves fotos mías de cuando era pequeño, siempre estaba con chicas: cuatro aquí, cinco allá, nueve allá. Hacíamos todo por separado de los hombres, incluso las comidas. Por eso no sabía que podía orinar de pie hasta que mi tío Gilbert me lo dijo. Nos disfrazábamos y jugábamos con muñecas y nuestro perro Blackie. Gritábamos, nos reíamos. Lo que más recordaba y extrañaba en los entornos dominados por hombres en los que estuve más tarde, era que no había competencia. Si una de las niñas podía lanzar una piedra con más fuerza, era bien chido. Nadie lo cuestionaba. Nadie lo refutaba.

Sin embargo, *Con Air* era como la calle y las prisiones donde los tipos competían por quién podía golpear más fuerte, orinar más, hacer más flexiones, levantarse más viejas e incluso escupir más lejos: estos hombres participaban del mismo juego peligroso pero en la seguridad del set de una película. Pero Nic Cage era sumamente cool. A pesar de toda la testosterona que impulsaba ese set, hice más amigos en *Con Air* que casi cualquier película en la que había estado: John Malkovich, Steve Buscemi, Ving Rhames, Jesse Borrego, Dave Chappelle y mi carnal Emilio Rivera. Emilio realmente me impresionó. Me recordaba mucho a mí, la forma en que se hizo conocido, cómo se manejaba en el set. Y para que conste, John Cusack es un auténtico duro del kickboxing. *Con Air* terminó siendo una buena película, pero a veces interpretar a tipos enfermos como Johnny 23 me afecta. He visto demasiados en la vida real.

En cuanto a trabajar con grandes estrellas de Hollywood, mi siguiente película llevó todo al siguiente nivel. *Heat* me puso a trabajar con los grandes. Había conocido al director Michael Mann unos años antes cuando fui elegido para *The Drug Wars: The Camarena Story*, una miniserie sobre Enrique "Kiki" Camarena, un agente encubierto de la DEA que fue torturado y asesinado por el cartel en Guadalajara. Me puse a hablar con Michael después de hacer una escena en la que me felicitó. Nunca lo olvidaré. Tenía fama de ser duro como un clavo, pero se acercó a mi tráiler después de una escena en la que ataco verbalmente a Treat Williams. Michael me había dicho que fuera tras Treat con fuerza en una toma, y lo hice, y creo que tomó a todos por sorpresa. Michael llamó a mi puerta y podría haber jurado que me iba a despedir. En cambio, dijo:

"Danny, esa fue una actuación digna de un Emmy". Pensé: *Si asustar a la gente es digno de un Emmy, ya debería haber ganado un montón.*

Ni siquiera fui contratado para actuar en *Heat*. Eddie Bunker y yo fuimos contratados como asesores de robo a mano armada. Cuando comenzó la producción, la primera vez que Michael Mann me vio, me llamó Gilbert.

Mann había filmado *The Jericho Mile* diez años antes en Folsom, pero nunca até cabos de que él había estado ahí al mismo tiempo que mi tío Gilbert.

Le dije a Michael que era Danny, el sobrino de Gilbert Trejo.

Al principio parecía confundido, como si pensara que se había equivocado o estaba viendo un fantasma. Luego pareció reconocerme y dijo: "Ah, sí, hicimos la miniserie de Camarena juntos".

Michael dijo que Gilbert había hecho posible completar la filmación de *The Jericho Mile*. Para filmar en cualquier prisión en funcionamiento, la producción necesita la cooperación de los reclusos. Los negros y los blancos habían accedido, pero los mexicanos no. Gilbert y otros jefes mexicanos manejaron las negociaciones y consiguieron que los mexicanos aprobaran la película. Gilbert incluso se enganchó unos días del sindicato SAG. Le dije a Michael que Gilbert había fallecido. Estaba realmente conmovido.

Después de resolver todo eso, Michael dijo: "Danny, hay una parte en esta película que creo que te quedaría bien". En ese momento, el nombre del personaje era Vince o algo similar; creo que ni siquiera era mexicano. El guion pasó por dos revisiones mientras hice la prueba para el papel, pero en mi tercer intento, Michael me entregó el guion y me dijo: "Danny, el papel es tuyo. Lo siento, pero no puedo llamar a este personaje de otra forma que no sea Gilbert Trejo". Lo dijo casi en tono de disculpa, pero para mí fue el mayor honor.

Heat es una película de atracos, una de las mejores y más emocionantes películas de atracos de todos los tiempos. Protagonizada por Val Kilmer, Robert De Niro, Al Pacino, Jon Voight, Tom Sizemore, Amy Brenneman y Ashley Judd. Además de mi nombre en honor a Gilbert, el personaje de Jon Voight se basó en Eddie Bunker. El primer día que

Jon fue al set, trajo una foto de Eddie al tráiler de maquillaje y dijo: "Hazme ver así". El resultado final fue tan bueno que cada vez que veo la película, pienso en Eddie.

Heat fue la primera vez que me sentí completamente asombrado por la gente con la que estaba trabajando. Era como si hubiera estado pintando casas durante mucho tiempo y de repente me encontrara en un van Gogh. De Niro es una leyenda viviente, pero fue muy paciente conmigo y me enseñó mucho durante nuestras escenas. Es el tipo de actor que deja el guion de lado y trabaja en los momentos. Lo de Robert De Niro no está en las palabras sino en el espacio que se encuentra entre ellas. Cuando estábamos repasando la escena de mi muerte, dijo:

—Danny, ¿cómo crees que deberíamos actuar esto?

—Bob, ¿qué piensas tú?

—Creo que ya estás muerto y aguantas lo suficiente como para pedirme que te mate. —Ese ángulo lo hizo tan poderoso.

En la escena le pregunto: "¿Dónde está mi Anna?", y él dice: "Muerta". Gimo en una combinación de dolor y esperanza dejando el cuerpo de mi personaje. Cuando Mann gritó, "Corten" en la escena, Bobby dijo: "Buen trabajo, Danny", y me ayudó a levantarme del piso.

Mientras trabajamos, observé a Robert en el set. Siempre era amable, pero conservaba su energía para cuando importara. Un día de filmación a veces puede durar diecisiete horas. Es mucho y tienes que poner toda tu energía en cada toma. Observando a De Niro, Kilmer y Voight, aprendí mucho sobre cómo la guardaban para cuando importaba.

Hay una irrealidad en los sets de las películas que no existe en ningún otro lugar del mundo. Hubo un tiempo (está cambiando) cuando a ciertas personas, generalmente actores y directores, se les permitía salirse con la suya con un comportamiento terrible. He visto a actores decir cosas horribles a los miembros del equipo, y se sabía que, si hubiesen sucedido en cualquier otro lugar, el electricista o el asistente de grip los habría desmadrado, pero como era en un set, no querían que la producción se detuviera o arriesgarse a tener una mala reputación. Una vez vi a un actor enfrentarse a una joven pasante de vestuario y hacerla llorar.

"Relájate", le dije. Se puso de pie como para desafiarme y le agregué: "Será mejor que pienses en lo que estás haciendo". Él sabía que hablaba en serio. Llamé a Eddie y le conté lo que pasó. "Te entiendo", me dijo, "pero antes de que lo mates, debes meter la mano en tu billetera y romper tu tarjeta SAG, porque estarás matando a la estrella de la película".

Le dije a Eddie que me recogiera y, mientras esperaba, alguien de producción se me acercó. Esto nunca sucede, pero me ofrecieron doblar mi sueldo si me quedaba y mantenía a raya a ese actor. Mirando hacia atrás, fue un pequeño precio a pagar para proteger su inversión.

Hollywood también necesita músculo.

Cuando terminó *Heat*, le di a Michael Mann una foto de Gilbert en la cárcel que se suponía no debía existir. Definitivamente no debía caer en manos de los federales: era de todos los que mandaban. Hasta donde yo sé, Michael tiene esa foto de Gilbert colgada en su oficina hasta el día de hoy.

Después de que *Heat* salió en VHS, la vi con Maeve, Gilbert y Danielle. Los niños aún eran pequeños y, aunque yo estaba ahí con ellos, les fue difícil verla. Era la primera vez que me veían morir en la pantalla. Gilbert fue el único que logró quedarse en el sofá. Danielle y Maeve tuvieron que irse de la sala. Entré en la habitación de Danielle para darle un abrazo. Se aferró a mí como si quisiera una prueba de que realmente estaba ahí. La escena de mi muerte se sintió real para ella porque era tan pequeña, pero también me afectó a mí. Había actuado con el nombre de mi tío, el nombre de mi hijo, muriendo sin nada por lo que vivir. Era hacia donde se había dirigido mi vida y como podría haber terminado.

Capítulo 26

EL AMAZONAS DE LA SEÑORA FINLEY

1996

Maeve y yo no nos estábamos llevando bien, y al no llevarnos bien me refiero a que éramos explosivamente combativos a todas horas del día. Podíamos estar riendo, peleando, haciendo el amor y peleando de nuevo en el espacio de una hora. Era demasiado. Nunca era una cosa, era todo. Estaba de malas con Maeve, y en privado sentía que ella realmente había llevado todo al punto más allá del límite conmigo, sin vuelta atrás. Por eso estaba particularmente entusiasmado con los trabajos que me obligaban a viajar. En 1996 filmé dos películas en Manaos, Brasil. La primera fue una película francesa llamada *Le Jaguar*. La segunda fue *Anaconda* con Jon Voight, Jennifer Lopez, Ice Cube y Eric Stoltz.

En *Le Jaguar* estábamos filmando entre Brasil, Venezuela y París. La selva tropical me dio vuelta la cabeza. En el desayuno de la primera mañana en Venezuela, dos guacamayos enormes y hermosos merodeaban por un enorme restaurante al aire libre que estaba pegado al hotel en el que nos estábamos quedando. Eran súper listos. Uno te chingaba mientras el otro te robaba el desayuno. Pedí otro desayuno y el otro pájaro me chingó para que el primero pudiera robarme el segundo desayuno. Traté de hacerme amigo de uno extendiendo mi mano, y me echó una mirada de reojo que decía: "¿De dónde pinche saliste tú? ¿Acaso no ves mi pico? Me llevaré tu dedo". A partir de entonces, pedí tres tazones de avena de los de catering, uno para mí y dos para mis nuevos amigos.

Trasladamos la producción a Brasil, y cuando el avión comenzó a acelerar para despegar, una guacamaya hermosa siguió el ritmo del avión todo el tiempo que pudo. Me pregunté si sería uno de mis amigos del desayuno buscando un último tazón de avena.

Filmamos en un pueblo a unos treinta kilómetros de Manaos, la capital de la Amazonia. Enclavada en el corazón de la selva tropical, Manaos es la principal ciudad en los "pulmones del mundo". Durante el día íbamos caminando a una zona de la jungla donde habían construido el set. La producción me había dado un coche alquilado, y después del trabajo todos los extras y yo íbamos a Manaos y pasábamos la noche entera bailando. Estuve día y noche con los extras de esa película, todos nativos de Brasil. Su energía era tan positiva, cálida y encantadora, pero eran orgullosos. Los indígenas de Manaos siempre dijeron que fueron los únicos que nunca hicieron un tratado con los portugueses y los españoles porque, aunque habían conquistado las costas, nunca llegaron tan lejos en el Amazonas.

De regreso a Canaima, Venezuela, para filmar escenas adicionales de la aldea y la jungla, desde el aire vi enormes trozos de selva que faltaban por la tala de árboles. Era como si la tierra tuviera enormes cicatrices. La persona forestal que había en mí desde mis días de campamento se entristeció. Al acercarnos a Canaima, sobrevolamos el Salto Ángel, la cascada más alta del mundo. No soy el mayor defensor del medio ambiente del mundo, pero las maravillas de Dios son impresionantes, y le dije a alguien: "Aquí debe ser donde Dios viene de vacaciones".

En Venezuela acababa de producirse un golpe. Mi guía y yo estábamos caminando por el centro y yo justo llevaba botas de paracaidista. Unos cinco chamacos de quince años con rifles AK empezaron a gritarme, preguntando de dónde había sacado mis botas.

Quise hacerme el tonto, así que dejé que el guía hablara mientras yo decía: "Americano".

Mi guía les dijo: "Es un actor de Estados Unidos. Las consiguió en

Estados Unidos". Exigieron un recibo. Morían por mis botas —pensaron que las había comprado en el mercado negro—.

Creo que el equipo de producción estaba preocupado por todo lo que andaba socializando. Cuando tuvimos una semana libre del rodaje y otro cliente de Gloria, Gil Birmingham, y Richard Duran lo aprovecharon para viajar, el equipo de producción no me quería dejar ir a ningún lado.

—Pero Richard y Gil se van a Perú —les dije.

—Porque se quedarán con el *tour* o cerca del hotel. Te hemos observado. Vas a los peores barrios de Manaos para ir de fiesta, aunque sea una fiesta sobria. Te pagaremos extra solo por quedarte en tu hotel. De hecho, si te quedas en tu habitación, te pagaremos aún más.

Durante el rodaje de *Le Jaguar*, fui a París para una prueba de vestuario —un viaje hasta París para que me vistan como un miembro de una tribu con un taparrabos—. ¡Los presupuestos de las películas! Así que volé a París, y tan pronto como llegué, encontré una reunión. Me presenté como Danny de Los Ángeles. Todo el mundo hablaba francés, así que no sabía lo que decían, pero fue chido porque incluso si no hablo el idioma, el idioma de la recuperación es algo que reconozco en cualquier lugar.

Después, un tipo se acercó y me dijo que era de Los Ángeles. Me invitó a tomar un café. Con Marlboros de por medio, me dijo que se había casado con una mujer francesa. Me contó que la llevó a Estados Unidos de luna de miel, y cuando llegó el momento de volverse a casa, ella le dijo: "Gracias por la ciudadanía, me voy a quedar". Él prefería París, así que se fue. Lo último que le dijo a ella fue: "¡Gracias por la ciudadanía!".

Como hablaba francés e inglés, tuvo la amabilidad de llevarme a pasear, así que al día siguiente se reunió conmigo en mi hotel y caminamos por el Louvre y otros lugares de interés, y fue increíble, y luego estábamos caminando por el Sena cuando vi esta enorme catedral. Sabía exactamente de qué se trataba, pero me sorprendió porque no sabía que

Notre Dame se encontraba en París. Por alguna razón, siempre pensé que se encontraba en Roma.

La plaza estaba completamente vacía y había niebla en el aire. Me recordó a la primera noche que entré en el patio de San Quentin. Pero en lugar de imponente, la Catedral era hermosa, santa, tranquilizadora, lo opuesto al "Ahora Mismo". Era el "Para Siempre". Casi me caigo de rodillas. Estuve tan cerca de llorar que mi amigo me preguntó qué me pasaba. No quería entrar en todos esos meses que pasé en el calabozo, reviviendo *El jorobado de Notre Dame.* Solo le dije que significaba mucho para mí. Podía ver cuánto me conmovía, así que él se conmovió. Antes de irnos, dije, "¡Santuario!", canalizando a Quasimodo, y nos reímos.

Regresé a mi hotel y llamé a Eddie Bunker. Su esposa me dijo que Eddie estaba en París filmando una película llamada *Chameleon* con Seymour Cassel. Estábamos caminando bajo un puente cerca del Sena por la noche cuando tuve que orinar. Estaba orinando contra una pared de granito y dije:

—Oye, Eddie, ¿esta pared no te recuerda a Folsom?

—Mexicano, estás en París —me contestó—. ¿Puedes olvidarte de Folsom aunque sea un ratito?

La escuela y yo no siempre nos habíamos llevado muy bien, pero más tarde ese año, cuando estaba filmando *Anaconda,* no pude evitar recordar a mi maestra de cuarto grado en la escuela primaria Elysian Heights, la señora Finley. La señora Finley se ponía vestidos coloridos y grandes brazaletes de madera que chocaban entre sí. Ella era un mujerón y yo le caía muy bien.

La señora Finley estaba obsesionada con el río Amazonas. Nos enseñó que el río Negro extrae sedimentos de los afluentes, y que a los nenúfares gigantes llamados *Victoria amazonica* les crecen tallos largos cuando el río está alto, y los lirios se mantienen por encima del agua cuando el río retrocede. Nos contó que sus brazaletes eran de la tribu yanomami que vive en la selva tropical.

Gritábamos, "Ya no, Mami", y ella se reía y nos reíamos con ella, pero luego la señora Finley levantaba los brazos y decía: "¡Niños, las estrellas en el cielo nocturno sobre el Amazonas son abrumadoras! ¡Abrumadoras, les digo!". Luego agitaba los brazos para que sus pulseras chocaran entre sí.

Le preguntamos si alguna vez había estado en el Amazonas y dijo que no.

No podía creer que hablara de ese lugar tan íntimamente, como si hubiera vivido allá.

—Si nunca ha estado ahí, ¿cómo puede hablar de ese lugar como lo hace?

—Simplemente lo sé.

De todos los maestros que tuve, la única a la que le presté atención fue a la señora Finley. Ella me enseñó que, si te enfocabas intensamente para imaginarte algo, realmente podías creer que estabas en otro lugar. Es una habilidad que había demostrado ser valiosa en prisión.

Al principio de la filmación de *Anaconda*, estábamos navegando en un enorme barco de madera por el río Negro cuando vimos nenúfares del tamaño de un Volkswagen Beetle que sobresalían del río en tallos gigantes. Parecían salidos de Dr. Seuss.

Ice Cube alucinó.

—¿Qué es eso? —preguntó.

Le conté que se llamaban Victoria algo y crecían con la subida y bajada del río, y cuando el río retrocedía, salían del agua esperando que el río volviera a subir.

Unos minutos después, alguien dijo algo sobre el color del agua y yo dije:

—Por eso se llama río Negro. El agua de los afluentes de las montañas está negra por los sedimentos. Se mezcla con el agua que viene del océano.

Todos se me quedaron mirando como diciendo: ¿Cómo *mierda sabes eso?*

—Maldita sea, Danny —dijo Ice Cube—, acaso no se suponía que eras un gánster.

—Mientras cumplí mis condenas, leí mucho, carnal, para compensar mi falta de educación.

Estaba mintiendo. No pude contarle sobre la señora Finley.

Unas semanas más tarde, tuve que filmar una escena en la que me devoraba la anaconda gigante. Mientras el resto del elenco estaba de regreso en el hotel, yo estaba solo con el director y el equipo de grabación.

Navegando a casa por el río Negro, me paré en la proa del barco. El equipo estaba en la popa tratando de dormir. Miré hacia arriba y nunca había visto tantas estrellas en mi vida. Había capas sobre capas de miles y miles de estrellas. Me eché a reír. Me reí tanto que desperté a todos.

—Danny, ¿qué es tan gracioso? —me preguntó el director.

Lancé mis manos al aire como la señora Finley y grité:

—¡Las estrellas en el cielo nocturno sobre el Amazonas son abrumadoras! —Me reí aún más fuerte—. ¡Dondequiera que esté, señora Finley, tenía razón!

Dos noches después, Jennifer López se presentó al trabajo con brazaletes de madera que, según explicó, le habían regalado.

—Son de la tribu yanomami.

Ella pareció sorprendida.

—¿Cómo sabías?

—La señora Finley.

—Eres un viaje, Trejo —dijo Ice Cube, riéndose.

Cuando regresé al hotel esa noche, llamé a Maeve y a los niños y les dije que deseaba que estuvieran ahí conmigo y que quería que vieran las estrellas en el cielo nocturno sobre el Amazonas. Estaba aprendiendo mucho a través de los viajes, aunque hasta ahora no había tenido la oportunidad. Quería que mis hijos conocieran la belleza del mundo y las diferentes culturas.

Capítulo 27

LA VIDA DOMÉSTICA

1996

Cuando volvía de los viajes, siempre traía regalos para los niños. De Brasil le traje un dardo a Danny Boy que los indígenas usaban para matar ranas. Maeve dijo: "¿Estás loco?", y levantó el dardo. "¿No te imaginas uno de estos metidos en los ojos de Gilbert?".

Maeve finalmente se cansó de que yo andara haciendo de las mías, de pelear, de que yo amenazara con mudarme, de que le dijera que se mudara. Supongo que ella pensaba que cada vez que me mudaba, tenía la opción de regresar. Por lo que se fue ella.

Fue más difícil de lo que pensaba. Volví a ser padre soltero. Y encima de todo, perdí mi departamento en Venice. Me metí en problemas con la dueña del edificio, una vieja irlandesa-americana dura de Chicago o Boston o uno de esos lugares. Nuestro desencuentro la llevó a pedirme que me fuera.

Al menos Maeve tuvo la amabilidad de encontrarme un departamento en Santa Monica cerca de donde iban a la escuela nuestros hijos. Extrañaba a Maeve. Yo preparaba el desayuno de los niños, agitando latas, haciendo ruido, desparramando harina, fingiendo ser un chef magistral, y luego salía de la cocina con una pila perfecta de panqueques recién salidos de la caja.

Sabía que no quería ser como mi padre, y había estado fuera de la cárcel el tiempo suficiente para conocer algunas buenas familias y ver cómo funcionaban. Familias que se formaron en torno al amor, no a la rabia. Papás que no tenían miedo de decirles "te amo" a sus hijos.

No tenía metas o ambiciones específicas para mis hijos, excepto que, más que nada, quería que se sintieran amados. Mi papá se llevaba muy bien con mis primos y los otros niños del vecindario, pero no conmigo. Actuaba como si hubiera algo malo en mí y no podía prestarme atención ni mostrarme afecto. Nunca me dijo que me amaba. Así que nunca le prestaba demasiada atención a otros niños cuando los míos estaban cerca. Les decía que los amaba en privado y frente a la gente. Danielle me besaba. Yo besaba a los niños. Los niños odiaban eso, pero de todos modos lo hacía.

Gilbert jugaba al T-ball, y el chamaco no era un Babe Ruth que digamos. De hecho, el equipo entero estaba formado por los restos de la selección de T-Ball. Éramos como los Bad News Bears de la vida real. Estaba ayudando a entrenarlos, y cada semana veía a los papás gritándoles a sus hijos. Sin embargo, les dije a los niños de mi equipo: "No se preocupen, no me importa si le pegan o no. Consigan un out. Sólo inténtenlo". Ese equipo no ganó ni un solo partido en toda la temporada, pero lo intentaron. Hacíamos una llamada y respuesta en la que les preguntaba: "¿Cuál es el único fracaso en la vida?", todos contestaban: "¡No intentarlo, señor Trejo!".

Cuando Danny Boy estaba de visita de casa de su madre en Lompoc, yo llevaba a los niños al Cheesecake Factory en Marina del Rey. Colocaba a Danny Boy, Gilbert y Danielle en el auto, y Danielle me miraba y decía: "Papi", luego ponía una cara de anciana y extendía las manos. "¡Mi bolso!". Nunca iba a ningún lado sin un bolso. Si ves fotos de Danielle a partir de los cuatro años, siempre tiene un bolso. Yo apagaba el auto, subía las escaleras, agarraba un bolso, bajaba corriendo y ella lo miraba y me preguntaba: "¿Este bolso hace juego con mis zapatos?". Lo decía con tanta naturalidad que me daba ganas de reír, pero la coordinación del color del bolso y los zapatos no era un asunto de broma para Danielle. La llevaba de regreso al departamento conmigo para que eligiera un bolso que hiciera juego con sus zapatos. Danielle me enseñó muchas cosas, pero sobre todo, me enseñó a tener paciencia.

Cuando Danny Boy y Gilbert armaban un alboroto mientras Danielle y yo estábamos sentados en el sofá comiendo botanas, ella decía: "¡Los niños apestan!".

Y yo le contestaba: "Tienes razón, los niños apestan".

Una vez dijo: "Es estúpido lastimar a alguien sin razón". De la boca de los bebés. Yo tuve que crecer con cierta dureza para sobrevivir: en un abrir y cerrar de ojos me volví duro. En el penal, incluso en el reformatorio, perdí mi capacidad para discutir o enojarme. Acudía directo a la rabia. La mejor defensa que puedes tener a tu disposición es esa rabia, porque con ella puedes matar a alguien si fuese necesario. Cuando salí de prisión y llevaba clientes a los tribunales, me sorprendió ver a los abogados discutiendo. Me quedaba esperando a que uno de ellos terminara golpeando al otro. De donde yo venía, el resultado final de cada discusión era un asesinato. Quería que mis hijos pudieran defenderse —hasta Danielle aprendió a boxear—, pero quería que vieran las peleas como último recurso.

El alboroto de los niños era un tipo de juego que yo entendía. Mis dos hijos podían pelear. Lo llevaban en ellos como todos los hombres Trejo. Pero Gilbert tenía un arma adicional. Dejé de discutir con Gilbert cuando tenía cinco años porque estaba ganando todas las discusiones que teníamos. Era un manipulador tan experto del lenguaje que una parte mía esperaba que, en lugar de ser un acusado algún día en el futuro, fuera un abogado de alto valor. Sentado con Danielle en el sofá, arrojándole palomitas de maíz a Danny Boy y Gilbert mientras peleaban en el suelo, deseaba que los tres niños se quedaran así para siempre, en un mundo donde las caídas estaban protegidas por una alfombra gruesa y las burlas se dejaban a un lado por un tazón de palomitas de maíz.

Aunque estábamos más lejos de la playa que en Venice, igual íbamos caminando hasta la playa y comíamos en el Sidewalk Café. Había un patio de recreo ahí, construido sobre arena, donde Gilbert perdió todos los juguetes de las Tortugas Ninja habidas y por haber. Ese parque era un agujero negro para los juguetes. A veces hacía ejercicio en Muscle Beach mientras los niños se colgaban de la cerca y miraban.

Venice era una comunidad donde las personas podían ser bichos raros a todo dar. Había tragafuegos; un tipo que hacía malabares con motosierras. Harry Perry, un guitarrista que patinaba sobre ruedas. Todos eran mis amigos y me vigilaban a los niños si era necesario.

Cuando necesitaba ayuda, recurría a mis amigos de la comunidad de la rambla de Venice. Cuando Danny Boy era pequeño, lo dejaba con chamacos que bailaban *break dance*. Danny Boy se subía al tapete de linóleo y giraba en el suelo, ganando dinero del público. Otro niñero único de Venice Beach era Louis Offer, un tipo con tatuajes locos y cabello rojo estilado como cuernos de diablo que siempre estaba en la rambla con su iguana. Todos amábamos a Louis. Habría recibido una bala por mis hijos.

Cuando Gilbert tenía seis o siete años, mi amigo Eric Feigin tuvo un accidente de motocicleta y no tenía dónde quedarse, así que lo mudé a casa para que me ayudara con mis hijos. Llevaba a mis hijos a la tienda de brujas, donde había velas de hechizos que podían oler y cristales y ese tipo de cosas. Las personas que hicieron de niñeros para mis hijos nunca fueron de la variedad genérica.

A menudo bajábamos a la playa con Dennis Hopper y su hijo. Solo vivían a un par de cuadras de nosotros; su hijo Henry y Danielle tenían aproximadamente la misma edad, y Henry amaba a Gilbert.

Para ese entonces, Dennis y yo habíamos sido amigos hacía unos años. Nos conocimos cuando mi antigua novia, Connie —la misma Connie que, según Danny Boy, nunca lo obligó a recoger sus juguetes— llevó a Dennis a una reunión para que me escuchara hablar. Estaba recientemente sobrio y Connie y su amiga Monica pensaron que le serviría escuchar mi historia.

Nos llevamos bien desde el principio.

Dennis dijo: "Danny, si tú puedes mantenerte limpio, cualquiera lo puede hacer".

Me reí y le contesté: "Ese parece ser el consenso general aquí".

A partir de ese día fuimos inseparables. Vivía a pocas cuadras en Venice en dos chozas de Quonset unidas por un puente. Hacíamos todo juntos: asistir a reuniones, ir a inauguraciones de arte y ver los partidos de sus amados LA Clippers. Dennis siempre conducía, lo que a mí me funcionaba porque tenía un Jaguar padrísimo. Dennis amaba el baloncesto. Solía burlarme de él, "Dennis, somos bajitos, no nos gusta el baloncesto". Y él me contestaba: "Danny, no es un juego de hombres altos. Muggsy Bogues, Spud Webb, son pequeños, pero pueden saltar".

La mayoría de las veces nos reuníamos en el Venice Café; Dennis pasaba a recogerme caminando y comíamos y caminábamos por la rambla con los niños si estaban con nosotros. Dennis siempre caminaba rápido para que la gente no lo detuviera. Yo camino despacio y digo: "¿Qué onda?", pero ese no era Dennis. En la rambla, si alguien presionaba a Dennis para que hablara demasiadas sandeces, los cortaba en seco. No sabían si les iba a morder la lengua o les iba a dar una paliza. Cuando hablaba con la gente, pensaban ¿Está furioso? ¿Está bromeando? Lo que me hacía gracia a mí era que sabía que estaba furioso y bromeando.

Cada día con Dennis era una lección de actuación. Me decía: "Danny, si bebes un vaso de agua en una escena, ¡bebe el agua! Si estás cruzando una habitación, ¡simplemente cruza la habitación!". Le quitó la interpretación a sus interpretaciones: la autoconciencia de los actores lo volvía loco. "Haz lo tuyo y no te preocupes por las cámaras", decía. "Si al director le gusta lo que estás haciendo, volverá a filmarlo para asegurarse de que lo tiene. Y si sabes que hiciste una buena toma y él te pregunta si quieres otra, dile: '¡No, la tienes!' ". Era un perfeccionista, pero confiaba en que el director y los camarógrafos conocían su trabajo.

A Dennis le gustaba tanto tenernos a mí y a George cerca que nos dio papeles en una película llamada *Doublecrossed: The Barry Seal Story*, que estaba rodando en Puerto Rico. San Juan era hermoso. Para George y para mí, fue como unas vacaciones pagadas. Pasábamos el rato en la playa y un montón de mujeres acudían en masa a George. Tenía más de setenta años, pero aún conservaba su magnetismo y su aspecto portugués de viejo sensual. Con la situación económica siendo tan mala en Puerto Rico en 1991, muchas de las mujeres trabajaban en la industria del sexo. Le rogaban a George que las llevara de regreso a San Francisco y las pusiera a trabajar.

Me volvía hacia George y le decía:

—¿Qué te parece?

—Danny, ¿estás loco? Soy demasiado viejo para darle una patada en el culo a una vieja a la una de la mañana para que vaya a la calle.

Asentí con la cabeza y luego dije:

—¿Y qué tal las diez de la noche?

Se rio. Dennis Hopper acababa de regresar del rodaje del día. Al ver a todas estas mujeres alrededor de George, dijo:

—¿Qué tienes, viejo? ¿Qué tienes? En serio, ¿qué tienes?

Maeve y yo al fin nos separamos definitivamente. Hablando zodiacalmente, éramos signos de tierra: tierra y agua. Juntos hicimos barro. Peleamos mucho. Mi hijo Gilbert dice que aprendió a hablar con oraciones completas antes de cumplir un año porque estaba tratando de arbitrar nuestros partidos a gritos. Maeve recuerda que Gilbert tenía cuatro o cinco años y gritaba: "¿Qué les pasa a ustedes?". A veces, para ser más diplomático, decía: "Papá, ¿por qué no te mudas abajo? Hay un departamento disponible".

Cuando las cosas iban bien, íbamos a la playa, jugábamos en el agua y comíamos helado. Cuando pienso en esos días, eso es lo que recuerdo. Los niños empezaron la escuela y Maeve me hacía mover el culo y ser parte de las noches de la asociación de padres y asistir a las reuniones de padres y maestros. Ella era la que estaba empeñada en hacer las cosas bien. Maeve era la cocinera, la compradora, la limpiadora, la súper madre. Y era asombrosa haciendo todas esas cosas. Como era vegetariana, no salíamos mucho a comer, pero a todos nos gustaba más comer en casa. Además, yo salía a trabajar, o trabajaba horarios extraños, o pasaba el rato con mis amigos en las reuniones y después iba a tomar un café con los recién llegados.

Maeve arregló con un amigo fotógrafo (lo llamaré K para proteger a los inocentes) para que nos tomara un retrato familiar. Sin que Maeve lo supiera, K tenía un club de striptease ilegal en su estudio. Algunas de las estrellas porno más famosas del mundo solían bailar ahí. Pasé por ahí una noche con George —ahora, recuerda que George era un padrote que había pasado seis períodos en San Quentin y había visto todo tipo de depravación humana—, y esa noche en lo de K, George dijo:

—Danny, ¿sientes eso?

—¿Qué?

—Siento las llamas del infierno lamiendo mis pies.

Cuando Maeve me dijo que había arreglado que K nos fotografiara, lo llamé y le pregunté:

—¿Le dijiste a Maeve que haríamos un retrato en tu estudio?

—Danny, no te preocupes. ¡Esa mierda no pasa en el estudio durante el día!

El retrato iba a suceder. Maeve nos había comprado a Gilbert, Danny Boy y a mí pantalones negros, camisas blancas y corbatas rojas. Consiguió vestidos especiales para ella y Danielle. Estábamos bien vestidos, pero peleamos durante toda la sesión. En la foto, se ve el desastre que éramos. Los niños están llorando y Maeve está tan enojada que apenas logra mantener la calma. Está pensando: *¡Yo até estas corbatas! ¡Compré esta ropa!* Siempre estaba tratando de brindarnos experiencias que las familias "normales" tenían, pero yo no podía hacerlo. Jamás podría ser solo normal.

Una de nuestras peleas ocurrió alrededor de la Navidad de 1989, cuando Gilbert era un bebé. Comparada con otras discusiones que habíamos tenido, ni siquiera fue tan mala. George y yo llegamos a casa, pero planeábamos volver a salir. Maeve dijo:

—Esta noche te ibas a quedar con los niños.

Supongo que tenía algo planeado que yo me había olvidado.

—Pero volveremos enseguida —le dije.

Maeve me lanzó los regalos y comenzamos a decirnos de todo. Al parecer, algunos vecinos escucharon los gritos y llamaron a la policía. California acababa de aprobar una ley de arresto obligatorio que decía que, si se llamaba a la policía para un informe de violencia doméstica, alguien tenía que ir a la cárcel.

La policía se detuvo cuando George y yo estábamos subiendo al auto. Dijeron que alguien había llamado a la policía por los gritos que venían del departamento 22. Todos regresamos al departamento. Un policía le preguntó a Maeve si estaba bien.

—Sí —dijo—. ¿Qué pasa?

Repitió lo que había dicho: que alguien había llamado por un disturbio en nuestro departamento. Ambos dijimos que todo estaba bien, pero él dijo:

—Alguien tiene que ir a la cárcel. ¿Quién va a ser?

De seguro que no iba a ser Maeve, ella no había hecho nada malo. Así que dije:

—Iré yo.

Maeve se llenó de angustia.

—¡Pero solo estábamos discutiendo! —exclamó.

Una hora después, Eddie Bunker y George pagaron la fianza y volvimos a casa. Maeve se quedó despierta esperándonos y nos preparó algo para comer.

Fue una molestia menor en aquel momento, pero se agrandó con el pasar del tiempo. Ser arrestado termina en tu historial. Ese arresto fue probablemente el que me causó los mayores problemas legales cuando se trataba de trabajar en el extranjero. No estoy diciendo que Maeve y yo teníamos razón al discutir, y de ninguna manera estoy en contra de la intervención policial cuando es necesario, pero eso fue lo que fue y lo que fue, fue una discusión.

Maeve y yo no podíamos vivir juntos, pero no podíamos estar separados. Nos habíamos estado separando durante diez años, desde que nos conocimos a principios de 1986. No me preocupaba demasiado. Ya tenía otra vieja. Maeve fue quien lo terminó. Jhonnie Harris dijo: "Danny, no importa quién lo termine, solo que termine". Más tarde, Maeve me diría que cuando se fue sintió que me estaba liberando. Hice una última jugada para ganármela y ella me bajó la cortina. La había enviado a Hawái con un par de amigas, y por alguna razón me puse celoso porque un tipo las llevó al aeropuerto al final de su viaje. Había encontrado otra cosa más por la que estar enojado y celoso, y Maeve estaba harta. No la culpo.

A finales de abril de 1997 habíamos terminado y yo ciertamente estaba libre, pero no por mucho tiempo. Me presenté menos de un mes después, sin camisa, para recoger a los niños, con el nombre de otra mujer tatuado en mi pecho solo para ponerla celosa.

Tenía cincuenta y tres años y estaba actuando como si tuviera diecisiete. Unos meses más tarde Maeve se casó con otra persona para vengarse de mí, así que yo me casé con alguien para vengarme de ella.

Capítulo 28

ALTIBAJOS

1997

Conocí a Debbie Shreve en una reunión. No voy a bares y no salgo con nadie que beba. Debbie era diferente de cualquier mujer con la que había estado antes. No necesitaba que la salvara y no podía hacer que dependiera de mí a nivel económico. Debbie conducía un Mercedes, ganaba mucho dinero y era extremadamente cuidadoso con él. En mis relaciones, siempre había sido el proveedor de la familia; esta era una nueva dinámica que se sentía diferente. De alguna manera pensé que estaba tomando una decisión más adulta.

Debbie estaba empeñada en quitarme el lado callejero. Durante años yo había llevado un fajo de billetes en el bolsillo envuelto en una goma elástica, asegurándome de tener los billetes más grandes en el exterior. Cuando Debbie vio eso por primera vez, dijo: "Danny, la gente pobre lleva tres mil dólares envueltos con una goma elástica. La gente pobre o los traficantes". Yo había sido ambos.

Al principio, las cosas iban bien. Disfrutamos de la compañía del otro. Pero unos años entrados a nuestra relación, las cosas comenzaron a cambiar. Nos habíamos mudado de Winnetka a una casa enorme cerca de Chatsworth que continuamente estaba siendo remodelaba. Parecía demasiado, pero me gustó el tipo de hogar que Debbie estaba construyendo para nosotros. Lo llenamos de antigüedades de México, barandillas de hierro forjado y alfombras y azulejos mexicanos. Debbie era dueña de muchas propiedades de alquiler cuando la conocí y juntos compramos más. Cada vez que terminaba un trabajo, le enviaba los cheques a nuestra contadora y ella invertía ese dinero en la adquisición de nuevas casas y departamentos. Yo hacía lo que ella me dijera que hiciera.

Gran parte del conflicto que tuvimos fue por mis hijos. Debbie y yo no podíamos tener hijos. Lo intentamos, pero no pudimos. Yo tenía cincuenta y tantos años. Ya tenía a mis hijos y en realidad no quería más. Gilbert y Danielle venían a quedarse con nosotros cada dos fines de semana, pero pronto eso se convirtió en un problema. Mis hijos estaban teniendo dificultades. No sé si estaban maldecidos con los genes de adictos, o si se hicieron los amigos equivocados en el momento equivocado, o si el problema fue que, a diferencia de Danny Boy, Maeve y yo nunca habíamos logrado sacarlos de Venice. Esperábamos que no sucediera, pero sucedió. Se les dio por las drogas a una edad muy temprana, al igual que a mi.

Debbie no era su madre, y cuando intentaba controlarlos, ellos no se la hacían fácil. Los ponía en un régimen de tareas domésticas y controlaba sus gastos. Yo le decía que se lo tomara con calma, solo los tenía por un tiempo limitado. Ella decía: "Danny, los vas a malcriar si no les caes encima y les pides que aporten como puedan".

"¿Aporten como puedan? Debbie, tienen doce y diez años. Solo nos ven cada dos fines de semana. Quieren verme. Nos extrañamos".

Sin embargo, tenía razón. Yo tenía mi propio estilo de crianza y, a menudo, Diana tampoco estaba de acuerdo. Cuando Danny Boy tenía alrededor de dieciséis años, lo agarraron a él y a un amigo en Lompoc fumando mota. La policía lo atrapó y querían que les dijera quiénes eran los otros niños, pero él se negó.

Diana me llamó y me gritó, diciendo: "Habla con él como un padre, no como su mejor amigo".

No me iba a poner pesado con Danny Boy. Como siempre digo, a veces un *vamos por panqueques* tiene más valor que un sermón. Pero no podía llevarlo a comer panqueques, así que lo llamé por teléfono y le dije:

—Me han dicho que ahorita tengo que hablar contigo como un padre. Así que no te quiero ver corriendo con tijeras nunca y si todos tus amigos saltaran de un puente, ¿tú también lo harías?"

Se echó a reír y Diana volvió al teléfono, furiosa.

—¿Qué estás haciendo? ¿Crees que esto es una broma? ¿Qué le dijiste?

—Le dije que no quiero encontrarlo corriendo con tijeras nunca.

—¡Eres un pendejo! —exclamó. Pero hasta ella se tuvo que reír.

—Oye, cuando tenía dieciséis años, me arrestaron por robo a mano armada. ¿Quién mierda somos nosotros? ¿Ahora resulta que eres Debby Boone? ¡Acabas de salir de la cárcel!

Tal vez fui demasiado tolerante con todos mis hijos, y la línea entre el amor y ser demasiado permisivo se volvió turbia. Danny Boy fumaba mota, pero para él, la mota bastaba. Cuando Gilbert y Danielle comenzaron a fumar mota y a beber, recé para que no se graduaran a drogas más duras. La respuesta de Maeve y mía fue decirles que tenían que ir a las reuniones de los doce pasos. Ya habían estado en tantas reuniones de recuperación cuando eran niños que Gilbert dice que cuando fumó mota por primera vez a los nueve años, sintió que había recaído, como si hubiera estado limpio durante nueve años y ahora lo hubiera estropeado. Nunca lo pensé de esta manera, pero luego me dijeron que asociaban las reuniones con el castigo.

Las cosas comenzaron a empeorar. Sus notas se fueron a la chingada. Estoy seguro de que esta es una historia con la que muchos padres pueden identificarse. No sabes si es una fase y si pasará o en qué dirección terminará, derecha o izquierda. Cuando le presenté la mota a mi amigo Timmy Sánchez, se enfermó y nunca más volvió a consumir drogas, mientras que yo seguí a todo dar. Para algunos niños, la mota es una droga de entrada. Para otros, es solo mota. Pero si su madre y su padre son adictos, es muy probable que ellos también lo sean.

A diferencia de mí, Gilbert y Danielle no estaban impulsados por la rabia. A mí me emocionaba asustar a la gente, a Gilbert y Danielle no. Los había criado con el tipo de amor que nunca me habían dado, y esperaba que eso rompiera el ciclo, pero aquí estábamos. Cualesquiera que fueran las razones, ya fueran genéticas o una vida hogareña caótica, o una combinación de las dos, se las aguantaron. Gilbert, que siempre había sido bueno discutiendo, comenzó a usar sus habilidades para manipular, triangular y dar vuelta a la narrativa para drogarse.

Puede haber parecido que no estaba lidiando con el problema, pero desde mi punto de vista, estaba luchando para ganar tiempo y así poder decidir qué jugada hacer. La ira de Debbie hacia mí por habilitarlos estaba bien ubicada, pero no me sentó bien. Le dije a un viejo amigo lo que estaba pasando y me preguntó:

—¿Aun se pueden reír juntos?

Tuve que estirar mi mente para recordar la última vez que nos habíamos reído.

—La verdad, no.

—El amor tiene que ser divertido y gratis, Dan. No es una situación de rehenes emocionales.

Maeve y yo habíamos peleado, pero también nos habíamos reído un montón. Había pasión en nuestra vida juntos. Desde el momento en que Maeve se mudó —y fue ella quien insistió en que Danny Boy estuviera con nosotros— nos convertimos en una familia. Hicimos de ese diminuto departamento en Venice un hogar. En poco tiempo éramos cinco y nunca se sintió aglomerado. Cuando no nos gritábamos, nos reíamos mucho. Extrañaba eso.

Pero con el pasar de los años, comencé a identificar algo que estaba mal en mí. Quería mi propio espacio, pero no quería estar solo. Al principio de nuestra relación, Debbie quería venir a todas partes conmigo para mi trabajo, pero como sus propios negocios sufrían durante su ausencia, decidió que tenía que quedarse en casa. Eso fue chido para mí, me gustaba el tiempo a solas, pero Debbie comenzó a hacerme sentir culpable por tener que dejar la ciudad y viajar por trabajo. Quizás culpa sea una palabra demasiado fuerte, pero se convirtió en un problema.

Como Maeve o cualquiera de mis ex podrían contarte, no me gustaba tener que compartir mi agenda con nadie. Pero mis viajes de trabajo eran lo de menos; el problema más grande fue que me enfermé de hepatitis C. Los restos de mi pasado, un pasado que incluía compartir agujas y usar agua del inodoro para colocarme, habían asomado su fea cabeza.

Comenzó después de que terminé *Reindeer Games* en Canadá en 1999. Aunque me arrastré hasta Austin para comenzar *Spy Kids* en 2000, igual me la pasé padrísimo. En esa película, trabajé con dos de los niños más talentosos que he conocido: Alexa Vega y Daryl Sabara. Mientras estábamos filmando, había un frasco de "malas palabras" junto al carro de sonido. Cada vez que un adulto decía una mala palabra, tenía que poner un dólar en el frasco. Creo que los niños ganaron tanto dinero con el frasco de malas palabras como con sus salarios del SAG.

Carla Gugino y Antonio Banderas interpretaron a sus padres, Ingrid y Gregorio Cortez, espías que trabajan para la Organización de Súper Espías. Cheech Marin interpretó al tío, y yo interpreté al hermano alejado de Antonio, Isador "Machete" Cortez, un inventor de dispositivos de espionaje, como Q en las películas de James Bond.

Las películas de Robert Rodríguez eran como reuniones familiares: había trabajado con Antonio y Cheech en *Desperado* y *From Dusk Till Dawn*. Antonio Banderas es simplemente especial. Yo bromeaba diciendo que, si me viera como él, me quedaría en casa todo el día y me tomaría fotos. Cheech se rio de eso. Es más joven que yo, pero creció en el Valle y de chamaco había oído hablar de mí y de mi tío Gilbert. Cheech fue a una escuela secundaria privada, Alemany, y me burlaba de él por eso.

—Solíamos sacarles el dinero del almuerzo a los niños de Alemany.

Se rio.

—¡Lo sé!

Estiré mi mente para recordar si él había sido uno de los niños a los que les habíamos robado.

* * *

Después de Alexa y Daryl, me encontré trabajando con otro brillante actor joven. Terminé *Spy Kids* y me puse a trabajar en *Bubble Boy*, una película protagonizada por Jake Gyllenhaal. Me encanta cómo los sets de películas son un lugar donde las personas de entre seis y noventa años se convierten en colegas profesionales. En la película, interpreté a un motociclista. Pero cuando llegué a *Bubble Boy*, mi enfermedad había progresado. Estaba pálido, débil. Fuimos al médico y él insistió en que me sometiera a un ciclo de interferón y Pegatron que me enfermó como un perro. Si la hepatitis C no me iba a matar, pensé que la cura podría hacerlo. Debbie estuvo ahí para mí, y siempre estaré agradecido, pero enfrentar mi propia mortalidad hizo que nuestras disputas parecieran más como una pinche tontería. Mis mayores temores eran si aún iba a poder trabajar y si podría evitar que la gente de Hollywood se enterara de mi enfermedad. Estaba seguro de que expresarían su preocupación y me enviarían buenos deseos, pero hay algo que sucede en Hollywood cuando te etiquetan como "bienes dañados". Y era importante seguir trabajando, porque ¿quién se haría cargo de los niños y de Maeve? No pensé que Debbie pudiera o quisiera hacerlo.

Todas las mañanas me inyectaba las drogas y me iba a trabajar. Sudaba, vomitaba. La gente notó que había perdido peso. Pero no dije: "Ah, sí, son el interferón y el Pegatron para mi hepatitis C". Recuerdo que estaba tan fuera de mí que recién leía las líneas que se suponía debía haber memorizado la mañana en que debía salir a ejecutarlas. Sentía que estaba decepcionando a la gente. Estaba en la lucha. Y cuando llegaba a casa y peleábamos por el dinero, los niños o lo que sea, se me volvió demasiado.

Debido a mi papel en *Spy Kids*, en septiembre de 2002 fui invitado a la gran inauguración del International Spy Museum en Washington, DC. El teléfono de Debbie sonó mientras estábamos haciendo el recorrido, así que se apartó para aceptar la llamada. Cuando se reunió con nosotros, tenía lágrimas en los ojos. "Danny", dijo. "Ese era el doctor. Dijo que estás completamente libre de hepatitis C. Estás curado".

Al terminar *Spy Kids* y liberarme de la hepatitis C, comencé a realmente disfrutar la vida. Amo mi vida y siempre la vivo tan plena y alegremente como pueda, pero estar tan enfermo me exprimió el alma. Siento que Dios dijo: "Permaneciste agradecido, seguiste intentándolo, ahora puedes disfrutar un poco las cosas".

Y con el lanzamiento de *Spy Kids* noté un gran cambio en la forma en que la gente reaccionaba ante mí en las calles. De la misma manera que *Heat, Desperado* y *Blood In, Blood Out* me hicieron reconocible al instante con los adultos, *Spy Kids* hizo lo mismo con los niños.

Algunos años después, iba en una camioneta en Sudáfrica y una banda de niños comenzó a perseguirnos. La escena me tenía confundido, así que le pregunté al conductor qué estaba pasando. Me contestó: "Eres el tío de *Spy Kids*; los niños lo saben".

Vaya, pensé, *soy una estrella internacional para los niños. Qué responsabilidad tan chida.* De la noche a la mañana, con *Spy Kids,* había pasado de ser el malo, un estereotipo mexicano, a alguien a quien los niños podían admirar. A lo largo de los años, probablemente he escuchado: "Mira, mami, es el hombre de *Spy Kids*" en cuarenta idiomas diferentes.

La mejor parte de interpretar al tío Machete en *Spy Kids* fue que el personaje se asemejaba mucho más a mí en la realidad que cualquiera de los papeles de gánster violentos que había interpretado anteriormente. Esa parte mía de gánster había estado muerta desde finales de los sesenta.

Mientras alcanzaba un pico en mi carrera, Gilbert se hundía más en las drogas. Una vez, en la casa que Debbie y yo compartíamos en Hiawatha, lo sorprendí saliendo del baño totalmente drogado. Me di cuenta de que no era mota; más tarde supe que era cocaína. Lo agarré, lo sacudí y le dije: "¡Romperé todos los huesos de tu cuerpo!".

Era exactamente lo que mi padre me había dicho cuando yo tenía siete años y pensó que le había mentido sobre mi madre y mi tío David. Y lo más extraño de todo fue que tenía su olor. Cuando mi padre se enojaba mucho, tenía un olor en particular; no era olor corporal, era un almizcle que era una especie de mezcla entre la ira y el miedo. Estaba sintiendo ambas cosas en ese momento.

Lo largué, salí y me senté en la banqueta. Fue terrible ver a Gilbert tan arruinado a una edad tan joven, a pesar de que tenía más años que yo cuando probé la heroína. Estaba demasiado herido y asustado como para llorar. Volví adentro y le dije: "¿Sabes qué, Gilbert? Nunca volveré a agarrarte así, pero no puedes consumir drogas en esta casa". Incluso mientras las decía, las palabras se sentían vacías. No lo podía controlar. Sabía que el viaje estaba comenzando.

Mientras la situación de Gilbert empeoraba, las cosas con Debbie estaban llegando a un punto crítico. Ella andaba preocupada por alguien con quien yo había comenzado a hacer negocios y peleábamos por eso constantemente. Resulta que al final tenía razón, pero no pude verlo en aquel momento.

Y luego Gilbert fue arrestado. Se había mudado de casa de Maeve y, cuando no estaba conmigo en algún fin de semana, vivía con un amigo en Venice. Maeve intentó sacarlo de ahí, pero él no quiso escuchar. Entonces Gilbert terminó en un caso judicial por un cargo de etiquetado, y le dije que iría a la corte con él. Maeve nos encontró allá. Le dije que teníamos todo bajo control, pero insistió en entrar con nosotros. En la sala del tribunal, le dijo al juez que Gilbert estaba fuera de control y le explicó que había conseguido una ubicación para él en un centro de rehabilitación de seguridad mínima en Utah. El juez estuvo de acuerdo. Por supuesto, Gilbert estaba furioso. Yo también estaba enojado. Pero fue la decisión correcta. Gilbert finalmente tuvo la oportunidad de estar limpio por primera vez en unos años.

Mientras tanto, Debbie y yo no nos estábamos llevando bien. Cuando me encontré con un Chevy del '38 que mi amigo Ronnie Hernández quería vender, me enamoré de él en cuanto me senté adentro. Costaba quince mil dólares, pero Ronnie dijo que me lo darían por once. Debbie dijo que no teníamos dinero, que las cosas estaban demasiado ajustadas. Yo trabajaba tanto que no podía entender por qué no podíamos pagarlo. Había superado la pesadilla del interferón y quería disfrutar un poco de mi vida. Teníamos ocho propiedades de alquiler, por el amor de Dios.

No toqué más el tema, pero un par de semanas después, Ronnie me llamó y me dijo que Debbie lo había llamado para comprar el Chevy en secreto. Dijo que quería dármelo de regalo, pero insistió en mantenerlo bajo su nombre. Fue una movida furtiva e innecesaria. Además, si las cosas estaban tan apretadas, ¿de dónde sacó el dinero para comprar el auto? Me puso en una situación en la que si le decía "Eso fue raro. ¿Por qué lo volviste raro?", ella podría decir: "Solo lo estaba haciendo por ti". Pero no sentí que fuera para mí. Era para controlar todo el asunto. No solo ese auto; ella quería todo a su nombre. Compramos cuatro casas juntos que estaban todas a su nombre. Mi vieja camioneta estaba a su nombre. Lo único que ella tenía a mi nombre era su nombre.

Odiaba sentirme controlado, lo cual es jodido e irónico porque fui un pendejo controlador en todas mis relaciones pasadas. A menudo bromeo diciendo que Debbie logró vengarse por la forma en que había tratado a mis ex. Solo que ella lo hizo a través de las finanzas. Había herido a mi primera esposa, Laura; la primera Debbie, la bella ilustradora; y a Joanne, ese pequeño petardo que dejaba en Sybil Brand Institute quien me ayudó a criar a Gilbert. Era celoso y era infiel. Ahora me la estaban devolviendo. Era karma, la palabra que escuché por primera vez luego de orinar sobre ese tipo después de madrearlo en ese bar. Me lo merecía, pero el karma sigue siendo una perra.

Mi relación con Debbie fue la única en la que fui fiel. No sé necesariamente por qué, tal vez solo quería demostrarles a los demás y a mí mismo que podía serlo. No era un ángel, ni de cerca, pero sabía en mi alma que esa forma de vida no era la correcta. El engaño era agotador, no emocionante. No había gozo en herir a las personas que me amaban y confiaban en mí con su corazón y su alma. El viejo yo, al que no le importaba si los sentimientos de mi primera esposa, Laura, estaban heridos, o los de Debbie o Joanne, finalmente se dio cuenta de lo destructivo que es ese tipo de comportamiento. Y no solo las estaba lastimando a ellas sino también a mí. Cuando vives una mentira, tu alma te lo hace saber. En mi caso, como alcohólico y adicto, me comienza a susurrar: *Necesitas tomar algo para aliviar este dolor.* Fue entonces cuando supe que tenía que hacer lo correcto. No salvé nuestra relación, pero juré ser una persona más honorable tanto cuando estaba en pareja como cuando no.

* * *

Uno de los puntos positivos de ese año fue trabajar en una película con Maggie Gyllenhaal llamada *Sherrybaby*. La película fue escrita y dirigida por una mujer llamada Laurie Collyer, y no pretendo generalizar, pero al trabajar con Laurie tuve la misma sensación que al trabajar con Allison Anders en *Mi vida loca*. Ambas mujeres aportaron una hermosa comprensión y perspectiva en sus películas sobre temas crudos.

En *Sherrybaby*, Maggie interpreta a una mujer que acaba de salir de prisión y lucha por mantener la sobriedad. Habiendo sido utilizada y abusada por hombres en el poder (especialmente oficiales de libertad condicional) y descartada por su familia, entabla una relación con un hombre mayor que conoce en Alcohólicos Anónimos llamado Dean Walker, interpretado por mí. Nada de *Sherrybaby* me resultaba ajeno, desde el diálogo de la vida real en las reuniones hasta la dificultad de la vida posterior a la prisión que conocía por experiencia propia. Mientras *Heat* me puso con los grandes ganadores del Oscar, *Sherrybaby* me dejó ser yo. Hablé como hablo en la vida real, escuché como escucho. Realmente, por primera vez, logré habitar un papel.

Mientras que trabajar en *Sherrybaby* en Nueva Jersey proporcionó una buena distracción de los problemas que estaba experimentando en mi matrimonio con Debbie, a fines de 2005 había llegado a mi límite y me fui, dejando atrás prácticamente todo lo que tenía. Primero, intenté vivir con mi hijo Gilbert en Venice. Vivía en un departamento pequeño con mis perros y mis hijos adolescentes que tenían que escabullirse a la vuelta de la esquina para beber cerveza o drogarse porque yo andaba ahí. Me sentí súper aliviado de estar fuera de esa casa en Chatsworth, pero estaba claro que vivir en el sofá de mi hijo no iba a funcionar, así que alquilé un departamento más grande con espacio para Gilbert, su amigo Jimmy y para mí. Ahí fue cuando quedó claro que Gilbert realmente no quería que su viejo viviera con él en absoluto.

No lo admití en ese momento, pero el hecho de que Gilbert no quisiera vivir conmigo me golpeó fuerte. Estaba tan acostumbrado a que mis tres hijos necesitaran a su papá, y aunque podían estar en problemas o no andar en nada bueno, por lo general todavía me querían en su rincón. Fue difícil para mí aceptar que Gilbert no solo era un muchacho, sino que era un muchacho que activamente no quería que su papá estuviera presente. Afortunadamente, Danielle no se sentía de la misma manera, así que me mudé con ella en Marina del Rey.

Si se escapó o la echaron es tema de debate, pero cuando Danielle tenía quince años, se fue de casa de Maeve. Fui a buscarla y había puesto todo lo que tenía en bolsas de basura negras. Las arrojó dentro de mi Range Rover y me dijo:

—Papá, necesito llevar a mi perro.

—De ninguna manera nos vamos a llevar a un perro. —Pero luego Cash saltó sobre las bolsas de basura y me miró. Danielle sabía que nunca podría decirle que no a un perro.

Cuando Danielle se mudó conmigo, dejó la escuela. Había ido a Santa Monica High y luego a Venice High y de regreso a Santa Monica. Pero cuando le dijeron que solo tenía créditos suficientes para estar en décimo grado, en vez de undécimo, donde creía pertenecer, decidió que había sido suficiente.

Me pidió que firmara su salida de la escuela y le permitiera dejarla. Yo estaba de acuerdo con eso, pero Maeve y yo tuvimos grandes peleas al respecto. Todo lo que Maeve quería era ver a sus hijos graduarse de la escuela secundaria. Le grité:

—¿Qué te puedo decir? ¡No quiere ir!

—¡Ella tiene que ir!

—Maeve, yo conseguí mi diploma de escuela secundaria a cambio de una lata de tabaco Bugler en Soledad y estoy bien. —Eso es cierto. Obtuve un diploma con un buen promedio de calificaciones de una escuela secundaria real por una lata de tabaco.

Vivir los tres juntos —Danielle, Cash y yo— era extraño pero padre. No había vivido con Danielle desde que era una niña, y ahora era una muchacha. Pero Danielle no se parecía a ninguna mujer con la que hubiera tratado en mi vida. Ella no me tenía miedo. No le preocupaba herir mis sentimientos. No podía intimidar a Danielle o controlarla al no expresarle mis emociones. Y a pesar de que era una adolescente, Danielle era descaradamente una mujer. Sus amigas venían y comenzaban a hablar cosas de chamacas sobre sus menstruaciones y los muchachos solo para hacerme sentir incómodo. Me golpeaba las orejas y gritaba: "¡No las puedo escuchar!", y gritaban: "¡Menstruación! ¡Tampax!".

Una noche, Danielle estaba saliendo con su novio vistiendo un sostén negro y una playera blanca sin mangas y le dije:

—No puedes salir así. —Estaba ejerciendo un control enorme al no decir lo que realmente quería decirle.

Pero Danielle me empujó.

—¿Qué quieres decir?

—Es de piruja—le dije.

Danielle simplemente dijo:

—No, no lo es. ¡Es chulo!

Estaba a punto de decir algo, pero ella me lanzó una mirada que decía: "Cállate", "No te atrevas" y "Esto es lo que usan las mujeres ahora, papá, y tendrás que acostumbrarte".

En un instante, Danielle me hizo reconsiderar cómo pensaba y hablaba con las mujeres. Arrastró mi mierda machista de doble criterio al centro de la habitación y la iluminó con un foco. Me di cuenta de que cuando decía ese tipo de cosas sobre las mujeres, las estaba diciendo sobre ella. Me gustaba cuando las mujeres se veían sexy, pero no si eran mi esposa o mi hija. Podría ver a una mujer vistiendo algo que me hiciera decir: "A poco, eso sí que me gusta", pero si terminábamos saliendo, me aseguraba a toda costa de que no volviera a usar el mismo atuendo.

Era tan injusto como suena, pero a los sesenta y dos años era hora de que mi doble criterio muriera. Fue Danielle quien empezó a abrirme a eso. Me ayudó a ver a todas las mujeres en mi vida bajo una luz diferente, con sus propias vidas intelectuales y sexuales privadas. Y eso incluía a mi mamá, quien había intentado encontrar consuelo fuera de su matrimonio. En cierto modo, estaba comenzando a dotar a las mujeres de la humanidad que siempre merecieron. El espectro completo. Todo lo que yo me había permitido tener.

Más tarde, cuando el novio de Danielle la vio con la playera blanca sin mangas y el sostén negro, le dijo:

—Tienes que regresar a cambiarte.

—Mi propio padre no me hizo cambiar —le contestó.

—Quizás debería —le dijo, y agarró a Danielle por el hombro, y ahí ella se dio vuelta y le dio un puñetazo en el ojo.

Media hora después, Danielle me llamó llorando porque se había peleado con este chamaco, así que corrí a su casa. En el momento en que sus padres me vieron, supieron que estaba en peligro de muerte. Inmediatamente salió al porche con las manos en alto y dijo:

—No es lo que piensa, señor Trejo, ¡*ella* fue la que me golpeó *a mí*!

Ahí estaba el chico duro del vecindario, caminando con un gran ojo morado que le había dado Danielle. Estaba orgulloso de ella por haberse defendido.

Pero que él la haya agarrado con rudeza era imperdonable.

—No te preocupes, papá. Ya se acabó.

Mientras aún vivía con ella, Danielle estaba un día en una farmacia en Venice cuando se desmayó de lo que resultó ser anemia y deshidratación. La tienda llamó a los paramédicos, luego me llamaron a mí.

La encontré desmayada en el piso. Pero lo primero que noté fue un terrible tatuaje en su cadera. Era como una gran mancha en forma de flor. Cuando volvió en sí, le dije:

—¿Qué diablos es esto?

—Papá, es un tatuaje. No me gusta. Me arrepiento, pero eso no es lo que importa ahora. ¡Tengo que ir al hospital! —Luego agregó—: Realmente debes amarme más de lo que amas a mis hermanos.

—¿Por qué?

—Si esto le hubiera pasado a uno de ellos, simplemente dirías, "¡Maldita sea, levántate!".

El farmacéutico y los paramédicos se echaron a reír.

Acto seguido, la llevé a hacerse un tatuaje con Freddy Negrete para cubrir el anterior. Siendo un tipo al que no le gustaban los tatuajes en las mujeres, pagué para que mi hija se hiciera un pavo real enorme y hermoso. (Lo sé, soy un hipócrita).

* * *

Gilbert había vuelto de rehabilitación, pero nuevamente estaba empezando a consumir drogas más pesadas. Heroína. La había encontrado, y ahora sabía que sería una lucha de por vida mantenerla a raya. La presión me estaba afectando. Un día, Danielle me encontró en mi cama, agarrándome la cabeza. Pensé que me estaba muriendo. Me llevó al hospital y un médico me dijo que estaba sufriendo un ataque de pánico. Pasé por San Quentin y Soledad sin ataques de pánico; ¿por qué era que el estrés de vivir con mi hija y su novio intermitente me estaba aplastando? Sabía que no era eso, pero para sentirme mejor me mudé y conseguí una habitación en el Bel Age Hotel (ahora llamado London) en West Hollywood. Después de pagarle el alquiler a Danielle por adelantado, me quedaban treinta mil dólares. Tenía sesenta años, con treinta mil dólares y un Range Rover usado a mi nombre.

Sé que la mayoría de la gente en la tierra nunca sabrá lo que es tener treinta mil dólares y un auto, pero si le preguntaras a la gente en la calle, pensarían que soy un multibillonario. Después de trabajar sin parar durante veinte años en Hollywood, no tenía nada que mostrar. No sabía cuánto tiempo más podría trabajar y ganarme la vida. Pensé que estaba entrando en el otoño de mi carrera. A poco, ¿quién querría un jubilado como el malo de sus películas?

Tenía miedo.

Mi respuesta al miedo fue decir *que se chingue*. El hotel costaba unos trescientos dólares la noche. Aunque el gerente me hizo un buen precio, todavía era demasiado caro. A mi manera, sin consumir drogas ni alcohol, me encontraba en una caída en picada. Me acostaba con diferentes mujeres, perseguía distracciones. Era fácil. Estaba en Hollywood, pasándome la noche entera fuera, yendo a clubes, actuando como si tuviera veinte años y acabara de salir del penal. Esa mierda es bien vacía. Fui al banco a retirar efectivo y el cajero me entregó un comprobante que decía que me quedaban tres mil dólares en la cuenta. Quedarme ahí parado mirando el número fue un golpe duro, pero bien sabía que ese momento estaba a la vuelta de la esquina. Estaba arruinado y ya no podía permitirme vivir como vivía.

Decidí retirar la mitad de mi dinero en denominaciones de diez y veinte. Conduje en espiral, sintiendo que mi vida se estaba derrumbando a mi alrededor. Me encontré en el centro cerca de Skid Row. Salí de mi auto y comencé a repartir efectivo. No sé si lo hice porque le había hecho una promesa a Dios de ayudar a mi prójimo, o para alimentar mi ego, o una combinación de ambas cosas. Cuando me estaba yendo, vi a una mujer negra con dos niños sentados junto a una mesita. Recuerdo haber pensado en lo limpios y bien cuidados que se veían los niños. La mujer estaba vendiendo unos brazaletes de hilo hechos a mano que se abrochaban. Le di un billete de veinte y ella se asustó.

—¡No! ¡No tengo cambio para eso!

Le pregunté cuánto costaban las pulseras y me dijo cincuenta centavos. Le dije que me diera tres.

—Pero no tengo cambio. —Lo dijo como si no la hubiera entendido la primera vez.

—No necesito cambio.

Se largó a llorar.

—¡Mis bebés! Ahora puedo comprarles comida y zapatos.

Pensé: *¿Puedes comprar zapatos por veinte dólares? Quiero ir donde ella hace sus compras.* Estaba tan agradecida que me hizo entender por qué había ido a Skid Row, un lugar donde la necesidad humana no podía ser más evidente.

Cuando entré a mi coche, me di cuenta de que tenía menos de cien dólares encima, pero sabía que había hecho lo correcto. No sabía lo que me depararía el futuro, pero me sentí chido. Sabía que mi trabajo era solo preocuparme por lo que estaba pasando ese día. Tomarme las cosas veinticuatro horas a la vez me había servido bien en el pasado, y sabía que era la respuesta para lidiar con lo que estaba frente a mí.

Cuarta parte

DE UN HIJO

Capítulo 29

MACHETE

2010

Tomé la 118 oeste hasta la reunión del Barrio en la Primera Iglesia Metodista Unida en San Fernando. El segundo en que entré a la sala, me sentí como en casa. Había una mesa al frente con literatura de recuperación, sillas de plástico dispuestas en filas y gente cargando café en vasos de poliestireno de una urna de tamaño industrial en la parte trasera de la sala. Un tipo que claramente estaba dejando la droga estaba comiendo una galleta.

—Estas son buenas.

El tipo que está dejando las drogas es siempre la persona más importante de la sala. Estamos allí para mostrarle que hay un lugar seguro para que obtenga ayuda porque todos hemos estado en el mismo lugar antes. Las reuniones eran mi iglesia. Lo habían sido desde que salí del penal en agosto de 1968. La reunión del Barrio era básicamente un grupo de gente dura que se había suavizado a través de la recuperación. Habían entregado sus vidas a un poder más grande que ellos mismos y decidido ser mejores versiones de sí mismos hoy que quienes eran ayer. Pasaron de ser personas que tal vez ni te orinarían si estuvieras en llamas a hombres y mujeres que ayudarían a otros en cualquier cosa.

Afuera, frente al sitio, vi a Mario Castillo y Max Martínez. Max era un vato honrado de mi barrio de Pacoima. Lo conocí a través del programa. Mario era el cuate que conocí en la pila de pesas en San Quentin cuando estaba haciendo *Blood In, Blood Out*. Había entrado y salido tres veces de prisión desde que lo había conocido, pero me lo había encontrado en una convención de recuperación después de que salió de prisión por última vez y vivía en un centro de rehabilitación llamado People in Progress.

Mario me preguntó cómo iba.

—Me estoy quedando en un hotel en Hollywood tratando de ver qué mierda hacer. Estoy buscando un lugar —le dije.

—Dos personas se acaban de mudar de nuestra casa en Pacoima —me dijo Max. Sabía que él y Mario eran compañeros de cuarto—. Tenemos una habitación abierta si estás interesado.

—Lo pensaré —le dije. En el instante en que terminé de decir esa frase, agregué—: La tomaré. —Pasé una noche más en el hotel y al día siguiente trasladé mis cosas a casa de Max y Mario. Estaba de vuelta en Pacoima. Esa primera noche en su casa fue el mejor sueño que había conciliado en años.

Al día siguiente tuve que volver a Venice para pasear a mis perros. Max dijo que me acompañaría. Estábamos caminando por la banqueta, esperando a que los perros hicieran pipí, cuando Max me preguntó por qué no traía a mis perros a Pacoima, ya que teníamos un gran patio trasero. No sé por qué ni siquiera había pensado en esa posibilidad. Agarré a mis perros, mis últimas cajas de ropa y me dirigí a mi nuevo hogar. Por primera vez en un par de años, todo lo que me resultaba importante estaba en el mismo lugar.

Además de eso, mi mamá vivía a solo cinco cuadras. La primera vez que pasé a verla, le dije que estaba viviendo a la vuelta de la esquina y que podía contar con Mario, Max, un amigo llamado JoJo y conmigo. Estaba tan feliz que lloró. En ese momento me di cuenta de que debía haber estado tan sola durante tanto tiempo.

Mi viaje hacia la reconciliación con mi madre se desarrolló por etapas. Primero, después de la muerte de mi padre, estuve presente para ella lo necesario para ayudarla a pasar el funeral rodeada de mis tías y tíos que no la soportaban.

Luego, después de la vez que fui a ayudarla y ella me dijo bruscamente que era "su casa ahora", hice las paces con Dios de que mi madre simplemente no iba a estar en mi vida. Lo que sentí fue que ella podía quedarse con la casa y estar sola en ella.

Años más tarde, Jhonnie Harris, el hombre que me había tomado bajo su protección todos esos años antes en YTS, sugirió que yo dejara a un lado las diferencias. "Danny, tu pobre madre debe haber necesitado tanto para su alma que estuvo dispuesta a arriesgar su vida y la de tu tío para hacer lo que hizo. Deberías sentir lástima por ella y orar por ella". Me dijo que apretara como un hombre y la llamara. En cierto modo, mi relación con Danielle abrió la puerta a mi proceso de sanación con mi madre. Me ayudó a verla como una persona con sus propias luchas y necesidades.

Cuando llamé a mi mamá, actuó como si no hubiéramos pasado años sin hablar. Fue agradable, pero no me fiaba del todo. No quería acercarme demasiado. Después de que nació Gilbert, lo llevé a la casa con Maeve para que conociera a mi mamá, pero fue tan fría la recepción que nunca más se lo llevé. No conocía a Danny Boy ni a Danielle en absoluto.

Incluso ahora, de vuelta en Pacoima con Mario y Max, mantuve la distancia. Usé a Max, Mario y JoJo como amortiguadores.

Ella los amaba. Y lo entiendo. Cuando no se trata de una relación entre padres e hijos, no carga con todo el peso de las decepciones y expectativas pasadas y todo lo demás que le amontonamos a los miembros de la familia. Con Max y Mario, mamá tenía a sus muchachos. Todas las mujeres en CoCo's, su restaurante favorito, y en el mercado decían: "¡Ah, Alice, es tu cuadrilla!". Fue divertido para ella estar fuera de casa con estos gánsteres atroces convertidos en osos de peluche.

Cada vez pasaba más por la casa y empecé a notar que estaba cambiando. Se convirtió en un lugar cálido. Los muebles ya no estaban cubiertos en plástico. Realmente la perdoné. No, "La perdono, pero todavía estoy enojado porque salía con David". Simplemente la perdoné. Ella había hecho lo que sintió que tenía que hacer para sobrevivir a lo que fuera con lo que estaba lidiando, de la misma manera que yo lo he hecho en mi vida.

La magia del perdón es tan profunda, y comienza con nosotros perdonándonos a nosotros mismos. Había tantas cosas en mi vida que había hecho porque en ese momento sentí que era la única forma de sobrevivir. Pensé en el Padre Nuestro, que he dicho todos los días desde Soledad. Cuando se trataba de mi madre, realmente me impactó, especialmente la parte en la que le pedimos a Dios que perdone nuestras ofensas, "como perdonamos a los que nos ofenden". Me di cuenta de que no podía pedirle a Dios que me quitara ese peso y me amara y me absolviera si no permitía eso para todos los demás, especialmente para mi mamá.

Ir a la reunión del barrio y encontrarme con Mario y Max me cambió la vida y me abrió las puertas como lo habían hecho las reuniones tantas veces en mi vida. Además de eso, un par de días después de mudarme con ellos, me ofrecieron un papel en una película llamada *Poolboy*. Pagaba lo suficiente como para cubrir el alquiler de los próximos meses y me permitiría ayudar a Mario y Max a cuidar de mi mamá, mis hijos, mis perros y mi vida. El momento fue perfecto. Mario acababa de perder su trabajo en el Centro de Tratamiento de Tarzana y Max estaba trabajando en chambas como obrero, pero entre los tres teníamos todo cubierto.

En lo de Max y Mario tenía todo lo que necesitaba: teníamos un televisor con cable, sillones La-Z-Boy y un refrigerador lleno de comida. Además, todos conocíamos las reglas: quítate los zapatos en la casa, limpia todo después de usarlo, recógelo y respeta el espacio. Ese es el código de los convictos. Y cuando me iba de la ciudad para trabajar, a Max y a Mario les daba lo mismo. Ningún sentimiento fue herido, mis perros y mi mamá fueron atendidos y no tuve que pasarle mi agenda ni pedirle permiso a nadie.

Mi mamá me necesitaba y yo pude hacer algo por ella. Pasaba por ahí, o pasaban mis amigos, y ella nos preparaba el desayuno o la cena. Ya no era una prisionera. Ninguno de los dos lo era.

Danielle y Gilbert estaban mejor. Le agradecí a Dios por eso. Quería aprovechar la oportunidad que se me ofrecía y les pregunté a los chamacos si les gustaría hacer algo juntos como familia. Estaba a punto de tener el papel principal en una película de estudio por primera vez en mi vida. Sabía que tendría algo de influencia en el set y podría conseguirles trabajos a mis hijos en producción. Mi agente Gloria me llamó para decirme que tenía mi boleto de avión para Austin. También había conseguido boletos para Gilbert y Danielle. Los iba a traer a Texas para la filmación de *Machete,* una película en la que interpretaría al primer héroe de acción mexicano-estadounidense. Mario y Max iban a conducir la camioneta de Max con mi motocicleta para juntarse con nosotros. Una película que había comenzado como una conversación quince años antes finalmente estaba sucediendo.

Conocí a Robert Rodríguez cuando hice una prueba para la película *Desperado*. Cuando entré a la oficina, lo primero que hizo Robert fue reírse.

—Me recuerdas a los chicos malos de mi escuela secundaria.

—Yo soy los chicos malos de tu escuela secundaria. —Me miró, me entregó un cuchillo y me dijo que le mostrara mis habilidades. Después de que me fui, Gloria me llamó para preguntar cómo me había ido y le dije: "Me dio un cuchillo, así que creo que me fue bien".

No sabía cuánto iba a cambiar mi vida al conocer a Robert.

Filmamos *Desperado* en Acuña, México, y aunque Salma Hayek y Antonio Banderas estaban en la película, parecía que todos en la ciudad querían mi autógrafo y una foto conmigo. Robert observó la situación y se rio.

—Creen que eres la estrella.

—¿Quieres decir que no lo soy?

Mientras estábamos haciendo *Desperado,* Robert me dijo que la atención que estaba recibiendo lo hizo pensar en la creación de un personaje especial para mí: un superhéroe chicano. Me dijo que fue la combinación de mi apariencia y la forma en que la gente reaccionaba conmigo lo que le hizo empezar a pensar en el personaje de Machete. "¿Por qué no debería haber un Charles Bronson chicano? Piénsalo, Danny, un James Bond mexicano".

Robert no era solo un colaborador, era familia. Cuando estábamos en Acuña filmando *Desperado*, mis familiares de Texas cruzaron la frontera para vernos filmar. Tanto la familia de mi padre como la de mi madrastra eran originarios de Texas, así que tenía toneladas de tías, tíos y primos tejanos. Recuerdo que estábamos ocupados filmando una escena cuando vi a mi tío Rudy Cantú hablando con Robert junto a los monitores de video. Pensé: *A poco, no molestes al hombre cuando tiene un trabajo que hacer.* Me acerqué para ver qué pasaba y Rudy dijo:

—Danny, te presento a tu primo, Robert.

—¡Primo! —le dije a Robert—. Ahora que estamos relacionados, tienes que hacer mi papel más grande.

Al año siguiente, en 1995, cuando hicimos *From Dusk Till Dawn*, Robert me habló un poco más sobre *Machete*. Pensé: *A huevo, sigue pensando en esto*. No sabía si hablaba en serio. No quería hacerme demasiadas ilusiones.

Durante los años posteriores a *From Dusk Till Dawn*, ambos estuvimos ocupados y me pregunté si la idea de *Machete* se estaba quedando en el camino. Eso no me impidió llamar incesantemente a Robert y molestarlo con el tema. Estaba en Vancouver, Canadá, en 1999, trabajando en *Reindeer Games* con Charlize Theron y Ben Affleck cuando Robert llamó y me dijo que estaba haciendo *Spy Kids* y quería presentar al personaje de Machete como el tío de los niños.

—Por qué no incluir al personaje acá.

—¿Podemos hacer eso? —le pregunté.

—Yo lo escribí. En todo caso, si nunca llegamos a hacer la película de Machete, siempre se lo recordará con esta película.

Machete cobró vida en *Spy Kids*, pero no fue hasta *Grindhouse*, unos años después, que realmente creí que una película de Machete podría convertirse en realidad. *Grindhouse* fue una novela gráfica de acción de la vieja escuela codirigida por Robert y Quentin Tarantino. Era su carta de amor a las películas de serie B exageradas de los setenta, un género que a ambos directores les fascinaba. Quentin y Robert estaban hablando de avances de películas falsas que podrían agregar en la película y Robert dijo: "Tengo uno, *Machete*. ¡Mexplotación pura!".

La trama de la eventual película se reveló en el avance de minuto y medio que Robert hizo para *Grindhouse*. En él, Machete es un exfederal mexicano convertido en jornalero a quien le pagan ciento cincuenta mil dólares por asesinar a un senador. Durante el intento de asesinato, es traicionado y busca la ayuda de su hermano, un sacerdote violento (interpretado por Cheech Marin, que mantiene la continuidad con la familia de *Spy Kids*), para acabar con los pendejos corruptos que mataron a su esposa y le tendieron una trampa.

Estaba sentado detrás de Robert durante el estreno de *Grindhouse* y cuando terminó el tráiler de Machete, el público estalló en aplausos. Robert miró hacia atrás y asintió con la cabeza. Sabía que tenía algo especial entre manos.

Para mí, *Machete* no se trataba de la primera estrella de acción mexicano-estadounidense o de la primera película de estudio en la que el protagonista romántico era un hombre de sesenta y cinco años que parecía haber atravesado mil quinientos kilómetros de caminos difíciles. Para mí, ser Machete significaba que iba a ser Batman. Un vigilante frío cuyas tácticas podrían difuminar la línea entre el bien y el mal, pero cuya brújula moral estaba en el lugar justo. Y, como Batman, sería un ícono en el mundo de la cultura popular. Incluso tenía mi propia versión del Batimóvil, una motocicleta Harley-Davidson con una ametralladora en el manillar.

La primera semana tuvimos pruebas de vestuario, ensayos, reuniones con Robert. Mis hijos pudieron ser parte de todo eso. Noté que tuvo un impacto profundo en Gilbert. Gilbert se estaba enamorando del cine. En lo que respecta a hacer películas, sé cosas simples como "Aprende tus líneas y no choques contra los muebles", pero nada sobre la iluminación, las cámaras, cómo se graba el sonido. Dejo esas cosas para las personas que son buenas en eso. Gilbert quería saberlo todo. Siguió a Robert y no dejó de preguntarle por qué hacía las cosas de esa manera. Robert le explicaba cosas de las que yo no tenía ni idea: cómo eligió los lentes, por qué reduciría la iluminación exterior de tantos miles de kelvin a tantos miles de kelvin para imitar un día nublado. Ni siquiera sabía qué era un kelvin (resulta que es una medida del calor de la luz). No tenía idea de qué estaba hablando Robert, pero Gilbert sí.

Le rezaba a Dios: "Por favor, Señor. Toma esta pasión que tiene este niño por hacer películas y ponla con fuerza en su corazón".

El primer día de rodaje de *Machete*, tuvimos una llamada temprana. Salí de mi tráiler justo cuando Robert De Niro salía del suyo. Sonrió esa sonrisa mundialmente famosa y me señaló. "¡Número uno en la hoja de llamadas! ¡Uno en la hoja de llamadas!". Una hoja de llamadas es el programa diario de producciones de películas que se publica todas las noches. El elenco aparece en orden de prominencia en el proyecto.

De Niro, una de las mayores leyendas del cine de todos los tiempos, había sido el número uno en la hoja de llamadas en *Taxi Driver, Raging Bull, The Deer Hunter*. Era el número uno en la hoja de llamadas de los "malos" para *Heat*, mientras que Pacino era el número uno en la hoja de llamadas de los "buenos". *Heat* fue una película con dos números uno porque ¿cómo se le dice a Al Pacino o a Robert De Niro, "Ah, señor, eres el número dos"?

Había estado bien abajo en la hoja de llamadas en tantos de los cientos de proyectos de los que he formado parte. Cuando eres el "convicto número 1" o el "tipo malo con tatuajes" estás tan abajo en la lista del elenco que casi que apareces en una página separada. Y ahora estaba en la cima. Pensé en los días en *General Hospital* cuando metía latas de Coca-Cola de la mesa de catering en mi bolso para llevárselas a mis hijos en casa. Ahora estaba en un set donde todos los camiones, el equipo y el equipamiento estaban allí para ayudarme a llevar adelante una película completa.

Cuando Robert me señaló e hizo un número uno con su dedo, estaba diciendo que yo era el capitán aquí y me estaba dando su bendición.

Me incliné.

—Señor De Niro, disculpe, ¿puedo traerle una taza de café?

Se rio.

—Vamos a buscar una juntos.

Robert estaba entusiasmado con el trabajo que teníamos por delante, pero eso no significaba que no recordáramos el pasado. Empezamos a hablar de *Heat* y le dije que Eddie Bunker había fallecido unos años atrás. Robert preguntó cómo y le dije que era diabético; entró a una operación para reparar la circulación en sus piernas y nunca salió.

—Tenía mucho dolor en el hospital; le estaban dando morfina, pero no metadona. Recibió algo de metadona al final.

Robert hizo una mueca. Todo el mundo sabe que la metadona es difícil de patear, incluso en pequeñas dosis. Le dije que un amigo en común logró traer un poco al hospital para mezclarla con la gelatina de Eddie. Había estado usándola desde el final de sus períodos en la prisión y al menos recibió un poquito al final.

—Un acto de bondad —dijo Robert.

Gilbert se acercó a nosotros.

—¿Qué pasa?

Y le dije que estábamos hablando de su padrino.

Gilbert asintió con la cabeza. La pérdida lo había golpeado con fuerza.

—Recuerdo una vez que mi padre tuvo que buscarme en Venice con unos amigos para dejarme algo de dinero y Eddie Bunker vino con él —dijo—. Después de que se fueron, mi amigo se volvió hacia mí y me dijo: "¿Quién era ese tipo con tu papá? ¡Es el hombre blanco de aspecto más malo que he visto en mi vida!".

Nos reímos de eso. Todos sabíamos exactamente a qué se refería Gilbert. Eddie era un verdadero hombre duro con un intelecto agudísimo y un corazón de oro. Y conocido por odiar los sets de películas en los que no estaba trabajando. No era de quedarse quieto. Pero con respecto a *Machete*, Eddie había dicho: "Danny, si alguna vez llegan a hacer esa, te prometo que estaré allí".

Lamentablemente, la salud y el destino habían intervenido.

Unos días entrados en la producción, me estaban llevando en una camioneta con Danielle de regreso al Omni Hotel. La conductora era una mujer joven que no hablaba mucho. Era nueva en su trabajo y quería ser una verdadera profesional. Ese día, rompió con las modalidades con un propósito celestial.

—Danny, nunca hago esto —me dijo—, pero ¿te importaría firmar algo para un amigo mío?

—Por supuesto.

Me entregó una pequeña bolsa con un libro de bolsillo y un bolígrafo dentro. Era el libro de Eddie, *No Beast So Fierce*. Tan pronto como Danielle lo vio, comenzó a gritar:

—¡Él está aquí con nosotros, papá! ¡Eddie está aquí!

Todos mis hijos quisieron mucho a Eddie. Quizás Danny Boy más que todos. Siempre recordaba andar con Eddie y conmigo en mi Cutlass Supreme cuando era un niño. Me dijo: "Papá, ¡todos los días contigo y con Eddie Bunker se sentían como si estuviéramos cometiendo un crimen!".

Recordé lo que Eddie me había dicho en el set de *Runaway Train*, cuando me dijo que con mi apariencia podría convertirme en alguien en esta industria. Cuando la conductora me entregó su libro, supe que era la manera que tenía Eddie de demostrar que no se había perdido la filmación de *Machete*. ¿Por qué iba a hacerlo? Prometió que no lo haría. Nuestra amistad, que comenzó cuando compré sus planes de robo en el '62, había dado un giro completo.

Al comienzo de la filmación, un día me dirigía al set con Michelle Rodríguez y le dije:

—Michelle, solo quiero agradecerte mucho por estar en esta película. —Pensé que era padrísima y tan chida. Michelle tiene tanta fortaleza y clase, y nunca había conocido a nadie tan lleno de energía vital (aunque Juliette Lewis se le acerca). Yo era un gran admirador desde la primera vez que vi *Girlfight*. Se detuvo y me agarró del brazo.

—¿Estás bromeando? ¡Danny, eres el mexicano número uno del mundo! —Ella largó una de sus risotadas locas. Hombre, amo a esa muchacha. La veo en mi garaje todas las mañanas. El artista Levi Ponce, que pintó un mural mío en Pacoima, pasó a pintar un mural del elenco de *Machete* en mi garaje. Cada vez que tengo que conducir a algún lugar, recuerdo mi tiempo haciendo esa película.

Machete fue una alegría. Nunca había estado en casi todas las tomas de una película. Jessica Alba, Michelle Rodríguez, De Niro, Jeff Fahey, Don Johnson, Lindsay Lohan, fue un placer trabajar con cada uno de ellos. Robert Rodríguez estaba tan contento de que finalmente estaba haciendo la película de Mexplotación que imaginó por primera vez durante *Grindhouse*. Aunque los días fueron largos, estuvieron llenos de risas. Cuanto más cruentas y sangrientas eran las muertes, más nos reíamos.

Machete no era solo una franquicia con un protagonista chicano, era un vehículo para tantos actores latinos increíbles —Cheech Marin, Jessica Alba, Michelle Rodríguez— reunidos por un gran *auteur* de cine mexicano-estadounidense. Robert Rodríguez reconoció el valor en nuestro mundo y se lo llevó a una audiencia mundial.

Machete me abrió los ojos y me hizo entender mejor de dónde venía Edward James Olmos. Pedro Gonzalez Gonzalez, quien apareció en varias películas de John Wayne, había abierto la puerta a los actores latinos, pero fue Olmos quien se aseguró de que nos tomaran en serio como actores y artistas. Mi parte insegura vio a Olmos y pensó: *Nunca fuiste un* zoot suiter. *Nunca estuviste en una pandilla de prisión.* Pero no me detuve a considerar lo que le había costado llegar a donde estaba, cómo estaba representando a los latinos y mostrándolos como humanos y complejos. Hacer *Machete* me hizo apreciar lo que personas como Olmos y De Niro tuvieron que hacer para llegar a donde estaban, el logro que fue eso y lo que habían hecho por mí.

Al principio de la filmación, Robert De Niro me invitó a cenar. Les dije a mis hijos que se comportaran de la mejor manera. "Esto es muy importante para mí, así que actúen cool, no como niños". Llegamos al restaurante y estábamos hablando de la película cuando De Niro dijo que pensaba que Robert Rodríguez era un *auteur*. No sabía qué significaba la palabra, pero Gilbert sí. Empezaron a hablar de directores franceses, italianos y españoles, tipos de los que nunca había oído hablar: Truffaut, Fellini, Buñuel. Durante toda la cena, Gilbert y Robert De Niro hablaron de cine. No sabía que Gilbert supiera tanto sobre arte, historia, literatura y cine.

Tomé nota: siempre deja que tus hijos lean. El alcance de mis incursiones en la literatura se había limitado a conseguir cómics de Archie en Eastlake y tratar de borrarle la ropa a Verónica. Estaba tan orgulloso de mi hijo, bandeándose con Bobby. Su entusiasmo por hacer películas me emocionó. Gilbert había estado limpio durante algunos meses. Rezaba para que esta vez se mantuviera así. Pensé: *Quizás haya encontrado algo que ama tanto que logrará reemplazar su amor por la heroína.*

Creo que Robert De Niro sintió lo mismo porque le entregó a Gilbert un juego de llaves del archivo de películas de la Universidad de Texas en Austin, donde había donado el catálogo de la obra de su vida. Estaba compartiendo su amor por el cine con Gilbert, algo que sentía que mi hijo era digno de recibir.

Parte de la razón por la que llevé a mis hijos al set de *Machete* fue porque Maeve necesitaba un descanso. Había hecho el trabajo pesado con los niños durante tanto tiempo y estaba en Los Ángeles tapada de cosas que hacer. Su segundo esposo se había ido y ella tenía dos hijos pequeños a su cargo, Theo y Samuel, ambos con sus propios desafíos. Y ambos estábamos profundamente preocupados por lo que estaba sucediendo con Gilbert y Danielle. Decidimos dividir y conquistar. Yo necesitaba trabajar, pero necesitaba tener a mis hijos cerca.

Lamentablemente, cuando regresamos de Texas, tanto Gilbert como Danielle volvieron a consumir. Necesitaban decidir por sí mismos no consumir, y yo no podía estar con ellos las veinticuatro horas del día. Luego, las cosas se complicaron más cuando mi asistente ejecutiva, Mari, me llamó y me dijo que mi análisis de sangre había regresado de un chequeo reciente y que mi médico estaba preocupado. Necesitaba realizar más pruebas. Habiendo perdido a Dennis Hopper mientras estaba filmando *Machete*, pensé que era mejor que me tomara en serio mi propia salud.

Fui con Mari a un hospital en el Valle y me hicieron más escaneos y análisis de sangre. Cuando llegaron los resultados, me dijeron que tenía que ir a Cedars-Sinai, donde tres médicos nos esperaban a mí y a Mari. Me sentaron en una sala y pusieron una cosa parecida a una toma de rayos X en una pantalla que mostraba un tumor de diez centímetros en mi hígado. Había gozado de buena salud durante casi diez años, desde que me recuperé de la hepatitis C en 2002, pero algunos problemas hepáticos que pensaba que había superado habían vuelto con fuerza.

—¿Qué significa esto?

—Significa que, si no empezamos a tratar esto ahora mismo, va a morir. —Lo primero que hizo el médico fue comenzar a enumerar los efectos secundarios del tratamiento.

—Espere, más despacio, ¿cuándo?

Los médicos se miraron como si estuviera loco.

—¿Cuándo qué?

—¿Cuánto tiempo hasta que muera?

—Un año, catorce meses. Es difícil de calcular.

Estaba listo para irme. No quería lidiar con nada de esa mierda. Miré a Mari, y ya estaba en su teléfono, haciendo citas.

—¿Qué debo hacer?

—Sugerimos un curso de quimioterapia. Pero en su caso, la quimioterapia general por vía intravenosa no será tan eficaz como las inyecciones que podemos administrar directamente al tumor.

—¿Cuándo puedo empezar? Tengo trabajo que hacer.

Y qué trabajo tenía. En el set de *Machete*, leí en los oficios que estaban haciendo *Predators*, una nueva versión de la película de acción de los ochenta, y estaba siendo producida por Robert Rodríguez. El anuncio de casting decía que querían a alguien cruel e intimidante "como Danny Trejo". Fui directo a Robert y le dije:

—¿Qué chingados es esto? *Soy* Danny Trejo. ¡Soy el tipo cruel e intimidante que quieres!

—Estás haciendo *Machete*.

—Tú también. Se va a terminar.

El día después de mi último tratamiento de quimioterapia, me fui a Hawái para trabajar en *Predators*.

No pensaba parar. Además de *Predators*, estaba preparado para rodar las películas *Death Race 2, Six Days in Paradise, Perfect Sunday, Justin Time, Food Stamps, Boston Girls, American Flyer, Recoil, Blacktino, A Very Harold & Kumar Christmas* y los programas de televisión *Bones* y *The Cleveland Show*. Anduve en tantas ciudades haciendo tantos trabajos que la mitad del tiempo ni siquiera sabía dónde estaba. A Robert Rodríguez le encanta contarle a la gente que una vez lo llamé y le dije que estaba haciendo una película en Dallas. Cuando me preguntó qué era, le dije: "No lo sé. Es una película. ¿Cómo se supone que sepa cómo se llama?".

Machete salió en septiembre. Ese Halloween, mientras repartíamos dulces en mi vecindario de Mission Hills en Los Ángeles, tantos niños mexicanos estaban disfrazados de *Machete*, que Mario y yo casi lloramos. La gente me enviaba fotos de niños a través de todo el país vestidos con trajes de *Machete*. Se veían tan lindos con sus falsos bigotes de Fu Manchu y sus machetes de plástico. No se me escapó el mayor significado de esto. Finalmente teníamos un superhéroe propio. Un hombre que no tuvo miedo, ni se acobardó, y nunca se rindió. Y *Machete* hizo más que darles a estos niños su propio superhéroe para disfrazarse. También les dio a sus padres, muchos de familias inmigrantes de primera, segunda o tercera generación, un superhéroe chicano con que disfrazar a sus hijos en Halloween.

Hay fuerzas contra las que nos sentimos impotentes. Los superhéroes nos permiten imaginar que podemos vencer esas fuerzas. Durante una película, o en Halloween, podemos fantasear: ¿y si realmente existieran Superman o Batman o Machete? Esa fantasía nos da verdadera esperanza y fuerza. Y no hay mejor regalo.

Capítulo 30

DOBLE VIDA

2010

Justo cuando regresé de Hawái recibí una oferta para una película llamada *Bad Ass,* dirigida por Craig Moss. Gloria me dijo que la producción no contaba con mucho dinero, pero le agradaban el director y los productores y sentía que era algo que yo debía hacer. La mayor ventaja era que el trabajo estaba cerca de casa. El problema era que se suponía que debía empezar la película en dos semanas.

Mi médico me había dicho:

—Hemos estado programando sus citas con Mari y deberíamos comenzar lo antes posible.

—¿Y si no lo hago?

—Es demasiado grande para ponerlo en una lista de trasplantes. Ni siquiera podríamos hacer eso hasta que su tumor mida cuatro centímetros.

—¿Y si espero?

—Bueno, entonces puede crecer hasta un tamaño en el que ningún tratamiento le funcionará. Si espera, morirá.

Honestamente, agradezco a Dios por Mari. Ella programó todas mis citas de quimioterapia y yo estaba haciendo el tratamiento durante todo el tiempo que trabajé en *Bad Ass.* Los fines de semana, los médicos me aplicaban anestesia y me inyectaban quimioterapia directamente en el tumor. Si llegas a ver esa película ahora, ten en cuenta que estaba enfermo como un pinche perro mientras estábamos filmando y haciendo todo lo posible para ocultarlo.

Millones de otras personas se han enfrentado al cáncer. Me recordé eso a mí mismo y enfoqué mi mente en lo positivo. No me obsesioné con los tratamientos y los pronósticos. No busqué en internet historias de terror. Puse mi confianza en los médicos, en el plan de acción que me sugirieron que tomara y, lo más importante, en Dios. Eso no quiere decir que no tuve momentos de duda y autocompasión. Una noche, después del trabajo, me fui a casa destrozado, preguntándome cómo iba a sobrevivir otro día de trabajo. Me miré en el espejo del baño y sentí ganas de gritar: "¡Dios, hago lo que quieres! Digo tu nombre todos los días. ¡Ayudo a tus hijos todos los días! ¡Teníamos un trato!".

Luego salí a la sala de estar y juro por Dios que una de esas propagandas de St. Jude Children's Research Hospital estaba en la televisión. Había un niño hermoso que no podía tener más de seis o siete años, sonriendo, que dijo: "Y si hace una donación, le enviaremos esta hermosa manta". Me sentí como si me hubieran golpeado en la cara. *Pinche pendejo, has tenido una gran vida y hay niños pequeños que tienen estas cosas y están pasando por la quimioterapia y ni siquiera han tenido la oportunidad de vivir todavía. Has tenido una gran vida. Y ellos luchan contra esto, no sienten lástima por ellos mismos.*

Mensaje recibido, alto y claro. A partir de entonces, comencé a ir al hospital de niños en Los Ángeles con un coche lleno de juguetes. Los médicos de Cedars estaban asombrados por mi actitud. Les dije que Dios no me había sacado de las embravecidas aguas del océano para arrojarme a una playa y dejarme morir de cáncer de hígado. No podían creer que mi tumor respondiera de la forma en que lo hacía. Cuando bajó a seis centímetros, dijeron: "No sabemos cómo, pero parece que su tumor está muerto". Pero querían inyectar otra ronda solo para asegurarse de que así fuera, y les dije que lo hicieran.

Al igual que cuando tuve hepatitis C, mi mayor temor no era la muerte, era que la gente de la industria se enterara y no me ofreciera más trabajo. También tenía miedo de no vivir para ver quiénes serían mis hijos, de no conocer a mis nietos, de no estar cerca para ayudarlos cuando me necesitaran.

Para mantener a Danielle cerca, le conseguí un trabajo en *Bad Ass* como asistente de vestuario. Llegaba a las cinco de la mañana para empezar a trabajar. Por la tarde le preguntaba:

—¿Estás cansada, quieres dormir una siesta en mi tráiler?

—Papá, no puedo hacer eso.

—¿Por qué no?

—Tengo que hacer mi propio camino. Ya me ayudaste lo suficiente. Si hago esas cosas, nunca volveré a conseguir un trabajo en esta ciudad.

Una de las últimas noches filmando *Bad Ass*, envié a Mari a buscar comida saludable en un restaurante porque no quería comer de la mesa de catering. Uno de los productores, Ash Shah, me vio comiendo la comida del restaurante y me preguntó si el catering de *Bad Ass* no era lo suficientemente bueno para mí.

—Ash, ¿te comerías la comida de una película llamada *Bad Ass*? —le dije. Nos reímos—. Estoy bromeando. Simplemente me gusta comer sano, eso es todo. —No podía decirle por qué estaba siendo tan cuidadoso con lo que comía.

—Deberías abrir un restaurante.

Bromeando, dije:

—Sí, Trejo's Tacos.

Después de que terminó la película, volví a Cedars-Sinai para uno de mis últimos chequeos y el médico dijo: "No podemos explicarlo, Danny, pero tu tumor ha desaparecido. Tendremos que hacer chequeos anuales, pero básicamente estás libre de cáncer".

Yo sí sabía explicarlo. Todo fue Dios. Tuve una nueva oportunidad de vida, pero nunca dejé que el diagnóstico me impidiera seguir adelante. Un diagnóstico es solo eso. El resultado de un escaneo o un análisis de sangre o lo que sea no es la realidad; la realidad es la realidad. Si estás enfermo y evitas ir al médico, eso no cambiará lo que está sucediendo dentro de tu cuerpo. No le temía a las malas noticias. Pero si Mari no hubiera estado allí programándome las citas, quizás habría echo la vista gorda y estaría muerto. Pero no lo estaba. Tenía un chingo de cosas que hacer. Me acababan de ofrecer un papel en una serie de televisión, *Sons of Anarchy*.

En el programa interpreté a Romero "Romeo" Parada, un jefe de alto rango de un cartel que resultó ser un agente encubierto de la CIA encargado de reducir las ventas ilegales de armas del club.

Empecé a hacer *Sons* justo después de terminar el tratamiento para el cáncer. Todavía me sentía un poco cansado. El ritmo del trabajo para *Sons* era intenso. Todos estaban en tema y preparados. Quería hacer un buen trabajo. Quería que Kurt Sutter supiera que su fe en mí no estaba fuera de lugar, así que busqué en lo más profundo de mi ser, y trabajar en *Sons of Anarchy* fue una de las chambas más chidas que he tenido con algunas de las mejores personas con las que he trabajado. Fue especialmente gratificante porque pude trabajar con dos amigos cercanos: Emilio Rivera, con quien había trabajado por primera vez en *Con Air*, y Donal Logue, un viejo amigo que conocí en 1991 cuando trabajaba como conserje en el Centro de Drogas y Alcohol de West Hollywood.

Sons fue un fenómeno de la cultura pop mundial tan grande que estar en el programa era como estar en los Rolling Stones.

Pero durante todo el tiempo que estuve en *Sons of Anarchy*, mis hijos seguían luchando. Sentí que estaba librando una guerra en tres frentes: estaba el yo que tenía que presentarse al trabajo todos los días y sonreír y dejarse tomar fotografías; el yo que iba a tratamientos de quimioterapia en el hospital y en mis momentos privados oraba para recibir fuerza; y el yo que necesitaba estar ahí para mis hijos, sabiendo que era impotente ante sus adicciones pero que podía hacer lo único que sabía era lo correcto: dar amor. En 2011, Danielle fue a tratamiento. Estuvo nueve meses. Debido a que tenía tantas conexiones dentro de esas instalaciones, comencé a hacer excepciones como si mi hija no fuera solo un cliente más que necesitaba ayuda. Por ejemplo, hay una regla que establece que los clientes no pueden tener mucho dinero en efectivo: diez dólares como máximo. Pero cada vez que iba a ver a Danielle, le pasaba cien dólares. El dinero es la forma en que le muestro a la gente que los amo. Es como que, *Toma, te amo, me preocupo por ti. ¡Aquí tienes dinero!*

Mirando hacia atrás, mi tío Gilbert había hecho lo mismo conmigo cuando trabajaba en el negocio de Carlisi. Le di pena y me dejó mil dólares sobre el mostrador como si eso me fuera a salvar de mi lamentable vida.

Estaba habilitando a mis dos hijos y socavando su recuperación. Una vez, Danielle se fue de la rehabilitación con un amigo y mintió y le dijo a su consejero que estaba conmigo. Me llamó y me dijo que había mentido. Para que su historia pareciera creíble, conduje tan rápido como pude para recogerla y traerla de regreso. Una semana después, su consejero me llamó y dijo: "Danny, tuvimos un avance increíble. Danielle confesó que no estuvo contigo la semana pasada". Me enojé y dije: "¡Maldita sea, le dije que nunca se declarara culpable!".

Entonces Danielle se puso al teléfono y dijo: "Papá, ¿te das cuenta de que estás molesto conmigo porque asumí esta responsabilidad, que es exactamente lo que debería estar haciendo y aprendiendo a hacer? ¡Estás socavando el proceso! ¡Eres un facilitador!".

Después de eso, me prohibieron la entrada a su centro de rehabilitación. Entre chambas, seguía trabajando para Western Pacific, haciendo peticiones a políticos, hablando en grandes conferencias con cinco mil personas y pequeñas reuniones de rehabilitación con doce adolescentes. Pero a pesar de todos mis años trabajando en la recuperación, llevando a innumerables personas a rehabilitaciones (específicamente CRI-Help), me expulsaron de la rehabilitación de Danielle. Cuando se trataba de mis propios hijos, todo lo que yo sabía sobre la recuperación salía volando por la ventana. Y sé que el hecho de que tuviera un perfil tan alto en la recuperación hizo que a mis hijos les costara más mantenerse sobrios. La gente los miraba como si fuera fácil. La adicción a la heroína, el alcoholismo, nada de eso es fácil. A la adicción no le importa si crees que eres el rey de la recuperación, no te da ducados adicionales para mantener a tus hijos y seres queridos libres de esa mierda.

Al tiempo que sabía que Danielle estaba a salvo, no tenía idea de dónde diablos estaba Gilbert. Maeve y Mario tampoco sabían.

Rafael "Chispas" Sandoval, un exjefe de La Eme, me pidió que fuera a una escuela secundaria en La Puente para hablar con los niños sobre cómo evitar las drogas y las pandillas y la importancia de que les vaya bien en la escuela. Chispas había sido uno de los jefes de la Mexican Mafia, pero encontró la religión y enderezó su camino. Esa es la única forma en la que la Mexican Mafia te deja salir, si encuentras la religión y haces el bien. Y no solo confían en tu palabra. Ellos te vigilan. Envían a personas a la iglesia para asegurarse de que estás haciendo esa vida y no les estás mintiendo.

Chispas era honrado. Desde que salió de la cárcel, había dedicado su vida por completo a ayudar a las personas. Nos acomodamos mientras los niños comenzaron a entrar en fila al auditorio. Intenté pensar en lo que iba a decir, pero estaba distraído. Por lo general, compartía sobre cómo el crimen no paga, cómo ser pandillero era como viajar en el tiempo: un día eras un adolescente en tu vecindario y al siguiente te encontrabas cumpliendo una sentencia de treinta años. Pero no lograba concentrarme. Ni siquiera sabía por qué estaba allí. Me sentía como un fraude. Chispas se dio cuenta de que algo andaba mal y me preguntó qué estaba pasando.

—Chispas —le dije—, no sé qué diablos estoy haciendo. Mi propio hijo Gilbert está en la calle en algún lugar, drogándose, y yo estoy aquí por hablarles a los niños de otras personas para que no hagan lo mismo. ¿Qué clase de padre soy?

Chispas permaneció en silencio y luego dijo:

—Danny, sé que Dios quiere que estés aquí hoy para decirles a estos niños cómo es para un padre pasar por el dolor de la adicción con sus propios hijos. Necesitan escucharlo desde tu perspectiva.

Me presentaron y los niños estallaron en aplausos. Estaba tan nervioso al caminar hacia el podio. Nunca me había sentido nervioso al hablar con un grupo de personas. Pero supe por qué. Fue porque estaba adolorido y a punto de hablar con la verdad. Les dije a los niños: "Algunos de ustedes probablemente ya estén consumiendo drogas y piensan que es chido. Solo quiero contarles lo que les causa a las personas en sus vidas". Empecé a llorar. "Estoy parado aquí con tanto dolor porque mi propio hijo está en la calle, perdido por las drogas y la adicción. Ni siquiera sé dónde está ahora. No sé si está vivo o muerto. No sé qué tiene que hacer para conseguir las drogas que él cree necesitar. No sé cómo describirles este dolor. Me quedo despierto toda la noche, no puedo comer, no puedo dormir. Así que tengan en cuenta que lo que hacen no solo los afecta a ustedes".

Mis palabras golpearon duro a esos niños. Al secar mis lágrimas, noté que los niños también lloraban. Chispas estaba llorando. Esos niños nunca habían visto el otro lado de la adicción: el dolor consecuente que causa. Cuando eres un adicto, piensas que la única persona a la que estás lastimando eres tú. Y eso no es cierto.

Sentí alivio, aunque solo fuera por ese momento. Al ayudar a los demás, me estaba sanando a mí mismo. Sabía que no lograría devolverme a Gilbert, pero me estaba ayudando, porque estaba enfermo de dolor.

Todo esto estaba pasando cuando mi carrera realmente comenzó a despegar. Después de *Machete* y *Sons*, llovieron las ofertas. Trabajo de voz para dibujos animados, películas, propagandas de televisión. Era muy solicitado, pero mi vida hogareña se estaba desmoronando. Gilbert llamaba desde la calle y yo estaba en Bulgaria, Rumanía, o algún otro lugar, y lo llamaba a Mario para que intentara encontrarlo. Podría estar en Sunset Boulevard recibiendo golpes de algún tipo al que le debía dinero, o podría estar en un lote de tierra, sufriendo síndromes de abstinencia o golpeando a alguien que le debía dinero a él. En cualquier caso, Mario lo encontraría y se lo llevaría.

Regresé a Austin para filmar la continuación de *Machete* —*Machete Kills*— pero esta vez, Gilbert y Danielle no estaban conmigo. Danielle estaba limpia y sobria y estaba bien, pero Gilbert estaba eligiendo un camino difícil. Michelle Rodríguez y Jessica Alba regresaron para repetir sus papeles, y agregamos a Mel Gibson, Lady Gaga, Charlie Sheen y Demián Bichir al elenco. Lady Gaga se involucró porque yo estaba en el salón de tatuajes Shamrock una noche mientras mi amigo Mark Mahoney le estaba poniendo tinta. Ella me vio y se emocionó y dijo que le encantaba *Machete*. Le dije que íbamos a comenzar la segunda y ella dijo que quería participar. Llamé a Robert Rodríguez desde la tienda de tatuajes y me dijo que la agente de Lady Gaga lo llamara y él lo haría posible.

Gilbert estaba en las calles, más allá de mi ayuda. Hay un lugar especial en el cielo para los padres de adictos. En algún momento tienes que confiar en que tienen su propio Dios y que van a tener que darse cuenta de eso y encontrar la fuerza para hacer lo correcto. Todo el tiempo que estuve trabajando en *Machete Kills*, me la pasé preocupado. Las semanas se convirtieron en meses. Estaba de vuelta en Los Ángeles trabajando en la continuación de *Bad Ass* llamada *Bad Ass 2: Bad Asses*. Sabía que no podía cambiar las circunstancias de Gilbert, así que me concentré en el trabajo que tenía entre manos. Afortunadamente, estaba conmigo Danny Glover. Era un gran tipo y un buen colega para hacer una película. Cuando lo vi por primera vez antes de empezar a filmar, grité: "¡Danny Glover!", como si fuera una pequeña fan, y eso lo mató de la risa. Me encantaba verlo trabajar. Pero por la noche miraba las calles y pensaba: *Mi hijo está por ahí en alguna parte.*

El consumo de drogas de mis propios hijos me hizo sentir como un fracaso. Era un tipo que era tan conocido en los círculos de recuperación, muchas personas me decían cosas como: "¡Me salvaste la vida!" o "Ayudaste a mi primo", pero no podía ayudar a mis propios hijos. Estaba bastante seguro de que Danielle también estaba recayendo. Todo lo que podía pedir era que lo escucharan por sí mismos de alguna manera.

Años antes, cuando vivía en Hiawatha con Debbie, pocos días después de que sacudí a Gilbert por estar drogado, me encontré con un joven llamado Johnny B en una reunión. Johnny era un chamaco chido que quería que lo patrocinara. Tenía un anillo en la nariz, tres pendientes en cada oreja y los labios y pezones perforados. Al ver a este chavo, pensé: ¿Qué *chingados es esto?* Pensé que iba a convertir a este cabrón en republicano. Johnny tenía un camión monstruo de color azul. Yo iba a hablar en una reunión en Santa Bárbara, así que Johnny y yo condujimos su camión hasta mi casa. Salí de su camión monstruo y entramos a la casa, y Gilbert entró a la cocina, colocado, con una cintura de drogadicto de veintidós pulgadas vistiendo unos bóxers talla treinta que se le caían.

—Oye, ¿qué onda? —dijo.

Le presenté a Johnny.

Me di una ducha para prepararme para la reunión, y cuando terminé, Gilbert se me acercó y me dijo:

—Oye, papá, ¿puedo ir a una reunión con Johnny?

Así que me fui solo a Santa Bárbara mientras Gilbert y Johnny fueron a una reunión en Los Ángeles. Mi hijo no quería ir a las reuniones conmigo, pero pensaba que Johnny B era cool. Me encanta cómo funciona la recuperación de esa manera. Otras personas podían hacer por mis hijos lo que no estaba a mi alcance. Al igual que yo puedo ayudar a alguien cuando su propia familia no logra alcanzarlo. Recé para que Gilbert se encontrara con alguien en recuperación con quien se relacionara como Johnny B.

Mientras me enfrentaba al hecho de que Gilbert y Danielle tenían sus propias batallas que librar, me llamó mi hijo mayor. Su madre, Diana, había muerto.

Era agosto de 2012. Danny Boy me dijo:

—Papá, murió mamá y sabía que querrías saberlo.

Le pregunté cómo se sentía y me dijo que estaba bien, pero me di cuenta de que era muy duro para él.

—Danny Boy —le dije—, ¿qué necesitas? Lo que sea que necesites, acá estoy para ayudarte.

—Habrá un servicio conmemorativo en dos meses en Havasu. —Diana se había mudado a Lake Havasu, Arizona—. Sería genial si pudieras ir conmigo.

—¿Quieres venir a quedarte conmigo hasta entonces?

—No, estoy bien. Solo ven conmigo a Havasu.

—Ahí estaremos.

Danny Boy y yo volamos a Las Vegas juntos. Alquilamos un auto para conducir hasta Lake Havasu. Era la primera vez que pasábamos un buen tiempo a solas juntos en años. Por supuesto, Danny Boy había ido de Lompoc a quedarse conmigo en Mission Hills de vez en cuando, pero este viaje fue diferente. El viaje al servicio de Diana nos subió de nuevo a un avión, como cuando volamos a San Francisco y hubo turbulencias y Danny Boy le dijo a un avión lleno de pasajeros aterrorizados: "¡Por el poder de Grayskull!", y me dijo: "¡Ya no tienen miedo, papá!".

El viaje a Havasu fue emotivo. Danny Boy estaba callado. Amaba a su madre. Esa es una de mis cosas favoritas de él: lo amable y cariñosa que es su naturaleza. A veces creo que eso tiene mucho que ver con Nanny. Sé que a eso se lo atribuye Danny Boy. El viaje me hizo pensar en mi tiempo con Diana. Yo también la amaba. No lo había podido demostrar tan bien, pero la amaba. Sabía que Dios nos había juntado para hacer a Danny Boy.

Danny Boy dijo: "Papá, gracias por preocuparte por mamá". Él sabía que yo tenía exparejas con quienes no había ni cortesía ni nada de eso al terminar nuestras relaciones; era mejor que mantuviéramos la distancia. Pero Diana y yo siempre podíamos reírnos, incluso cuando estábamos discutiendo sobre la crianza de nuestro hijo (como la vez que agarraron a Danny Boy fumando mota). Trabajamos juntos y ella apreció los años que Danny Boy pasó conmigo y Maeve mientras estuvo en prisión.

El servicio se llevó a cabo en el restaurante favorito de Diana en Lake Havasu. Nos reservaron el patio. Me gustó el lugar, era un verdadero restaurante familiar con juegos para niños y esas cosas. El tipo de lugar que a Gilbert, Danielle y Danny Boy les hubiera encantado de niños.

En el servicio, la gente se puso a compartir historias sobre Diana, así que me levanté y dije que Diana Walton Hyde había sido una gran mujer y una gran madre. Dije que todos tenemos nuestros demonios, pero respetaba la forma en que ella se había enfrentado a los suyos y había florecido tanto en la vida y estaba en una gran pareja, y que el mayor tributo a Diana era el tipo de joven que crio en Danny Boy.

A eso de las cinco o seis, la gente empezó a beber y Danny estaba listo para partir. Había gente en el restaurante que quería fotos conmigo y autógrafos, así que decidimos irnos. Cuando estábamos saliendo por la puerta, Danny Boy dijo: "Papá, me alegro de que estés aquí".

Me alegré mucho poder estar ahí. Pero para mí, no para él, porque desde un punto de vista egoista, yo necesitaba ese tiempo con mi hijo mayor. Si los servicios conmemorativos destacan en algo, es que el ciclo de la vida puede ser tan corto y brutal, y tenemos que estar ahí el uno para el otro.

Conduciendo por el desierto de regreso a Las Vegas, Danny Boy dijo:

—Papá, tengo algunas canas. Realmente me tiene apachurrado. ¿Tú tienes canas?

Tuve que sonreír. Mi bebé, mi hermoso bebé, el niño al que a veces dejaba nadar en la alberca del complejo de departamentos en Venice en las calurosas noches de verano después de la hora de dormir, el niño que quería "macarrones con queso" de Nanny, el niño que vi que podía ser un niño en Lompoc, por lo que tuve que dejarlo ir para que esté con su madre, ese niño me estaba preguntando sobre las canas.

—A huevo, claro que tengo canas. En mi licencia de conducir, debajo del color del cabello, dice "Just For Men".

Nos reímos mucho de eso.

—Gracias a Dios —me dijo—. No soy solo yo.

Capítulo 31

A PREOCUPARSE Y REZAR

2013

Todo llegó a un punto crítico cuando estaba en Londres trabajando en *Muppets Most Wanted.* Estaba con Ray Liotta y Craig Balkham, un guardaespaldas con el que trabajábamos. La situación con Danielle y Gilbert era dura. Maeve estaba luchando en casa. La salud de mi madre no era buena. Yo también estaba luchando. Sentía que el dolor me pisaba los talones, pero me negaba a darme por vencido. No podía dejar que me aplastara. Mi fe me salvó. Siempre volvía al mantra: "Si rezas, ¿por qué preocuparte? Y si te preocupas, ¿por qué rezar?". Recé y recé. Recé por Gilbert y Danielle, recé por mi madre. Sabía que, si Dios me había salvado, me había presentado un camino para seguir adelante, podía confiar en Él en cuanto a esta situación con mis hijos.

Maeve sentía diferente. Sentía que podía entregar su propia vida a Dios, pero cuando se trataba de los niños, pensaba: *Eso lo tengo que arreglar yo*. Pero nos superaba a los dos. Mi amigo Chris Davis me dijo que cada vez que alguien preguntaba: "¿Qué es demasiado?", él decía: "Todo es demasiado, por eso se lo damos a Dios".

* * *

El 8 de marzo de 2013 Gilbert cumplió veinticinco años. Cuando terminé de trabajar, volví a mi habitación del hotel para llamarlo y desearle un feliz cumpleaños. Le pregunté qué estaba haciendo para celebrar y dijo que estaba desayunando en CoCo's con mi mamá.

Eso me resultó increíble. Gilbert aún estaba luchando con el consumo, y mi madre no conocía bien a sus nietos, así que saber que Gilbert había decidido sacarla a desayunar en su cumpleaños me llenó de alegría. Puso a mi mamá al teléfono y hablamos durante unos veinte minutos. Me preguntó cómo era Londres y si la gente con la que trabajaba era agradable. Ella estaba siendo una mamá y yo un hijo. Recuerdo que esa conversación telefónica fue un "Ahora Mismo" como lo había sido Quentin, y con eso, quiero decir que en esos veinte minutos no nos preocupamos por el pasado ni por el futuro, estábamos puramente presentes el uno con el otro. El ciclo del perdón, yo por ella, ella por mí, había cerrado el círculo.

Cuando estábamos terminando la llamada, mi mamá me dijo: "Mijo, te amo". Le dije que también la amaba. Y era verdad.

Cuatro noches después, Craig Balkham llamó a la puerta de mi habitación de hotel y me dijo: "Danny, no sé cómo decirte esto. Ha muerto tu madre".

Mi mamá estaba sacando la basura, caminando sobre el césped del patio trasero, cuando tuvo un derrame cerebral. Me invadió todo tipo de emoción posible: tristeza, ira, arrepentimiento. Me sentí entumecido, quebrado. Sabía que su eventual muerte era inevitable, pero no disminuyó el golpe al cuerpo cuando finalmente llegó el puñetazo. Me hubiera gustado que JoJo, Max o Mario hubieran estado allí con ella en sus últimos momentos. O que pudiera haber estado yo. Su viaje de Marfa a Arleta había sido singular en muchos sentidos. Solo hubiera preferido que no haya estado sola al final. Pero estaba agradecido de que ella me hubiera tenido a mí y a todos mis cuates a su alrededor en los años previos a su partida. Ella amaba a esos hombres. Los llamaba su cuadrilla.

Fui a la oficina de producción y les dije a los productores que me consiguieran un boleto de avión a casa. Craig estaba al teléfono y dijo:

"Espera, habla con Mario y Mari". Mario, Mari, Gloria, todos en mi vida me dijeron que se estaban ocupando de los arreglos, que Max, Mario y el hijo de Mario, Mikey, estaban ahí, así que no había necesidad de que me subiera a un avión. Mari dijo que no había nada más que hacer y que si lo hubiera, lo estaban haciendo. Además, sabía que al equipo de producción le preocupada el viaje. La actuación puede ser un trabajo simplón, pero el tamaño de los presupuestos y la programación no lo son. Estaban en la recta final de la película de los Muppets, y les habría costado millones si me iba. Era el 21 de marzo de 2013; nunca me olvidaré de ese día.

Volví a trabajar. Todos sabían que mi madre acababa de fallecer. La gente me evitaba y caminaba en puntas de pie a mi alrededor. Debieron pensar que era frío. No estaba llorando; estaba tranquilo. Creo que eso encabronó a mi madre, que me miraba desde el cielo.

Muppets Most Wanted es un musical. Esa semana estábamos filmando un gran número llamado "The Big House", donde Tina Fey (interpretando a un guardia de la prisión, genial) le da a la Rana René un recorrido por un gulag en Siberia con Ray Liotta y yo como reclusos que cantan y bailan. Empieza afuera, donde Tina canta: "Este es el principal hotel financiado por el estado de Rusia. Estamos muy orgullosos de nuestra clientela ecléctica", y me da un bofetazo mientras estamos detrás de ella haciendo de coristas. Entramos en el comedor, donde ella canta: "Este es el comedor, el menú es mínimo. Lo que el cocinero le hace a la comida es criminal. Toma asiento, agarra un taburete. ¡Permíteme recomendar que pruebes nuestras famosas gachas! En la Casa Grande, nunca estarás solo...", y levanto a la Rana René y la golpeo contra la mesa. Cantar y bailar no era algo que hubiera hecho antes. Tienes que comprometerte por completo con la graciosa tontería que es eso, y yo me estaba muriendo por dentro.

Justo antes de que empezáramos a filmar la parte de la canción en el comedor, Steve Whitmire, el titiritero que hacía de la Rana René, acercó el títere a mi cara y dijo: "Siento mucho que tu mami haya muerto, Danny". Hay una regla que Steve estaba cumpliendo de que cuando trabajas con los Muppets debes permanecer siempre en el personaje. Steve fue sincero. La Rana René fue sincera. Arrugó su carita y ese títere mostró tanta emoción que atravesó todas las capas de dolor a las que me estaba aferrando. A pesar de que el asistente de dirección estaba a punto de decir "Rueden" en una toma, salí corriendo del set hacia el baño. Tan pronto como se cerró la puerta, rompí a llorar. No había sentido tanta emoción desde que murió mi tío Gilbert. Ray me siguió y esperó conmigo hasta que pude recobrar la compostura. Éramos dos tipos que habíamos interpretado a los hijos de la chingada más duros en las películas, y él me estaba ayudando a reponerme para volver al escenario a cantar y bailar con un títere verde brillante.

Hasta el día de hoy estoy convencido de que fue mi madre quien le dijo a la Rana René que dijera algo.

Enterramos a mi mamá junto a mi papá en el Cementerio de la Misión de San Fernando en una hermosa ceremonia. Gilbert todavía estaba consumiendo. Danielle no estaba mucho mejor, pero aún estaba dentro y fuera del consumo. Después de que falleció mi mamá, yo estaba completamente abrumado. Y estaba enfrentando decisiones que no podía manejar: qué hacer con la casa, qué hacer con su ropa, qué hacer con los platos en la cocina. Danielle solo tenía veintitrés años en ese momento, pero nunca olvidaré esto: me dijo, "Papá, yo me ocuparé de la casa. Revisaré y ordenaré sus cosas. Yo me haré cargo".

Danielle dice que cuando me dijo eso, suspiré. No era un suspiro de resignación, fue una gran exhalación de dolor, alivio, claridad y pesar.

En ese instante, le di a Danielle la casa de mi madre, la casa donde me había ofrecido leche y galletas, la casa donde enterré la escopeta y la granada de mano en el patio trasero, la casa que había sido tan fría y complicada durante mi infancia, que desde aquel entonces se había convertido en un lugar de paz y reconciliación.

Maeve estaba destrozada por lo que les estaba pasando a nuestros hijos. Los altibajos eran demasiado para ella. Casi que no podía ni trabajar. Estaba luchando por criar a sus dos hijos menores. Yo también estaba destrozado. No sabía qué iba a pasar, pero al menos Danielle tendría un lugar donde vivir. Después del funeral, Maeve me dijo: "No sé cómo lo haces". Se refería a cómo estaba lidiando con todo, todavía yendo al trabajo, todavía presente para ella y los niños. Mi fe me estaba ayudando a atravesar estos momentos.

Gilbert no tenía hogar. Su mierda estaba en mi casa, pero él estaba en la calle. Así es como él lo quería. Ahí es donde lo llevó su consumo de drogas. Las drogas te alienan y te separan de todo lo que amas. La heroína es como una novia celosa. Maeve no podía tener el uso de drogas de Gilbert cerca de sus otros hijos, y la entendí. Gilbert vivía por Silver Lake y Los Feliz; eso era todo lo que sabía. Lo único que podía hacer era asegurarme de que tuviera un teléfono celular por si necesitaba comunicarse. Por alguna razón, gracias a Dios, no vendió el teléfono a cambio de drogas. De vez en cuando, sabíamos de él. Una vez mi hermana Dyhan, la hija de mi madre biológica, Dolores, nos llamó para decirnos que lo había visto. Ella estaba trabajando para un programa de intercambio de agujas en Skid Row y vio a Gilbert escabullirse calle abajo. El mismo lugar con las carpas y las casas de cartón donde yo había repartido dinero a la gente era donde se encontraba mi hijo. Mi corazón se estaba rompiendo. Siempre que rastreábamos a Gilbert, lo agarrábamos y lo llevábamos a desintoxicarse. Luego salía y volvía a consumir. Era un ciclo malo que había estado ocurriendo durante casi diez años, pero estaba dispuesto a hacerlo todo el tiempo que fuera necesario.

Durante todo esto Gloria y yo volamos a Texas para ver a Robert Rodríguez. Me llamó para que viniera a la ciudad porque estaba haciendo algo bien chido. Robert iba a recibir al presidente Obama en su casa. El Servicio Secreto nos dio un resumen de cómo saludarlo, cuánto tiempo podríamos pasar con él, etc. Yo estaba parado detrás de otras cinco personas cuando Obama se apartó de la línea, extendió las manos como si estuviera sosteniendo espadas y dijo: "¡Conozco a este tipo! ¡Machete!", Gloria rompió a llorar. Más tarde dijo que fue porque vio un cambio tan increíble en el presidente cuando me vio. Qué emocionado se veía. Cómo rompió con el decoro. Yo simplemente estaba súper feliz de haber podido conversar con el presidente. Era cool y tranquilo. Se sentía como un viejo amigo. Creo que los muchachos del Servicio Secreto se estaban poniendo nerviosos porque el presidente se estaba retrasando en su horario al hablar demasiado conmigo, pero no les prestó atención. Tan pronto como me alejé, llamé a Gilbert. Él respondió y le dije:

—¡Gilbert, estoy con el presidente!

Gilbert parecía distraído.

—Qué cool, papá.

Luego escuché a alguien decir algo. No sabía qué estaba pasando, pero descubrí más tarde que Gilbert estaba en un terreno baldío junto al Circus of Books, donde pasaban el rato los drogadictos. Para quitarse de encima a un vagabundo, le acababa de ofrecer un frasco de comida para bebés con los residuos de un poco de crack que había hecho.

Escuché al tipo decir: "¿Solo lo raspas desde adentro?".

Escuché a Gilbert decir: "Sí, ráspalo nomás".

Luego se cortó la comunicación.

Estaba tan emocionado de escuchar su voz y luego, cuando escuché a esas pinches personas a su alrededor, enseguida me deprimí. Durante años me había preparado para el día en que Gilbert no pudiera contestar un teléfono porque estaría muerto. Habría tenido una sobredosis, o chingado al tipo equivocado, o sus abscesos podrían haberse vuelto sépticos. Había contestado esta vez, pero no estaba a salvo. No ahora, no esta noche, no mañana. Prepararme para esa posibilidad significaba que aceptaba que sus posibilidades no eran buenas, pero no significaba que el miedo a perderlo había disminuido. Ni por un minuto.

Esa era la montaña rusa de mi vida. La sobriedad me había llevado a un lugar donde el presidente de los Estados Unidos sabía quién era yo y mi hijo estaba haciendo crack en frascos de comida para bebés.

Pero entonces ocurrió un milagro. Danielle se limpió. Le llevó un susto profundo hacerlo. Danielle vivía en la antigua casa de mi madre con su prima Christina y una niña llamada Molly. Una noche, Danielle se colocó en el baño, se fue a la cama y tuvo una sobredosis. John Wesley Harding, un terrier bien chulito que llevaba el nombre del álbum de Bob Dylan, la encontró. Corrió al dormitorio de Christina y saltó sobre su cama hasta que se levantó para ver por qué se estaba volviendo loco. Christina despertó a Molly, quien arrastró a Danielle a una bañera fría y le hizo reanimación cardiopulmonar. Después de eso, Danielle llamó a

Mari para pedirle dinero y Mari le dijo: "Vete a la chingada, te vas a rehabilitación", y llamó al 911. Cuando colgó con el 911, me llamó. Estas mujeres salvaron la vida de Danielle. Cuando pude hablar con ella en rehabilitación, escuché algo diferente en su voz que me dijo que este iba a ser el momento. Estaba harta de estar harta. Me dejé llevar por la esperanza y mis oraciones fueron respondidas. Ella ha estado limpia desde entonces. La muchacha fuerte e independiente que me enseñó a ver a las mujeres en múltiples dimensiones estaba en camino de construir la vida que estaba destinada a tener.

Una menos, pero aún quedaba otro. Gilbert todavía estaba consumiendo.

Maeve y yo hablábamos de eso. Ella lloraba. Estaba convencida de que no había forma de que Dios fuera lo suficientemente generoso para permitir que ambos de nuestros bebés se mejoraran. No confiaba en que Dios daba con ambas manos. Yo sabía que sí, pero Gilbert estaba en mal estado: tenía abscesos, su mente estaba ida. Estaba tan enfermo que incluso si se limpiaba, no sabíamos si volvería a ser la misma persona.

Maeve no podía trabajar; no podía funcionar. Le dije: "Estoy acá para ti", y lo dije en serio. De cierto modo, estaba cumpliendo la promesa que le había hecho la primera noche que la conocí. Ella era más fuerte de lo que creía. Unos años antes, previo a que Gilbert estuviera tan mal, me había contado sobre su lucha por encontrar Programas de Educación Independiente (IEP, por sus siglas en inglés) para sus hijos en el Distrito Escolar Unificado de Los Ángeles. "¡Tienes que ser abogado para lidiar con esta mierda!", me dijo. Y le contesté: "¿Por qué no vas a la facultad de Derecho? Te pagaré el alquiler y la universidad".

Y lo hizo. Había vuelto a trabajar como enfermera e iba a la facultad de Derecho por la noche. Cuando Maeve aprobó el examen jurídico estatal, fuimos todos a la ceremonia en Pasadena para celebrar, y esta vez estábamos todos bien vestidos: Danielle, Gilbert, Danny Boy, Theo, Samuel y yo. Finalmente pudimos ser la familia que no habíamos logrado ser cuando vivíamos juntos en Venice.

Cuando llamaron a Maeve para subir al escenario y recibir su certificado, ella me encontró entre el público y articuló un: "Gracias". En ese momento, sentí que me había convertido en el hombre que mi padre realmente quería que fuera.

Gilbert se mantuvo limpio durante la semana en que su madre aprobó ese examen, pero parecía un esqueleto. Inmediatamente después de eso, volvió a consumir y desapareció. En algún momento me llamó y me preguntó si podía ayudarlo con algo de dinero para comprar comida. Lo encontré en una gasolinera en el West Side y le entregué un billete de cien dólares. Tenía la esperanza de que habláramos, pero cuando consiguió lo que necesitaba, dinero en efectivo, echó a correr. Después, Danielle me preguntó cómo estaba.

—Vivo. Le di algo de dinero.

—¿Para qué? —me preguntó, y por su tono me di cuenta de que no aprobaba.

—Le di cien dólares. El chamaco necesita comer —le dije.

—Papá, no deberías haber hecho eso. Por cien dólares puede colocarse y conseguir una habitación de hotel y una prostituta —me dijo.

—¿De veras? ¿Puedes conseguir todo eso por cien dólares? —le pregunté.

—No es gracioso —me dijo—. Lo estás matando.

Ella tenía razón. No quería una charlar, no quería que lo salvara, no quería nada más que el dinero. Sabía demasiado para esperar algo diferente de un adicto sumido en su adicción. Mi corazón estaba roto, pero lo había estado por años. Había una parte de mí que simplemente se ponía contenta cada vez que lograba verlo vivo.

Pero afortunadamente esos cien dólares representaron el último viaje de Gilbert. Cuando estaba en Atlanta trabajando, se comunicó con Mario para que lo fuera a buscar. Mario fue a una casa de drogas en Studio City y encontró a Gilbert desmayado en un sofá. La casa estaba llena de mierda de perro, muebles de jardín, agujas usadas y gente drogándose. Mario lo levantó, lo sacó por la puerta y lo metió en su auto. Lo llevó de regreso a nuestra casa dándome el tiempo suficiente para llegar a casa y buscarle ayuda.

Llegué a casa al día siguiente y le marqué a una mujer llamada Rene. La conocía del mundo de la recuperación desde que tenía trece años;

ahora dirigía un centro de desintoxicación llamado Rim of the World en un pueblo de montaña. Le dije que Gilbert estaba cubierto por mi seguro y le expliqué por lo que estaba pasando.

—No se preocupe por el seguro, nos ocuparemos de eso más tarde. Solo tráigalo.

—¿Está segura?

—Le encontraremos la vuelta. Puede compartir una cama si fuese necesario.

—Gracias, Rene.

—Puede agradecerme hablando con nuestros clientes en una de nuestras reuniones.

Mario y yo lo subimos a mi auto y comenzamos a conducir. Estuvo dormido la mayor parte del camino, pero se despertó cuando subimos por encima de la línea de las nubes. Miró a su alrededor y dijo: "A poco, no hay plan de escape que valga".

Me tuve que reír. Pero, honestamente, Mario y yo nos miramos pensando: *Si no lo entiende esta vez, probablemente nunca lo hará.*

Capítulo 32

EL PADRINO

2014

En ese entonces, sucedió algo en mi carrera, algo que fue más allá de los papeles de películas. Me contrataron para hacer una serie de propagandas para Old El Paso, una empresa que se enfocaba en la cocina mexicana. Íbamos a filmarlas en la Ciudad de México.

En nuestro segundo día ahí, visité la Plaza del Zócalo, que fue construida en el sitio del centro ceremonial de Tenochtitlán, la antigua capital del Imperio Azteca. Vi una estatua de un águila con una serpiente en la boca. Fue como ver la bandera estadounidense por primera vez. Significó tanto para mí. La historia cuenta que Huitzilopochtli, el dios de la guerra, le dijo a un grupo de indígenas errantes (los nahuas) que debían dejar Aztlán y establecer una capital para su nuevo reino en el lugar donde vieran un águila posada sobre un nopal comiendo una serpiente.

Casi cincuenta años antes, en Soledad, había hecho un mosaico de la bandera mexicana para el Centro de Estudios Mexicanos en la prisión. Fue la primera vez que me sentí artista. Recuerdo haberle prestado mucha atención al centro de la bandera que representaba lo mismo que estaba viendo en la estatua. Hacer esa bandera realmente me unió a mi herencia mexicana. Además, los tiempos eran tan pesados en aquel entonces. En los años sesenta, las luchas raciales que ocurrían en las calles se abrieron paso en el sistema penitenciario de California. Los mexicanos empezamos a centrarnos en nuestra herencia azteca: los tipos se estaban haciendo tatuajes aztecas; yo terminé mi charra. Creíamos que éramos descendientes de una línea de guerreros aztecas que pasaba por Pancho Villa y Emiliano Zapata.

En la Ciudad de México sentí que estaba en mi lugar de origen, de donde venían mis antepasados. Mis huesos se sentían como en casa. Craig Balkham y yo cruzamos la plaza hacia una catedral donde se estaba celebrando una misa. Entramos a esta iglesia gigantesca y ocupamos un lugar al fondo. Lo juro por Dios, el cura detuvo su homilía, entrecerró los ojos y dijo: "Hola, señor Trejo", sin interrumpir su ritmo. Era como si hubiera estado esperando que apareciera.

Todos en la iglesia se dieron la vuelta. Asentí con la cabeza y le dije a Craig: "¡Vamos, no quiero interrumpir una iglesia!".

Me sentí tan acogido por la gente en México. Estaba abrumado y lleno de humildad. Me imaginé a mis padres y abuelos mirándome desde arriba. Sabía que mi papá estaría muy orgulloso. Fuimos a San Miguel de Allende y la gente nos trataba como si fuera Zapata o algo así, se amontonaban a mi alrededor y pedían fotos. Gilbert dijo: "Papá, eres como un Beatle mexicano o algo así".

Le contesté: "Eso es lo que eres *tú*". Y era cierto. Apenas limpio, Gilbert parecía un ser humano totalmente diferente. Y se había limpiado porque quería vivir. Quiso, de todo corazón, hacer ese cambio. Yo no lo podía hacer por él. Nadie podía. Gilbert parecía otro ser humano porque lo era, física y espiritualmente. Se rindió a su adicción, la aceptó y dejó de consumir porque esa era la única forma de tener poder sobre ella. Era tan guapo, como si fuera una vieja estrella latina. La gente se amontonaba a su alrededor. Al verlo, me sentía tan orgulloso.

Al día siguiente apareció una foto de Gilbert y yo en la portada de un periódico mexicano. Me eclipsó tanto que dije en broma: "No vuelvas a pararte a mi lado en una foto".

Pero yo estaba allá para trabajar. Las propagandas de Old El Paso fueron la primera vez que mi carrera me ató a la comida y la mesa familiar. Los anuncios eran versiones divertidas de una gran familia mexicana reuniéndose para comer. Yo hacía del patriarca loco. No estaba muy lejos de la realidad. Rodamos en la casa de un famoso actor mexicano llamado Emiliano "El Indio" Fernández. Emiliano había sido un buen amigo de Diego Rivera y un día él y Diego estaban consumiendo cuando la esposa de Diego, Frida Kahlo, llegó y comenzó a gritarles diciendo que eran unos pendejos. Diego estaba tan enojado que pintó un cuadro de Frida desnuda y cuando ella regresó y lo vio, engrapó un vestido al cuadro para cubrir su cuerpo desnudo.

La obra aún está colgada en la casa. Puede que haya levantado o no el vestido para echarle un vistazo, no lo diré, pero sí puedo decirte esto: he visto a Frida Kahlo desnuda.

Mientras tomábamos un café, le pregunté a uno de los ejecutivos de Old El Paso por qué me habían contratado, y me dijo que era porque sentían que en la cultura latina yo era un padrino. Sabía lo que representaba un padrino: alguien a quien acudes cuando necesitas ayuda, asistencia, consejo; alguien que es lo suficientemente duro para manejar los negocios y lo suficientemente sabio para aconsejar. Más importante aún, un padrino es alguien en quien se puede confiar.

Llegué tarde a LAX desde la Ciudad de México. Para cuando mi chofer, Bela, me dejó en casa, eran casi las once y media. Trastabillé escalera abajo hasta mi dormitorio y me desperté en el suelo con dolor. Supuse que me había tropezado con los escalones y había perdido el equilibrio. Fui a la habitación del hijo de Mario, Mikey, y le dije que tendría que llevarme al médico al día siguiente porque me había lastimado. Estaba preocupado porque al día siguiente me iba de viaje a Nueva York y Roma.

Fuimos al médico y las radiografías mostraron que tenía la mandíbula rota. A pesar de mi lesión, me subí al avión a Nueva York porque estaba programado como invitado de *The Howard Stern Show*. Antes de irme, le pregunté al médico cuáles eran mis opciones. Me explicó que, debido a que la ruptura era horizontal y no vertical, podía fijar mi mandíbula con alambres, por lo cual no podría hablar, o le tenía que prometer que no masticaría comida. La elección fue fácil. Solo bebería batidos.

En el vuelo a Nueva York tuve un fuerte dolor de cabeza, pero puedo lidiar bien con el dolor. Estaba emocionado de conocer a Howard ya que había sido fanático durante años.

De buenas a primeras, Howard dijo:

—Con tu crianza, es increíble cómo cambiaste tu vida. No sé de dónde sacaste la sabiduría para hacer eso. ¿Crees en Dios?

Enseguida fue directo al corazón de mi viaje.

—Absolutamente.

—¿Crees que fue una intervención…

—Intervención divina —le dije, interrumpiéndolo—, sí, así es como le digo.

Tuvimos una gran conversación. Me fui del centro de Manhattan feliz de la vida y me dirigí directo al aeropuerto para tomar un vuelo a Roma. En el camino, mi dolor de cabeza volvió con tanta fuerza que pensé que iba a vomitar en el avión.

Cuando llegué a Roma estaba exhausto, pero no podía dormirme. Salí a dar un paseo por el Coliseo, la plaza donde Mussolini dio sus discursos, las ruinas del Foro. Podía escuchar la historia resonando por las calles. Y no me refiero de manera general. Estaba teniendo alucinaciones auditivas de soldados romanos marchando por las calles. Incluso podía sentir temblar el suelo. Fuera del Coliseo, escuché los vítores de la multitud adentro. Mis sentidos se intensificaron como si hubiera fumado una mota asesina, a pesar de que había pasado tanto tiempo desde que había fumado. Fue todo un viaje. Podía sentir los fantasmas de los hombres que habían muerto. Roma era tan "Ahora Mismo" que me recordó a San Quentin.

La película en la que estaba trabajando se llamaba *Hope Lost*. Fue dirigida por un tipo italiano llamado David Petrucci. Me vio hacer una escena y parecía confundido. Después de una toma, me llevó a un lado y me preguntó, con un divertido acento italiano: "¿La forma en que estás hablando es una elección como actor?". Recuerdo la forma en que dijo *actor* sonaba como "ac-too-re", como si tuviera tres sílabas.

Había estado murmurando y hablando por el costado de mi boca. No pude decirle que era porque tenía la mandíbula rota, así que le contesté: "Sí, creo que suena más duro".

Él asintió con la cabeza y dijo: "Bien, buena elección-eh. *Grazie*".

En el vuelo de regreso a Los Ángeles volvieron los dolores de cabeza, así que me metí un montón de Advil y traté de dormir. Cuando llegué a mi casa, le pregunté a Mikey si teníamos aspirinas y me dijo que se había dado cuenta de que cuando me caí por las escaleras, había rebotado en mi tocador y golpeado la chimenea porque había recogido un montón de fotos y cosas que se habían caído en mi habitación. Llamé a Maeve y le dije que estaba teniendo fuertes dolores de cabeza. En modo completo de enfermera, me preguntó si estaba viendo doble y algunas otras preguntas. Luego dijo: "Danny, estás exhibiendo síntomas de haber tenido un derrame cerebral. Tienes que volver al hospital".

No quería ir, pero ella insistió, así que fuimos y los médicos me dijeron lo mismo que me habían dicho la primera vez: tenía la mandíbula rota. Maeve empezó a gritarles a todos, exigiendo que me volvieran a escanear o que volvieran a examinar la tomografía computarizada que habían sacado antes de mi viaje. Cuando lo hicieron, se reveló que había sufrido una hemorragia subdural masiva. Dos. Dos vasos sanguíneos habían explotado a ambos lados de mi cerebro.

Antes de que pudiera decir algo, me llevaron deprisa a la sala de operaciones para una cirugía cerebral de emergencia. Pensé que era una broma. Por alguna razón, cuando me llevaban por el pasillo, pensé que George Clooney, alguien a quien no conocía bien y con quien solo había trabajado en *From Dusk Till Dawn*, había creado una especie de episodio de *Punk'd*. Estaba tan convencido de que George Clooney me estaba haciendo una broma que grité en el pasillo: "George, ¿dónde estás? Clooney, ¿por qué me estás haciendo esta pinche mierda?".

Las enfermeras tuvieron que atarme a mi camilla. Realmente había perdido los estribos.

Me desperté doce horas más tarde y me encontré con un médico indio bajito con un traje demasiado ajustado, al estilo "Por favor, no me lluevas encima". Sostenía un sujetapapeles. Danielle y Gilbert estaban en la habitación conmigo.

El médico me preguntó mi nombre y le dije: "Orville Stip", un alias que uso cuando me registro en los hoteles. Parecía confundido.

—Ese es un alias que usa —dijo Gilbert—. Deja de joder, papá, esto es serio.

Fue entonces cuando noté dos enormes tubos llenos de sangre corriendo por ambos lados de mi cabeza. Eran como esos gorros de cerveza que usaban los pinche pendejos en los setenta.

—¿Qué diablos son estos?

—Eso es sangre drenándose de su cerebro —dijo el médico—. Por favor, responda a mis preguntas.

—Bueno.

—¿Quién es el presidente?

—Muammar Gaddafi.

—Esto no es una broma.

—No jodas, papá. Esto es serio —dijo Danielle.

Me quedé en blanco. Fue raro.

—¡Estuve con él!

—¿Cual es su nombre?

—Ah… ah… ¡el negro! ¡Es mi cuate!

El médico parecía sospechoso. Pensé: *Pinche cabrón, no seas tan duro conmigo. ¡Tengo una hemorragia cerebral!* Honestamente, no podía recordar el nombre de Barack Obama en ese momento. Danielle le dijo al médico:

—Si conocieras a mi padre, sabrías que es la respuesta correcta.

—¡Obama!

—No es divertido burlarse de su neurocirujano —dijo el médico—. Nunca le he sacado tanta sangre a nadie. La mayoría de las personas con su lesión se duermen y mueren. ¿Y usted ha estado volando? No tiene sentido.

El hospital me mantuvo internado unas semanas para controlar el sangrado. Nuevamente recé. Seguramente tuve la hemorragia justo antes de caer por los escalones de mi dormitorio. Pero sabía que morir no estaba en el plan que tenía Dios para mí.

Tuve tanto tiempo para pensar en mi vida en esa cama de hospital. No me habían clavado en un solo lugar durante tanto tiempo desde mis días en aislamiento. De alguna manera, mis experiencias de estar encerrado me facilitaron lidiar con estar solo así, pero realmente necesitaba volver al trabajo. Un gran problema era que mis piernas no estaban funcionando, no podía caminar. La cirugía que me había salvado había destruido mi equilibrio y me había quitado la memoria. Después de unas semanas en ese hospital, me trasladaron de Northridge al Hospital St. Joseph en Burbank. Supuse que se especializaban en ayudar a las víctimas de accidentes cerebrovasculares en rehabilitación porque estaba en un pabellón con un grupo de ancianos que claramente habían tenido accidentes cerebrovasculares. Lo que me negaba a aceptar era que yo era uno de ellos.

Me dieron un andador y me asignaron una enfermera mayor que tenía que estar conmigo cuando intentaba arrastrar mi cuerpo por el pasillo. Se paraba bien cerquita y me decía cosas como: "¡Lo está haciendo muy bien hoy, Sr. Trejo!".

Una vez me enojé con ella y le solté:

—¡Deme un poco de espacio!

—Tengo que estar cerca de usted o perderé mi trabajo —me dijo.

—Mire, no voy a lograr esto si se queda parada a mi lado. —Me di cuenta de que estaba asustada, así que dejé de ser tan duro y le permití que me siguiera a unos pasos de distancia. Aunque me tomara horas, me empeciné en dar vueltas alrededor de esa sala del hospital. Teníamos un pequeño gimnasio en el piso, y lo atravesaba caminando, arrastrando las piernas, maldiciéndome en un gran espejo.

"¡Ándale, hijo de la chingada! ¡Pinche débil hijo de puta!". Yo estaba tan enojado. Había confiado en que mi cuerpo cooperara conmigo toda mi vida. Cuando boxeaba, tenía un juego de pies tan bonito. Podía correr, podía moverme. Mi físico era una de las cosas que siempre tuve a mi favor, pero ahora ni siquiera podía recorrer diez metros con un andador. Vi a un viejo que había sufrido un derrame cerebral atado a su andador, parado ahí, sin moverse, mirándome mientras me maldecía a mí mismo.

—Tenemos que hacer esto —le dije.

Débilmente, la palabra "sí" se escurrió por un lado de su boca. Me di cuenta de que la recuperación era un puente que le quedaba demasiado lejos.

En privado, dije: "Dios, no dejes que ese sea mi destino". Sabía que tenía que pelear. Tenía que ponerme bien para poder ganarme la vida.

Me esforcé y di una vuelta más.

Capítulo 33

TREJO'S TACOS

2015

Para cuando salí del hospital, podía atravesar el gimnasio sin problemas. Los médicos no lo podían creer. Mi enfermera estaba muy orgullosa de mí.

—¿Pudiste conservar tu trabajo? —le pregunté.

—¡No me lo hiciste fácil!

Justo cuando llegué a casa, Gloria llamó y me dijo que Snickers quería que hiciera una propaganda para el Super Bowl que era una especie de *The Brady Bunch* con mi viejo amigo Steve Buscemi. El Super Bowl es algo tan importante. Sabía que todo el mundo en Estados Unidos estaría mirando. En la propaganda, interpreto una versión de la Marcia "mala" antes de morder una barra de Snickers y convertirme en su dulce versión de siempre. Gloria estaba preocupada de que no estuviera lo suficientemente bien para hacerlo.

—A huevo, que lo puedo hacer.

Ahora que había vuelto a caminar, nada me iba a detener. Mientras estábamos filmando, uno de los ejecutivos de Snickers me dijo: "Danny, no te contratamos porque eres duro. Te contratamos porque eres amado". Yo quería llorar. Dios acababa de salvarme el trasero de una doble hemorragia subdural, y aquí estaba haciendo una propaganda para el Super Bowl. Fue por esa época que Gilbert me mostró una foto de un enorme mural mío en un pueblo de Filipinas. Me pareció bien chido, pero Gilbert dijo que representaba algo más profundo. "Papá, tu imagen se ha filtrado en la psique colectiva".

Resulta que *Bad Ass* y *Bad Ass 2: Bad Asses* tuvieron tanto éxito que Ash y sus socios crearon una tercera entrega, *Bad Asses on the Bayou*. La filmamos en Louisiana. Estaba en la oficina de producción recogiendo las llaves del coche de alquiler cuando Ash me entregó una carpeta.

—¿Qué es esto? —le pregunté.

—Es un plan de negocios para un restaurante. Trejo's Tacos —me dijo.

Había estado pensando en nuestra conversación desde el primer *Bad Ass*.

Le di el plan a Gloria y a Mari y ambas dijeron que parecía una idea bastante sólida, así que seguimos adelante. Ni siquiera leí el plan de negocios, pero tenía tanta confianza en lo que pensaban Gloria y Mari que dije: "Hagámoslo". Así nació Trejo's Tacos.

Ash trajo buenos chefs y administradores y tomaron en cuenta mi opinión sobre el menú. No soy un chef experto, pero sé cuándo hay buenas personas a mi alrededor, y estos tipos eran padrísimos. Preguntaron qué solía hacer mi mamá, Alice, en la casa. A pesar de sus problemas, mi mamá era una cocinera increíble. Empezaba a preparar la cena para mi padre justo después de terminar el almuerzo. Su vida consistía en cocinar, limpiar, cocinar y luego limpiar un poco más. Creo que la comida es donde ejerció su creatividad. Comprar comida, ir a todos los pequeños mercados mexicanos, elegir los chiles, las carnes y los frijoles perfectos, ahí era cuando podía ser libre y salir de casa. Cuando ella hablaba de abrir un restaurante, medio en broma, papá solía decir: "¿Qué pasa? Tienes una cocina perfectamente bonita aquí mismo, con una estufa O'Keefe & Merritt". Recientemente, Trejo's Tacos hizo un trato ofreciendo nuestro menú en cada concierto de Live Nation. A pesar de todo el dolor y la soledad de mi madre y todo lo que la llevó a encontrar momentos de paz con mi tío David, me gusta pensar que Trejo's Tacos es la realización de uno de sus sueños. Un lugar donde el plástico no cubre los muebles, donde la gente va y viene y todos son aceptados y bienvenidos. Desde el cielo, ella puede mirar hacia abajo y yo le puedo decir: *Mamá, aquí tienes tu restaurante y ahora está en todas partes.*

El resto de 2015 estuvo increíblemente ocupado. Estaba trabajando por todos lados. En los diez años a partir de 2010 hice casi trescientas películas y programas de televisión, por lo que los nombres y las caras se funden entre sí. Hasta hice una película llamada *3-Headed Shark Attack.* Hice todo lo que me llegaba. A veces un trabajo por la mañana y otro la misma noche. La mayoría de los actores tienen miedo de cuál será su próximo proyecto, pero eso nunca ha sido un problema para mí. Adopto el enfoque de Michael Caine: todo es trabajo y todo trabajo es honorable. Había trabajado en proyectos enormes (muchos de ellos con Robert Rodríguez, las cuatro películas de *Spy Kids, Grindhouse, Machete* y *Machete Kills*) y películas como *Heat* y *Con Air*, pero gran parte de mi trabajo en la década de 2010 se dio en películas que iban directo a video, voces en dibujos animados y televisión. Mucha gente ha escrito sobre esta época dorada de la televisión, y con los años que llevo encima, puedo decir que es verdad: la calidad de los programas, la cantidad de dibujos animados brillantes... hay tanto contenido bueno para los actores. Siento que estamos en una era bendecida.

Muchos de los trabajos que he hecho son probablemente lo que la gente consideraría películas de serie B, fiestas de terror, tonterías. Una vez, un entrevistador me preguntó si me gustaba trabajar en películas malas. No estaba tratando de ser grosero, pero no me encantó la pregunta. No creo que exista una película mala. Veo cada papel de película y televisión como una oportunidad para apoyar a Maeve, a mis hijos y a las personas que dependen de mí. Si mi participación ayuda a que se haga una película, crea empleos para los equipos que tienen familias propias que mantener, ¿cómo puede ser malo eso?

Y un mal día en una película siempre será un millón de veces mejor que tu mejor día en prisión.

* * *

Con mi salud bien encaminada, dirigí mi atención a la apelación de mi primo Gilbert. Gilbert había estado en prisión desde sus diecisiete años en 1979. Había cumplido condena en San Quentin con su padre. Gilbert dijo que pudo deducir por el sonido de los pasos caminando por su corredor que un guardia estaba trayendo noticias de la muerte de su padre. No pudo ir al funeral. Cuando Gilbert la estaba cagando adentro y consumiendo, generalmente no escribía y yo definitivamente no le respondía. Pero cuando se comunicó conmigo esta vez, me di cuenta de que era un Gilbert diferente.

En una de sus cartas, Gilbert mencionó que estaba tratando de montar una apelación. Tenía el nombre de una abogada en San Francisco, Tracy Lum, que trabajaba en este tipo de cosas. Llamé a Tracy y le pregunté si podía ayudar. Después de revisar el historial de su caso, pensó que sí. Fue entonces cuando comenzamos a trabajar en la apelación de Gilbert. Empecé a reunirme con senadores estatales, el congresista estadounidense Tony Cárdenas, el senador Jim Beall e incluso el gobernador Jerry Brown. Quería cambiar la ley para que las personas que fueron condenadas a cadena perpetua cuando eran menores de edad pudieran tener un acceso más fácil a las audiencias de libertad condicional a las que tenían derecho. La mayoría de estos tipos habían estado en prisión durante treinta o cuarenta años. Se suponía que las leyes que condenaban a los menores como adultos debían fomentar el acceso a la libertad condicional.

Gilbert había estado en problemas desde que tenía seis años. Su papá siempre estuvo encerrado. Le fue bien durante ese tiempito que se quedó conmigo y Joanne en Osborne Street, pero tan pronto como regresó con su madre, todo se fue por la borda. A los dieciséis años, mató a un pandillero rival, fue juzgado como adulto y sentenciado a una condena de quince años a cadena perpetua.

No había sido fácil para Gilbert. Al llegar, fue el preso más joven de San Quentin, y debido a que su padre, su tocayo, Big Gilbert, era tan conocido en el sistema penitenciario, cargaba con expectativas. Pesadas. Cuando llegó a San Quentin, un tipo lo apuñaló mientras estaba sentado a una mesa charlando con algunos jefes. El hecho de que el tipo no matara a Gilbert fue su primer error. Había perdido su oportunidad. Su segundo (y tercer) error fue que intentó el golpe sin recibir permiso previo y lo hizo en presencia de algunos de los jefes de la mafia más importantes de Quentin. Gilbert incluso contrajo hepatitis porque el pincho con el que lo apuñalaron se lo habían escondido en el culo. Una vez que se curó, hubo presión sobre él para que matara al tipo que intentó asesinarlo. Ni siquiera tenía diecinueve años y esa era la situación en la que se encontraba. Esa es la vida en prisión. Ser apuñalado en el patio de Quentin fue su introducción a la vida en la casa grande. El Ahora Mismo.

Así que el camino trazado para Gilbert fue violento desde el comienzo. Peleó contra otros reclusos, peleó contra los guardias. Años más tarde, el sistema estaba resentido con Gilbert por atacar a un guardia del penal. Ese crimen se había cometido cuando aún era un adolescente, pero vivió a su sombra durante décadas. Años más tarde, Gilbert peleó contra otros reclusos en competencias de gladiadores en la prisión de Corcoran, donde los guardias liberaban a reclusos de pandillas rivales en el patio para que pelearan entre ellos y así poder apostar. No eran solo los guardias mirando desde la torre; los secretarios administrativos y los funcionarios de la prisión también participaban en el espectáculo. Es tan enfermizo como suena.

Gilbert estaba en el infierno, pero si ganaba sus peleas, los guardias le dejaban tener tiempo en el patio por la noche para que pudiera ver las estrellas. Ese era su mayor deseo. La fascinación de Gilbert por la astrofísica lo liberó en su mente. Cuando estaba en aislamiento, Gilbert se enseñó a sí mismo de todo, desde álgebra hasta cálculo avanzado. Aprendió a programar una computadora sin tener acceso a una computadora. Aprendió física avanzada y se familiarizó con todo, desde la física newtoniana hasta la teoría de cuerdas. Porque lo único que no se te puede negar en aislamiento son los libros de texto, y Gilbert leyó cientos de ellos.

En Corcoran, Gilbert luchaba para comprarse otro día en la tierra con la esperanza de que algún día su caso fuera escuchado. Después de todo tipo de cabildeo, reuniones y citas en la corte, la apelación de Gilbert finalmente se aprobó. En 2015, se determinó que Gilbert era apto para la libertad condicional como delincuente juvenil según el Código Penal 3051. Ahora hay un caso que estableció el precedente legal con el nombre de Gilbert adjunto, que estipula que los reclusos que fueron condenados como menores y cometieron delitos adentro antes de los veintitrés años, tienen acceso a las audiencias para la libertad condicional. Que yo haya tenido algo que ver con ayudar a aprobar una ley que resultó en una reforma carcelaria significativa me llena de orgullo y gratitud. Más de tres mil quinientos hombres que habían sido condenados a cadena perpetua cuando eran menores de edad ahora han sido liberados como resultado de nuestro trabajo. Es poético que el nombre Gilbert Trejo, que significó una cosa en el sistema penitenciario de California durante tanto tiempo, ahora signifique que los jóvenes delincuentes que cometieron delitos cuando eran menores tienen la oportunidad de cambiar sus vidas como lo hizo Gilbert, el hijo de Big Gilbert, adentro.

Cuando Gilbert estuvo en Ironwood, era parte de un grupo que hablaba con jóvenes en riesgo sobre lo que les esperaba si continuaban una vida de crimen y pandillas. Sabiendo que el miedo como método no funcionaba, Gilbert y los demás reclusos con cadenas perpetuas tuvieron acceso a los archivos de los chavos para averiguar no solo cuáles eran sus delitos, sino cuáles eran sus intereses. Gilbert vio que un chamaco en particular era un fanático de la ciencia ficción como él. Cuando lo conoció, le dijo:

—Soy un viajero en el tiempo. —El chico estaba confundido—. ¿Te gusta la ciencia ficción?

—Sí —dijo el chamaco.

—A mí también —dijo Gilbert—, y soy un viajero en el tiempo. Soy del futuro. Me fui a la cama una noche cuando tenía dieciséis años, luego me desperté en la prisión como un hombre de cincuenta. —Eso le llegó al corazón.

* * *

Gilbert tenía cincuenta y cinco años cuando fue liberado de la prisión estatal de Ironwood después de treinta y ocho años. Mario iba conduciendo a cien kilómetros por hora por la 10, y miré a Gilbert y vi que estaba temblando en el asiento trasero, agarrando la manija de la puerta. Este hombre había pasado por las peleas de gladiadores de aislamiento en Corcoran, por las guerras en San Quentin y New Folsom, se mantuvo firme en cualquier patio en el que se encontraba, pero no había estado en un auto durante tanto tiempo que conducir a velocidades de autopista lo aterraba.

Lo llevamos a comer a un IHOP. Cuando entramos, sacó su tarjeta de identificación de la prisión y le preguntó a la anfitriona: "¿A quién le muestro esto?". No estaba bromeando. Yo había estado fuera de prisión tanto tiempo que me había olvidado de la institucionalización. Mi último período fue de menos de cinco años. No podía imaginar cómo serían treinta y ocho.

Desayunó y luego nos preguntó si podía pedir algo más. Mario y yo dijimos: "¡Por supuesto!". Pidió un almuerzo y luego pidió una cena. Desayunó tres comidas.

El primer Trejo's Tacos finalmente abrió en La Brea en Hollywood, justo en frente de la iglesia donde me casé con mi tercera esposa, Joanne. Mis socios eran Jeff Georgino y Ash Shah. A Jeff le gusta decir: "La cara de Danny los hará entrar por la puerta; la comida hará que vuelvan".

Realmente he puesto mi corazón y alma en los locales de Trejo's Cantinas, Tacos y Coffee & Donuts. Sobre todo porque creo que mis padres se habrían sentido muy orgullosos. Nunca consideraron la actuación como un trabajo de verdad, por muy exitoso que fuera. Poco antes de que muriera, llevé a mi mamá a ver el mural mío que Levi Ponce pintó en Pacoima en 2012. No paraba de mirarlo, luego me miraba a mí y lo miraba de nuevo, como pensando: ¿Por qué el mundo haría esto? Creo que la mayoría de la gente no se da cuenta del aspecto comercial de Hollywood y de lo difícil que es para el equipo de grabación y los asistentes de producción. Siempre quise que mis padres me vieran como emprendedor. Sentí que los restaurantes me daban legitimidad como empresario.

Además, hay algo de gánster en tener un restaurante. Puedes invitar a personas a que vengan a tu local, puedes sentarte con las personas cuando están comiendo con sus familias. Es como si los hubieras invitado a tu casa.

Todo estaba sucediendo tan rápido. Abrimos el local de Trejo's Coffee & Donuts en Santa Monica en una ubicación existente que encontraron Ash y Jeff. Era la antigua Donut Time, una tienda que se hizo famosa por ser la ubicación principal de la película *Tangerine*, la primera película filmada con un iPhone. Para celebrar la inauguración de Trejo's Donuts, hicimos un sorteo en el estacionamiento donde firmé fotos y cajas de donas. Mi hijo Gilbert me acompañó.

Estaba ocupado saludando a la gente cuando levanté la mirada y vi a Gilbert hablando con un anciano negro sin hogar con la mano enyesada. El hombre se fue y llamé a Gilbert.

—Gilbert, ese hombre me resulta familiar. ¿Quién es?

—Me dijo que había estado en la prisión contigo. Le dijo al otro tipo que estaba con nosotros: 'Ese hombre es un asesino, un verdadero miembro de la vieja guardia, estuve con él en prisión'.

—¡Sabía que lo conocía! ¿Por qué se fue? Podemos darle algo de comida.

—Se lo dije, pero me dijo que parecías ocupado y no quería molestarte.

—Fíjate si puedes encontrarlo.

Gilbert se fue, pero regresó solo. El tipo había desaparecido. Lo recordaba. Lo recordaba bien. En Soledad fue uno de los de la vieja guardia durante los días duros de George Jackson. Jackson había iniciado la Black Guerrilla Family. Más adelante, estuvo involucrado en varios disturbios y recibió un disparo después de un duro enfrentamiento durante el cual cinco reclusos y tres guardias fueron asesinados en su celda. Ese día, un día cálido en Santa Monica Boulevard, todos esos años me volvieron a la mente: los buenos recuerdos, los malos recuerdos. No me quedaba mucha gente con quien pudiera recordar ese momento de nuestras vidas. El vagabundo con un brazo roto había sido un tipo importante en Soledad. Era político, lo respetaban y ahora vivía en la calle. Me pregunté cómo se había roto el brazo, qué había pasado todos esos años desde mediados de los sesenta, cuando lo vi por última vez; me pregunté si necesitaba ayuda. Deseé que no se hubiera alejado. Deseé que hubiéramos podido tomar un café y charlar. Me hubiese encantado darle un abrazo.

Capítulo 34

DE UN HIJO

2018

Hace dos años, Gilbert se me acercó con una idea sobre una película que se centraba en la adicción. Leí el guion y me quedé totalmente sorprendido. No podía creer que mi hijo había creado algo tan potente. Antes de que comenzáramos a filmar la película, llamada *From a Son* (De un hijo), Gilbert me mostró fotos de él cuando era un niño, sosteniendo pesas falsas sobre su cabeza en Venice Beach, yo acunándolo en mis brazos cuando era solo una cosa diminuta. En la película, interpreto a un tipo que intenta localizar a su hijo que está consumiendo. Conocía bien esa historia. El hombre era un empleado de mantenimiento diligente que había llegado al límite buscando a su hijo. Le pregunté a Gilbert:

—¿Cómo se te ocurrió esto? —pero ya sabía la respuesta.

—Lo vivimos, papá.

Tenía razón. Tanto desde la perspectiva de adictos haciéndolos pasar por el infierno a nuestros padres con preocupaciones, como desde mi perspectiva como padre que pasaba noches interminables preguntándome dónde estaban mis hijos. Ahora, aquí estábamos, ambos limpios, en un set, encaminados en nuestros respectivos viajes y convirtiéndolos en arte. La pasión que Gilbert mostró cuando siguió a Robert Rodríguez en el set de *Machete* había florecido.

La experiencia de hacer *From a Son* me dio una visión de mi vida a través de los ojos de Gilbert, pero lo más sorprendente fue que me ayudó a ver mi vida a través de los ojos de mi padre. Dionisio Trejo fue un hombre duro, un hombre rudo, pero quizás más que eso, fue un hombre asustado. Cada vez que yo salía por la puerta a él le aterraba pensar que podría ser la última vez que me vería. Solo que nunca pudo encontrar las palabras para compartirlo.

En la película, Gilbert y Sasha Frolova, la actriz que hacía de su novia, están en el desierto viviendo en casas okupa, persiguiendo conectas para drogarse. Gilbert se inyecta y tiene una sobredosis, dejando a esta niña aterrorizada sin saber qué hacer. Al no ver otra opción, lo entierra en el desierto.

Durante todo el rodaje de la película, Gilbert me estaba encima para que no volviera a caer en los viejos hábitos actuando con dureza y rudeza, como uno de los criminales que había interpretado en tantos cientos de películas y episodios de televisión. Se había convertido en un mal hábito.

Si me ponía duro, él sostenía su billetera y decía: "Órale, ¿quieres mi billetera?". Intentaba interrumpir al gánster que vivía en mí.

Al principio del rodaje, estaba en modo papá, no en modo actor. Después de algunas tomas de una escena en particular, Gilbert pidió otra. Estaba cansado y solté:

—¡Ya tienes suficiente!

Gilbert me llevó a un lado y dijo:

—Papá, soy el director. Si no respetas mi autoridad, nadie del equipo lo hará. Y no, aún no lo tenemos. Estás recayendo en tus viejos y malos hábitos de actuación.

Me di cuenta de que Gilbert no era diferente de Michael Mann, Laurie Collyer o Taylor Hackford. Él era el director, yo el actor, y se merecía ese respeto. Mi trabajo consistía en intentar hacer lo que me pedía lo mejor que pudiera.

Gilbert me había mostrado las fotos de él cuando era niño para ayudarme a acceder a las emociones que había enterrado profundamente. Fingí ser fuerte cuando Gilbert estaba en la calle con su adicción, pero mientras trabajaba en *From a Son*, pude sumergirme en ese miedo, de manera segura, en un set, para ayudar a contar la historia que abarca lo que viven los padres cuando sus hijos son adictos.

From a Son fue la primera vez que realmente lloré en un trabajo. Estaba haciendo una escena en la que Sasha me lleva al desierto donde enterró el cuerpo de Gilbert. Le pregunto: "¿Mataste a mi hijo?", y ella dice: "No. Realmente lo amaba". Ella se quiebra. Con mocos y lágrimas me dice: "Él era mi único amigo".

Eso me quebró. Escucharla decir "Él era mi único amigo", me golpeó como un puñetazo en el estómago. Mucho de eso se trataba de lo mucho que amo a Gilbert. Él es gran parte de mi corazón.

La escena era tan real que resultaba incómoda. Las lágrimas brotaron de mí como si se hubiera roto una presa. Antes de que comenzara la escena, había planeado llorar como John Wayne, pero terminé sollozando como Shirley Temple. Pensé en todas esas veces que me había enfrentado a la muerte, a una vida de encarcelamiento mientras esperaba en Soledad para ver si nos condenarían a Ray, Henry y a mí por un delito capital. Pensé en las muertes de mi madre biológica, mi padre, mi tío Gilbert, mi madre. Pensé en las mujeres a las que había tratado mal, las relaciones que había destruido por la ambivalencia y el egoísmo, el miedo por mis hijos. Todas las veces que no lloré cuando debería haber llorado, finalmente me habían alcanzado. Un cierto conjunto de reglas me ayudó a sobrevivir la primera parte de mi vida, las reglas que me enseñó mi tío Gilbert. Otro conjunto de reglas me mantuvo en marcha todos esos años después de salir del calabozo en Soledad. Me mantuve limpio y sobrio ayudando a que otros estén limpios y sobrios. Pero había una parte de mí con la que nunca había lidiado o aceptado que tenía que enfrentar.

Todo llegó a un punto crítico una noche después del trabajo cuando Gilbert y yo conducíamos a casa. Empezamos a discutir. No recuerdo exactamente de qué estábamos discutiendo, pero se puso acalorada la cosa. Gilbert me dijo que todo sobre quién era yo, mi visión del mundo, cómo veía a la gente, lo que sentía por las mujeres, cómo las había tratado en el pasado, cómo necesitaba ser el proveedor, un dador para las personas, incluso cuando esto se volvía patológico y doloroso para mí, que todo eso surgió del ambiente de masculinidad tóxica en el que crecí.

—Puedes decir que eres diferente de los hombres que te criaron, pero esa influencia permaneció contigo.

Estaba tan enojado que llamé a mi amigo Donal Logue y le grité:

—Gilbert, ¿en qué tipo de ambiente dijiste que me crie?

—Masculinidad tóxica.

—Donal, ¿qué diablos es la masculinidad tóxica? ¡Porque Gilbert dice que me criaron con eso!

Donal me dijo que hay una especie de masculinidad equivocada que envenena a los hombres y arruina sus relaciones. Dijo que era hermoso que aún pudiera comprender mejor mi vida y liberarme de lazos y patrones.

Eso era cierto. Tenía setenta y seis años y por fin estaba comprendiendo el motor que impulsaba gran parte de mi comportamiento. Era un motor V8 duro del barrio. Por mucho que odiara cómo eran mi padre y mis tíos, su machismo, su chicanismo, yo era un charro como ellos: infiel a mis esposas, violento con otros hombres, enojadizo, culpable de jugar al pez gordo. Sabía que había avanzado mucho en otras áreas: estaba limpio y sobrio; había ayudado a la gente de todas las formas posibles; era un padre cariñoso que no temía mostrar afecto a mis hijos; pero en algún lugar bien adentro, aún tenía un miedo profundo de ser vulnerable y débil, y de que me chinguen, que inmediatamente se manifestaba en ira y control.

Yo era un hombre malo en los patios más duros de la prisión, pero lo más aterrador que tuve que enfrentar fueron mis propias emociones. Me habían enseñado a endurecer mi alma contra todos esos sentimientos y tenía miedo de que si abría esa puerta quizás nunca se cerrara. Pero ahora la puerta estaba abierta, y era dolorosa, aterradora, edificante y correcta.

Una semana después, terminamos de filmar *From a Son*. Después de la última toma, Gilbert y yo nos abrazamos. Le di las gracias por traer a la superficie tanto de lo que había enterrado profundamente en mi interior. El acto de crear juntos nos acercó más que nunca antes. Estaba tan orgulloso. Como padre, e incluso como artista, era casi como si el viaje de mi vida nos hubiera llevado a Gilbert y a mí a este lugar donde pudimos examinar los diferentes infiernos por los que habíamos pasado, tanto desde nuestra perspectiva de padre e hijo como nuestra perspectiva de exadictos, para hacer una historia que podría ayudar a las personas que están pasando por algo similar.

Además de su tocayo, mi hijo Gilbert me ha enseñado más que nadie que haya conocido. Lo había visto pasar de ser un elocuente niño de cinco años a un consumidor manipulador de drogas para luego convertirse en un brillante director de cine. No fue un camino fácil, pero tenía sentido. Verlo trabajar y compartir mi experiencia con mi hijo me produjo una gran alegría.

Después de que terminamos de filmar la película, recibí un premio humanitario en Highland Park. Llegamos al teatro en una procesión de autos lowriders. Las personas que más amaba en el mundo estaban conmigo: Mario, Gloria, Mikey, Mari, Gilbert y Danny Boy. Desafortunadamente, Danielle estaba en Ohio, pero estaba con nosotros en espíritu. También se encontraba conmigo Chubby Hernandez, uno de mis amigos más antiguos, que trabaja en mis autos. El papá de Chubby, Keeno, era mecánico en nuestro vecindario en Pacoima allá por los años cincuenta y sesenta. Todos llevaban sus autos a Keeno. Ahora le llevo mis autos a su hijo.

Una de las mejores cosas de esa noche fue que me entregara el premio mi exesposa, Joanne. Se veía hermosa. Me presentó y le dijo al público que yo le había enseñado cómo preocuparse por la gente. Me sentía abrumado. Había pasado por tanto con esta mujer. Independientemente de lo que estuviera haciendo, nuestra casa siempre estaba abierta a personas sin hogar, personas que salían de las drogas, personas que necesitaban una comida y una reunión. Estaba orgulloso de ella. Se ha mantenido limpia desde que estuvimos juntos en los setenta. Después de que me presentó, le dije a la multitud: "¡Cómo diablos dejé que se me escapara esa mujer!", y todos se rieron. Las heridas del pasado ya no estaban más. Habíamos madurado, amándonos por lo que significamos el uno para el otro. Esa reunión significó más de lo que puedo expresar. Era como si los extremos deshilachados de mi vida volvieran a juntarse y se sanaran.

Siempre me ha gustado la música y siempre fue un sueño para mí involucrarme en la industria de la música. La primera vez que vi a Baby Bash, un artista de la Bahía de San Francisco, estaba totalmente vestido de rojo. Pensé: *Este chico tiene huevos.* Aquí estaba este vato del norte de California, metido en el mero medio del territorio sureño con los colores norteños. Fue casi tan atrevido como cuando vi por primera vez a Mario ejercitándose en Quentin con pantalones cortos que había confeccionado con su uniforme azul de la cárcel del condado de Los Ángeles.

Cuando comenzamos el sello, queríamos ayudar a una cantante joven y talentosa llamada Tarah New, así como a otros artistas de la comunidad hispana. Tarah es una cantante brillante y un ser humano increíble que canta con naturalidad tanto en español como en inglés. Eso es lo que buscábamos con nuestro sonido: una combinación entre el *soul* de los clásicos y las baladas mexicanas.

El año pasado salió nuestro disco, *Danny Trejo presenta Chicano Soul Shop, Volumen 1*. Presentó a Bash, Tarah New, Frankie J, Trish Toledo, Chiquis Rivera y un joven genio de San Bernandino llamado Joey Quiñones, que suena como si hiciera música directamente sacada de los años cincuenta a pesar de que sólo tiene veintitantos años. Lo grabamos y editamos en el estudio, pasamos mucho tiempo juntos y básicamente nos pellizcamos por lo mucho que nos estábamos divirtiendo.

En unas semanas, Bash había organizado una actuación con Art Laboe para Tarah frente a sesenta mil personas. De pie detrás del escenario, tuve que pellizcarme. Era todo real.

Capítulo 35

EL DÍA DE DANNY TREJO

2020

El 31 de enero fue proclamado, "Danny Trejo Day" en Los Ángeles. Mi amor por esta ciudad es tan profundo que el hecho de que me devuelvan el amor de esta manera me sorprende. Cuando una persona se baja de un avión en el Aeropuerto Internacional de Los Ángeles, mi voz es la que los saluda por los altavoces y les dice: "Bienvenidos a LAX. Soy Danny Trejo. Puede que me conozcan como Machete o hayan comido en uno de mis Trejo's Tacos. Pero hay una cosa más que deben saber: amo Los Ángeles. Es la mejor ciudad del mundo. ¡Disfruten de su estadía en la Ciudad de los Ángeles!".

Para mí, Los Ángeles es como la Ciudad Esmeralda de *El mago de Oz*. Es un lugar mágico donde los sueños aún se hacen realidad. Sí, tiene Hollywood y la industria del cine, pero cada rincón de la ciudad me recuerda a alguien que se liberó de las drogas y logró mejorar su vida. Como todas las ciudades, está compuesta por almas humanas. La gente critica a Los Ángeles por ser superficial, pero yo la llamo Tíbet. La llamo así porque he visto a miles y miles de personas durante los más de cincuenta años que he estado sobrio y fuera del penal cambiar por completo sus vidas para mejor como resultado de llevar una vida simple, honesta, espiritual y reflexiva. Siempre que la gente dice que Los Ángeles es superficial, no me queda de otra que reírme.

El año pasado salió un artículo sobre quién ha sido el actor más asesinado en la historia del cine. Gané por goleada. He muerto sesenta y cinco veces en películas. Se siente como más. Me comió un tejón en *The Salton Sea* y una anaconda en el Amazonas. Me decapitaron y me pusieron la cabeza en una tortuga, que luego explotó y mató al fiscal de distrito en *Breaking Bad*. Me dispararon, me apuñalaron, me volaron y me ahorcaron. Me lo han hecho todo. Pero está bien, también me he vengado muchísimo. Solo en *Machete*, maté unas cien personas en los primeros diez minutos. Conozco algunos actores que se niegan a hacer escenas de muerte, especialmente actores mayores. ¿Quién sabe por qué? Quizás sean supersticiosos; tal vez tengan miedo de meterse en algo que puede volverse intenso. Para mí, es divertido.

Cuanto más aparezco en las películas, más gente siente curiosidad por la historia de mi vida. Espero que la gente vea a través de mi historia que es posible tomar la decisión de vivir una vida mejor y cambiar. Una vez que se toma esa decisión, es posible mantenerse fiel a ella por el resto de tu vida. Tuve esa oportunidad en 1968. Le pedí ayuda a Dios y Él me dijo que me mantuviera limpio y que ayudara a otras personas. Esa es la receta. Es así de simple. La bebida y las drogas pueden traer algún alivio temporal, pero no hay ningún problema en la vida —ya sea financiero, emocional o legal— que las drogas y el alcohol no empeoren. Si estás leyendo esto y te encuentras luchando, pídele a Dios que te quite la carga de tus hombros, pide ayuda y deja de cavarte un hoyo más profundo. Hay una comunidad de millones de hombres y mujeres que han estado en circunstancias similares y estarán ahí para ti, sean extraños o no, porque su propia recuperación depende de ayudar a personas como tú.

Hasta el día de hoy, sigo trabajando para Western Pacific Med Corp. Cuando falleció el Dr. Dorr, le dejó el negocio a mi socio Mark Hickman, quien comenzó ahí cuando tenía catorce años y se iba en patineta al trabajo. De todas las cosas que he hecho, la película de Gilbert, *From a Son*, y mi asociación con Western Pacific son las que más me enorgullecen. Bueno, eso y mi papel como padre.

Les he dado mi número de teléfono a miles de personas. Muchos de ellos todavía me llaman, algunos parecieran llamar todos los días. A veces me pregunto qué estoy haciendo, pero al estar para ti, estoy para mí. Los restaurantes se han convertido en otra forma de estar presente para la gente. Cuando abrimos nuestros restaurantes, cada vez que estaba en la ciudad, me iba ahí, a saludar a la gente, a reunirme con ellos, a comer con ellos.

Como me dijo Sam Hardy: "Tienes que hacer algo por alguien y no esperar ningún tipo de recompensa". La forma en que lo pronunció fue "reeeee-compensa". Cuando tus motivaciones son las correctas, sientes que el mundo te sonríe.

Mi carrera cinematográfica es simplemente una nave que me ayuda a amplificar un mensaje para ayudar a un público más extenso. No me malinterpretes, me encantan las películas. La recreación de películas me mantuvo cuerdo en Folsom y Soledad. *El jorobado de Notre Dame* y *El mago de Oz* todavía me detienen en seco si las veo hoy. Las películas nos enseñan valiosas lecciones de vida. Nos enseñan que, si nos metemos en lo más profundo de nuestro ser, podemos superar cualquier problema con el que estemos lidiando, sin importar las probabilidades.

Pero lo más importante para mí sobre mi vida en el mundo del cine es que me ayuda a llevar el mensaje de Dios a tantas personas como sea posible. Si llamo la atención de la gente por medio de las películas, espero que profundicen un poco más en quién soy y de qué se trata mi vida para que ayude a difundir el mensaje de recuperación. Si crees que hago lo que predico, es posible que tengas más curiosidad por saber qué hice para cambiar mi vida.

Años antes de conseguir el papel en *Runaway Train*, ya estaba actuando. Fingí no tener miedo cuando era niño; fingí no ver las cosas que vi; fingí no sentir lo que sentía. No tienes que ser de un barrio malo para hacer eso. Para mí, las drogas proporcionaron una forma más directa y fácil de escapar de emociones con las que no me sentía cómodo.

Evitar las emociones y fingir no sentirlas, de eso se trató mi vida durante tanto tiempo. La prisión era igual. Drogas, masturbación, cualquier cosa para escaparme de mi cabeza durante cinco o diez minutos, combinado con nunca revelar cómo me sentía de veras. Actué como malo hasta que me lo creí. Cualquiera que sobreviva a la cárcel tiene que ser un psicópata. Cuando tuve mi primera oportunidad como actor en *Runaway Train*, había estado entrenando durante cuarenta años. Era como un pez que hubiera encontrado el agua. Cuando Andrei Konchalovsky dijo: "Acción", el tiempo se detuvo. En el silencio y la anticipación que le siguió, tuve el control. No importaba si todos los reclusos de fondo estaban gritando; no importaba si Eric Roberts se movía a la izquierda cuando debería haberse movido a la derecha. Descubrí que podía controlar la acción, como en un robo. En el cine, a veces interpreto al héroe, a veces hago de villano. Pero el objetivo de las películas es enseñarnos que puedes vencer tus dificultades en la vida si eres valiente. A través de las películas y la narración, tanto los espectadores como los artistas podemos resolver nuestros miedos y examinar los defectos que nos frenan.

¿Soy una estrella de cine improbable? Sí. Era poco probable que lograra algo por mí mismo en cualquier área de trabajo. No era un niño que se había caído por las grietas, era un niño que se había caído por las grietas de las grietas. Mi fondo era un suelo cubierto de orines, una cama de hierro sin colchón, "Que se chingue Dios" garabateado en una pared, los gritos que resonaban a través del pabellón de celdas. Una parte de mí se siente como un fraude por haber tenido éxito en Hollywood y otra parte de mí piensa, ¿quién mejor? La verdad es que pocas personas pueden interpretar a un tipo más realista atravesando una puerta con una pistola en la mano que yo.

Hoy Gilbert ha estado limpio durante años. Danielle también. Ella vive en Ohio y dirige Dirty Water, una exitosa tienda de ropa vintage. Durante muchos años, solo me sentía seguro cuando ella tenía un novio que yo sabía la cuidaría, pero después de su ruptura más reciente, cuando le dije: "Está bien, puedo ayudarte como solía hacerlo", ella me dijo: "No necesito tu ayuda".

Me hice el que lloraba: "No me necesitas".

"Cállate, papá", me dijo. "Siempre te necesitaré".

Danny Boy está en Lompoc y le va súper. Tan a menudo como puede, conduce hasta Los Ángeles para visitar a su padre. Maeve sigue trabajando como enfermera y abogada y es madre de sus dos hijos y nuestros dos hijos. Debido a que Maeve trabaja tantas horas, su hijo menor, Samuel, vive con Mario y conmigo la mayor parte del tiempo, mientras que el mayor, Theo, acaba de mudarse a un departamento arriba del de mi hijo Gilbert, donde puede vigilarlo. Mi primo Gilbert trabaja como electricista sindical y asesora a jóvenes en riesgo, y yo no podría estar más orgulloso.

Y Maeve. Solía señalar un tatuaje de una cinta en blanco en mi brazo y decir: "Si te portas bien, tu nombre podría estar ahí". Portarse bien en ese entonces significaba que hiciera lo que yo le decía y no tuviera una opinión. Órale, qué equivocado estaba.

Pero el tiempo es más poderoso que los tatuajes y las licencias matrimoniales. Si Maeve y yo hubiéramos podido detener la guerra que provenía de la inseguridad, tal vez podríamos habernos establecido y ser una familia feliz. La vida no funciona así, pero te sorprende.

Lo que pasa ahora es que Maeve es una de mis mejores amigas. Ella y yo somos tan cercanos que hablamos todos los días y compartimos risas cuando nos vemos. Sus hijos más pequeños viven conmigo la mayor parte del tiempo cuando ella realiza turnos largos en su trabajo como enfermera en centros de tratamiento. Somos socios.

Me encanta cómo somos Maeve y yo, independientemente de cómo llegamos aquí. Treinta y tantos años después, Maeve es el amor de mi vida.

Si he aprendido algo en la vida es a decirles a las personas que amas que las amas todos los días. Especialmente a tus hijos. Los niños solo quieren saber que son amados. Ser actor y restaurador es genial, pero ser padre es lo mejor.

Tengo problemas del mundo real. Hay cosas en mi vida que no son lo que la gente se imagina desde fuera. Tengo problemas de vida, tengo obligaciones con el gobierno, con mis hijos, con mi comunidad. No vale la pena vivir la vida si no tienes algunos problemas. Pero la verdad es que las drogas y el alcohol son los únicos problemas que tengo. Si toco cualquiera de esas dos cosas, mi vida se va al infierno y no puedo cumplir con mis obligaciones.

Como solía decir mi abuela: "Donde hay vida, hay esperanza".

EPÍLOGO

15 de mayo de 2020

El viernes es el día previo a mi cumpleaños número setenta y seis y me levanto un poco más tarde de lo habitual. Dos de los perros duermen en el suelo y cinco se acurrucan conmigo en la cama. Norm, mi amigo y doble en las películas, viene para ejercitarme y ayudarme a estirarme. No hacemos nada pesado, principalmente cosas para mantener la sangre fluyendo.

Cuando terminamos, veo a Donal en el patio trasero con mi amigo Sal. Conocí a Sal en San Quentin en el '65. Era un boxeador increíble. Todavía entrena boxeadores, incluso a los setenta y cinco años. Lo vi hace unos tres años en una reunión, después de más de cincuenta años de estar entrando y saliendo del penal, y le pregunté qué estaba haciendo. Me contó que estaba buscando trabajo, así que le dije: "Ven a trabajar para mí".

Mario está en la cocina preparando el desayuno, así que llamo al patio trasero: "¡Todos los reclusos que se presenten a comer!". Sal se ríe. Mario cocina lo suficiente para los siete de nosotros: yo; Mikey; los hijos de Maeve, Samuel y Theo; Mario; Sal; y Donal. Como un bocado rápido y me ducho para estar listo a tiempo para ir al Herb J. Wesson Community Center y repartir comida a las familias necesitadas.

Mario, Donal y yo tomamos la 5 sur, una autopista llena de recuerdos. A la izquierda está La Tuna Canyon, donde Gilbert y yo solíamos ir con rifles 22 a disparar cualquier mierda. A la derecha está la casa de mis padres en Arleta, donde me detuvieron después de apuñalar al marinero, donde enterré la granada de mano, el dinero en efectivo y una escopeta en el patio trasero. Pasamos por una rampa de salida que dice Osborne Street, la calle donde vivíamos Debbie y yo, donde más tarde también vivieron Joanne y mi primo Gilbert.

La 5 se une a la 170. La casa de mis abuelos en Penrose está en algún lugar a la izquierda. Ahí fue donde fumé mota por primera vez, donde Gilbert me enseñó a boxear, donde me inyecté droga por primera vez, donde robé el coche de mi tío Rudy con Mike Serna para llevar a cabo nuestro primer robo a mano armada.

La 5 y la 170 son como hebras de un collar colgando del cuello de mis aventuras más locas: los robos que hice con Dennis, la casa donde perdí mi virginidad, la antigua subestación del Departamento de Policía de North Hollywood donde Rita intentó sacarme de la cárcel después de que Mullins me arrestara por vender drogas. Mullins. Tuve que reírme. Vi a Mullins años después de la redada cuando ambos hablamos en una conferencia de jóvenes en North Hollywood. Me dijo: "Danny, veo que te va tan bien ahora. Estoy orgulloso de ti".

Hace unas semanas, Mario y yo fuimos a Cruise Night en Van Nuys Boulevard, una antigua tradición del Valle que ha sido revivida recientemente. Estábamos buscando dónde estacionar. Había diez policías en un lugar en particular, y uno de ellos dijo: "Hola, Trejo".

Le dije: "¡Dame un lugar para estacionar!". Estaba bromeando, pero inmediatamente sacaron un crucero para darme la plaza. Mario no es un jovencito; ha cumplido condenas largas. No lo podía creer.

Convierte enemigos en aliados.

Rezo. Rezo todo el tiempo, en cualquier momento, en voz alta, ¿por qué no?

Padre nuestro, que estás en el cielo, santificado sea tu nombre. Venga tu reino, hágase tu voluntad, en la tierra como en el cielo. Danos hoy nuestro pan de cada día, perdona nuestras ofensas, como también nosotros perdona-

mos a los que nos ofenden. No nos dejes caer en tentación y líbranos del mal. Porque tuyo es el reino, el poder y la gloria para siempre. Amén.

Más adelante en la autopista está mi antiguo lugar de tráfico de drogas, el Hole in the Wall, cerca de donde vivía con mi primera esposa, Laura, y el departamento de mi tío Gilbert, donde corrí por la calle gritando la primera vez que me metí cocaína. Han pasado cincuenta y cinco años, pero todavía puedo recordar la sensación de mi corazón explotando en mi pecho.

Dios, concédeme la serenidad para aceptar las cosas que no puedo cambiar, el valor para cambiar las cosas que puedo y la sabiduría para reconocer la diferencia.

He viajado por el mundo, pero nunca dejaré el Valle de San Fernando. Al principio, no me había dado cuenta de la conexión, pero compré una casa en la calle Lassen, cuarenta y tantos años después de vivir en Lassen A en Soledad.

Mi posesión más preciada es un hermoso Buick Riviera azul del '65. Un Riviera azul del '65 era lo que conducía el agente federal cuando me arrestó por vender narcóticos de mentira. Ese es el auto en el que fui transportado cuando me madrearon camino al centro hacia el Edificio Federal. Y el Chevy del '38 que me quería vender Ronnie —cuando Debbie dijo que no podíamos comprarlo, me pregunté por qué estaba tan dolido, por qué se había sentido tan importante—. Mirando hacia atrás, me doy cuenta de que era de la misma marca, color y modelo que el auto de mi abuelo, el que Gilbert y yo tomamos para hacer mi primer negocio de drogas, el auto en el que contaba las canciones en la radio.

No es de extrañar que me sintiera tan atraído por estas cosas. Estaba repasando mi pasado a través de direcciones y autos, cerrando círculos, tomando lo que había sido malo en mi vida y haciéndolo bueno. Hoy nos dirigimos al centro, la misma ruta que Gilbert y yo solíamos tomar hasta lo de Chuey en Temple Street para recoger la heroína que venderíamos en Sun Valley Park. Mi abuela nos hacía huevos antes de que nos fuéramos, como lo hizo Mario esta mañana.

Querido Dios, gracias por mi vida. Gracias por brindarme la capacidad de ayudar a Danny Boy, Gilbert, Big Gilbert, Danielle, Mario, Mikey,

Maeve, Theo, Samuel, Chubby, Sal, Max, DJ, Mari, Gloria. Gracias por toda mi familia, amigos y seres queridos. Por favor, cuídalos. Gracias por mis perros: Liam, Duke, Penny Lane, Sergeant Pepper, Raven, John Wesley Harding, Zeke, Dixie Wixie y Whisper. Gracias por Ash y Jeff y por todos en Trejo's Tacos y gracias por la capacidad de cuidar a nuestros empleados y seres queridos. Ayuda a mis apatrocinados a que se mantengan limpios y a salvo. Gracias a Jack Bernstein de CRI-Help, Jimmy Peña y a toda la gente trabajando en la recuperación. Gracias por ayudar a Tarah New, Baby Bash, Twixxy y Johnny y los muchachos, mis artistas, y gracias por Seniesa Estrada, la campeona mundial de boxeo de la WBA y WBC, patrocinada por Trejo's Tacos. Gracias, Dios, por todos los que me ayudaron a contar la historia de mi vida en un libro: Michelle Herrera Mulligan, Melanie Iglesias Perez, Shida Carr, Isabel DaSilva y todos en Simon & Schuster, Perri Kipperman, Albert Lee, Byrd Leavell y Nancy Gates en United Talent Agency, Lydia Wills, Hilary Liftin, Donal y por supuesto Gloria Hinojosa de AEFH Talent, bajo cuya dirección han florecido mi carrera y mi vida. Dios, gracias por Gloria, quien siempre me ha respaldado. Gracias sobre todo por cuidar de todas las personas del mundo que luchan hoy contra el alcohol y las drogas. Ayúdalos a ver que hay otro camino...

Pasamos el edificio de Capitol Records a nuestra derecha. Hollywood, Hollywood Boulevard. Recuerdo haber golpeado al tipo que se abalanzó al auto cuando Diana estaba embarazada, la infección que casi me costó el brazo. Veo la cuadra de Hollywood Boulevard donde Frank, tres Ulan y yo nos enfrentamos a una pandilla de once tipos blancos que querían pelear. Saqué un arma y el líder dijo: "¿Qué vas a hacer? Somos once".

"Todo lo que sé es que primero voy a matar a seis de ustedes. Ahí seremos cinco contra cinco". Le menciono la historia a Mario y se ríe.

"Los tipos blancos siempre se burlaban de nosotros por nuestra ropa holgada, no sabían que lo hacíamos solo para poder esconder armas. ¿Cómo diablos van a hacer eso con jeans ajustados?".

Señor, no soy digno de que entres en mi casa, una palabra tuya bastará para sanarme.

Salimos de la 101 en Western y nos dirigimos hacia el sur. El barrio ha cambiado, pero todavía está lleno de vida. Han pasado años desde que tuve la casa de recuperación en Western y Third. El vecindario parecía mucho más somnoliento en ese entonces. Dicen que la memoria es un navegador poco confiable.

Al estacionar detrás del Herb J. Wesson Community Center, noto la fila de personas que esperan comida serpenteando por cuadras enteras de la ciudad. La gente cumple con el distanciamiento social y usa guantes y máscaras. El Covid-19 ha empañado a Los Ángeles, tal como lo ha hecho con tantas comunidades en el mundo. El impacto económico es casi tan devastador como los problemas de salud. El concejal Wesson nos saluda con codazos. Herb ha estado sirviendo a la comunidad durante décadas. Charlamos un minuto antes de ocuparnos llenando cajas con arroz, frijoles, apio, cilantro, pimientos, pan, manzanas y dulces para los niños. Nuestro objetivo es alimentar a quinientas familias. Al ver la fila de autos afuera de la entrada de Manhattan Place, me pone nervioso pensar que no tendremos suficientes cajas. Después de que terminamos de llenar la última caja, empiezan a llegar: coches con abuelas y nietos, maridos y mujeres, ancianos a pie con carritos de la compra. Todos son pacientes, amables y agradecidos. Cada rostro sonriente me hace sentir bien conmigo mismo. Siempre ha sido tan simple: si quieres sentirte mejor contigo mismo, ayuda a alguien más. Algunas mujeres piden pañales para sus bebés y me aseguro de tener algunos para la próxima vez.

Un minivan Dodge azul es el último auto en llegar. "¡Machete!". Los niños pequeños se ríen en el asiento trasero. Les doy raspados y le pido a Mario que meta una caja extra de comestibles en la parte de atrás.

Tenemos apenas lo justo de comida para todos.

Conduciendo a casa, me siento cansado de la mejor manera posible. Mario pone el CD *Danny Trejo Presents Chicano Soul Shop, Volumen 1* en el estéreo. Las melodías son fuego. Me recuerdan a los clásicos de mi juventud. Llamo a Bash y hablamos sobre cuándo podremos volver al estudio para grabar *Volumen 2*.

Volviendo sobre nuestros pasos a casa, pasamos por donde había estado la casa de mi abuela, sobre las tumbas de Mudda Cat y Blackie.

¿Han pasado más de setenta años desde ese día con Mary Carmen, Coke, Salita y Toni en el callejón?

Cuando entro a la casa, los perros se vuelven locos.

"¡Cállate! Está bien, ¡yo también te quiero! ¿Quién sabe lo que significa G-A-L-L-E-T-A?".

Corren en círculos alrededor del gabinete de golosinas. Después de la merienda de los perros, nos acomodamos en mi sofá La-Z-Boy. *The Searchers* con John Wayne está en la televisión. Subo el volumen y saco el reposapiernas. Liam se acomoda en el suelo a mis pies y Duke salta entre mis piernas. Rasco a Zeke. Penny Lane gruñe hasta que la acaricio y Sergeant Pepper me acaricia el brazo hasta que le rasco el trasero. Todos mis perros tienen necesidades de caricias muy específicas. Me río. Dixie Wixie se esconde en mi camisa para que no la aplasten mientras John Wesley Harding ronca a mi lado. Cuando Danielle era una niña, le encantaba meterse en mi camisa. Mis hijos están sanos, yo estoy sano, mis perros están sanos. Todos estamos felices. Pienso: *Mañana tendré setenta y seis años y todavía me queda mucho por vivir,* pero en ese momento me contento con dejar que el mundo dé vueltas y disfrutar de estar en casa con mis perritos.

Le hago una última pregunta a Dios: "Dios, ¿cómo estoy?".

Dios responde: *Genial, Danny. Estás casi fuera del infierno. Sigue así.*

Sonrío para mí mismo y le agradezco por mi vida.

NOTA DEL COLABORADOR

La primera vez que recuerdo haber conocido a Danny fue en el sótano de una iglesia en Prince George, Columbia Británica, el 14 de marzo de 1999. El grupo estaba compuesto principalmente por hombres indígenas de las Primeras Naciones, y Danny encajó perfectamente. Después de hacer un escaneo rápido de la sala, lo miré dos veces cuando lo vi. Pensé: *A ese tipo lo conozco.*

Enseguida me sentí un tonto. No lo conocía; simplemente lo reconocí como lo hacían millones de personas alrededor del mundo. En 1999, el rostro de Danny era tan familiar, su presencia amenazante tan omnipresente en las decenas de películas en las que había estado, como *Heat, Con Air* y *Blood In, Blood Out,* que me sentí estúpido por no haber atado cabos. Estaba en Prince George por la misma razón que yo: para la película de John Frankenheimer, *Reindeer Games.*

Era mi primera noche en Prince George y llegué tarde a la fiesta. Un actor se había salido del proyecto a último minuto y me contrataron como su reemplazo. La decisión de aceptar el trabajo fue angustiosa. Mi primer hijo, Finn, solo tenía cinco días, pero necesitaba desesperadamente la chamba. Mi agencia me había dejado y tenía una familia que mantener.

Prince George era la ciudad más remota en la que había estado. Era una ciudad minera y maderera dominada por un molino, un casino y una prisión. Dejé la fiesta para el reparto y el equipo previa al rodaje para encontrar una reunión y tranquilizarme. Mientras buscaba la iglesia, pasé a dos hombres que pensé andaban bailando lento en medio de una calle nevada. Cuando me fijé más de cerca, me di cuenta de que eran borrachos empedernidos que estaban involucrados en la pelea de cuchillos a cámara lenta más desaliñada del mundo.

Hacia el final de la reunión, compartió Danny. Mencionó haber estado en San Quentin e hizo una referencia a 1968. Me confundieron las matemáticas. Yo nací en 1966. Él tenía mucho kilometraje en la cara, pero estaba extremadamente en forma. Era concebible que yo fuera mayor.

Al terminar la reunión, lo busqué. Danny confirmó que estaba trabajando en la película y me dio una historia de fondo sobre qué causó el cambio de reparto. Curioso, le pregunté si había dicho que nació en 1968.

—¿Qué? No, carnal. Me limpié en 1968 en aislamiento en Soledad. Tenía veinticinco años.

Me sorprendió descubrir que estaba más cerca de sesenta que de treinta años.

—Nos conocimos antes, carnal —me dijo.

—De ninguna manera, lo habría recordado —le dije.

—¿Acaso no eras el conserje del Centro de Drogas y Alcohol de West Hollywood?"

—Sí.

—Te conocí ahí, cuando estabas limpiando un baño que parecía la escena de un crimen. Un inodoro había explotado.

—¿Qué, y hablamos?

—Sí. Eras uno de los hijos de la chingada más enojados que he conocido.

—Si estuvieras limpiando el baño en el Centro de Drogas y Alcohol, te garantizo que también serías un hijo de la chingada enojado.

Se rio.

—Y ahora estás haciendo películas. ¿Ves lo que pasa cuando las personas se vuelven humildes y están dispuestas a ser un trabajador entre los trabajadores, sea cual sea el trabajo?

Asentí. Eso era cierto.

—¿Cuánto tiempo llevas, socio?

Le dije que había estado sobrio un poco menos de ocho años, desde que tenía veinticinco.

—¿Tienes un patrocinador?

Dije que sí, pero que se había ido recientemente.

—Ahora yo soy tu patrocinador. Te respaldaré. Quédate cerca.

Desde ese día en adelante, Danny me llamó uno de sus socios. Me uní a un grupo de élite: sus mentores Frank Russo, Jhonnie Harris y Sam Hardy; sus amigos, Little Tony Pastor, George Perry, Eddie Bunker, Max Martinez, Mario y Mikey Castillo; sus hijos, Gilbert y Danny Boy; su hija, Danielle; Mari; Gloria; Chubby; Sal; Maeve; y otros en su círculo íntimo. Casi todo lo que decía era oro: sabio, divertido, conciso, a veces clarividente. Adquirí más conocimientos sobre la vida en esos primeros días caminando por Prince George con Danny que en mis treinta y dos años anteriores.

Una noche, Danny llamó a la puerta de mi hotel y dijo que íbamos a dar una vuelta. Mientras el coche avanzaba por una carretera boscosa y nevada, le pregunté a dónde íbamos. Me dijo: "Ten paciencia. Ya verás".

Aproximadamente media hora después, llegamos a una casa grande en medio de un prado. Resultó ser un hogar para adolescentes con problemas. De alguna manera, Danny se había enterado y llamó para decir que iba a pasar, pero le dijo al tipo que dirigía el lugar que no se lo dijera a los muchachos.

Cuando lo vieron entrar por la puerta, se quedaron pasmados. Pasamos dos horas con esos muchachos y Danny habló con todos y cada uno de ellos. Su historia de redención nos dejó a todos llorando, tanto de risa como de angustia.

En el camino de regreso a Prince George, le pregunté a Danny cómo se enteró del lugar y me dijo: "Dondequiera que vaya, busco hogares de transición y lugares como ese. Nuestro trabajo es llegar a estos muchachos. Incluso perreras, carnal. Visita perreras. Piénsalo, esos perros están cumpliendo condena. Y te lo dice alguien que cumplió condena: lo que más esperas cuando estás encerrado es una visita.

La película en sí se complicó por muchas razones, la principal era que el clima no cooperaba. Pero para ser sincero, hubo mucho estrés en el set. Hubo una intensa presión para que todo lo que Frankenheimer quisiera en la película fuera programado. Recuerdo cuando conocí a Ashton Kutcher. Aunque había terminado la primera temporada de *That '70s Show*, *Reindeer Games* fue su primer día en un set de filmación. Hicimos una toma de él saliendo de un casino y en privado me confió que se había olvidado de usar las gafas de sol que había usado en la toma anterior. Me preguntó si debería decir algo.

"No".

No era un entorno en el que se toleraran los errores. El elenco principal, que incluía a Ben Affleck, Charlize Theron y Gary Sinise, fue genial, pero había un par de personalidades difíciles en la mezcla (por cierto, ninguna de las mencionadas anteriormente).

Le conté a Danny sobre las dificultades que estaba teniendo en el set y la culpa que sentí al irme de casa tan pronto después del nacimiento de mi hijo.

—¡Que se chingue ese pendejo! —dijo de una persona particularmente problemática—. Ya le llegará su momento, así que mantén la calma. Estás aquí para mantener a tu hijo. Lo verás en dos días. Tu trabajo es hacer lo que Dios quiere que hagas: ser un proveedor para tu familia y ser feliz, gozoso y libre. Si no eres gozoso, feliz y libre, no estás haciendo el trabajo de Dios por ti. —Terminó su perorata dándome un abrazo—. No te preocupes, socio. Te respaldaré.

En el último día de rodaje en Prince George, el elenco y el equipo se enfrentaron a la monumental tarea de armar setenta y dos configuraciones antes de perder la luz. Los lugares eran tan remotos que, si te salías de los caminos establecidos, te hundirías en dos metros de nieve. Ya habían renunciado varios miembros del equipo por la intensidad del entorno.

La configuración final del día era una toma en la que Gary, Danny,

Clarence Williams III y yo rodamos por la ladera de una colina en busca de Ben. El asistente de dirección gritaba que estábamos perdiendo la luz. El equipo verde rastrilló y cepilló la empinada ladera durante casi una hora en un pánico loco para limpiarla de huellas de botas y dejar la nieve inmaculada. Equilibrándome sobre la punta de mis pies, esperé a que las cámaras rodaran. Después de una serie de retrasos, estaba claro que, si no rodábamos en el siguiente minuto, perderíamos la toma. La tensión era espesa. En ese momento, perdí el equilibrio. En el nanosegundo en que mi centro de gravedad cambió y me di cuenta de que me estaba cayendo, inmediatamente pensé en la ira que incurriría de todos los que habían trabajado tan duro para arreglar la colina, encender las luces, enfocar las cámaras. Sabía que Frankenheimer (que era brillante y cariñoso, pero no tenía problemas en decirte de todo si creía que te lo merecías) me desataría un torrente de abusos, y a los ojos de mis mucho más famosos colegas y miembros del elenco, sería visto como un idiota.

Lanzándome hacia adelante, agitando los brazos, por dentro estaba destrozado por la culpa de abandonar a mi hijo y fallar en mi trabajo. Caerme de esa posición era mi punto más bajo, personal y profesionalmente. Entonces, de repente, milagrosamente, me encontré suspendido en el aire, con los pies completamente separados del suelo. De alguna manera, en un abrir y cerrar de ojos, Danny agarró la parte de atrás de mi abrigo y me sostuvo en alto con tanta facilidad como si fuera un trapo de cocina. Todavía no sé cómo tuvo la fuerza para sujetarme con un solo brazo, un robusto cañón de doscientas libras, suspendido en el aire sobre un acantilado nevado.

Suavemente me jaló de regreso a mi marca, al lugar exacto en que mis pies habían estado dos segundos antes, y susurró: "Te dije que te respaldaría".

El operador de sonido dijo: "Velocidad del sonido", y el asistente de dirección gritó: "¡Rueden las cámaras!".

Me sigue respaldando desde entonces.

Donal Logue
Brooklyn, Nueva York

Que en paz descansen mis padres, todos los miembros de mi familia y todas las personas con las que he compartido mi vida que ya no están aquí, y un agradecimiento especial para mis cuates que ya no están conmigo:

George "Big George" Bustamente
Terry Roden
Johnny Martinez
Donald "Big D" García
Robert "Robot" Salas
Rafael "Chispas" Sandoval
Joe Morgan
Joey Abasta
Chino Sainz
Ronnie Brown
Joey Bryning
George Perry
Eddie Bunker
Ralph Mata

SOBRE LOS AUTORES

DANNY TREJO es uno de los actores de reparto más reconocibles, prolíficos y queridos de Hollywood. Famoso por sus papeles de ultramalo en series como *Breaking Bad* de AMC, *Sons of Anarchy* de FX y las franquicias de películas multimillonarias y globales de *Spy Kids* y *Machete* del director Robert Rodriguez, Danny también es un exitoso restaurador. Es dueño de siete locales de Trejo's Tacos, Trejo's Cantina y Trejo's Coffee & Donuts en la zona de Los Ángeles y está expandiendo su franquicia de Trejo's Tacos a nivel nacional. Para más información, visita DannyTrejo.com.

Nacido en Canadá de padres irlandeses, **DONAL LOGUE** se crio en la frontera mexicana en Nogales, Arizona, Calexico y El Centro, California. Donal estudió Historia en la Universidad de Harvard con el objetivo de incursionar en la diplomacia extranjera, pero intervino el teatro. Felizmente se desvió hacia el mundo del cine, la televisión y la literatura, y continuó desarrollando una carrera en el mundo del entretenimiento. Veterano de más de setenta películas de Hollywood y cientos de episodios de televisión, Donal ganó el premio Grand Jury del Sundance Film Festival de 2000 por su destacada actuación en *The Tao of Steve*. Entre proyectos creativos se mantiene ocupado con su empresa de camiones, Aisling Trucking, y la empresa de maderas duras, Frison-Logue Hardwoods, en el sur de Oregon. Para más información, visita DonalLogue.com.